Für

Herrn [illegible]

[illegible] - Moderne

von

Christian [illegible]

München im März 2013

Denkart Europa

Schriften zur europäischen Politik, Wirtschaft und Kultur | 14

herausgegeben von der ASKO EUROPA-STIFTUNG, Saarbrücken und der Europäischen Akademie Otzenhausen.

ASKO EUROPA-STIFTUNG

Europäische Akademie Otzenhausen

Christian D. Falkowski

Europa für uns

Warum wir Europa brauchen

Nomos

Bildnachweis Titel: istockphoto.com

Die Deutsche Nationalbibliothek verzeichnet diese Publikation in der Deutschen Nationalbibliografie; detaillierte bibliografische Daten sind im Internet über http://dnb.d-nb.de abrufbar.

ISBN 978-3-8329-6615-7

1. Auflage 2011

Vorwort

Dieses Buch trägt den Titel „Europa für uns“. Damit ist gemeint, dass die fortschreitenden Bemühungen um ein handlungsfähiges und einflussreiches Europa nicht nur eine Abfolge von Stilübungen souveräner Regierungen sein dürfen, sondern dass dieses Einigungswerk uns alle angeht.

Der Ausgang des Zweiten Weltkrieges, mit seinen dramatischen Opfern mit mehr als 50 Millionen Menschenleben, der Verwüstung ganzer Städte und der wirtschaftlichen Infrastruktur der am Krieg beteiligten Länder wurde auch als das Ende der Dominanz Europas in der Welt begriffen. Die nationalstaatlichen Rivalitäten um die Vormachtstellung in der Welt wurden abgelöst durch die neuen Weltmächte USA und Sowjetunion. Der „Eiserne Vorhang” mitten durch Europa und Deutschland war sichtbares Zeichen, dass die nationalstaatliche Rivalitätspolitik versagt hatte. Die Idee eines geeinten Europas erwies sich als die einzig überzeugende Konzeption für den wirtschaftlichen Wiederaufbau, zur Sicherung eines dauerhaften Friedens und als Gewähr für eine langfristige freiheitliche Entwicklung

Ein vereintes Europa wird demokratisch sein oder es wird nicht sein. Von Anfang an haben die Verfechter der europäischen Integration ihre Politik nicht als eine rein ökonomische Angelegenheit zur Wohlfahrt der beteiligten Völker, sondern als einen Versuch angesehen, die europäische Wertegemeinschaft – Demokratie. Rechtsstaat und Rechtsgemeinschaft, Solidarität, Gemeinwohl und anderes - zu retten, wieder herzustellen und für die Zukunft zu sichern.

Christian Falkowski, der – wie schon ein kurzer Blick auf seinen Lebenslauf zeigt – eine beeindruckende europapolitische Karriere gemacht hat, weist in seinem Buch auf diesen Zusammenhang hin. Da er die Gesamtentwicklung der EU von ihren Anfängen bis heute im Blick hat, kann er auch überzeugend darstellen, welche Erfolge bereits erreicht sind. Das betrifft nicht nur den „Schutz der Bürger und ihrer Freiheiten“ – so eine Kapitelüberschrift – sondern auch den Binnenmarkt, die vielfach kritisierte Agrar- oder die Energiepolitik oder auch die Wirtschafts- und Währungsunion.

Jeder Schritt auf dem Weg zu einem geeinten Europa hat auch Folgen für das Gleichgewicht in der Welt. Wenn die EU stärker wird, verändert sich ihre Stellung in dieser vielschichtigen, multipolaren Welt. Das beruht nicht nur auf der bereits praktizierten gemeinsamen Handels- oder Entwicklungspolitik oder auch dem wirtschaftspolitischen Beziehungsrahmen, der mit anderen Weltregionen hergestellt worden ist. Entscheidend ist vielmehr, dass *gemeinsam* gehandelt wird. Dazu ist ständiges Bemühen um Solidarität und glaubwürdiges Handeln nötig. Wie der europäische Integrationsprozess seit Beginn gezeigt hat, ist das Beharrungsvermögen einer jahrhundertelangen nationalorientierten Vergangenheit tief im Bewusstsein der Bürger sowie der administrativen Strukturen der Staaten Europas verankert, so dass der Weg zur Europäischen Union von vielen Krisensituationen gezeichnet ist.

In vielen Bereichen „hakt" es bei der EU gewaltig. Die Entscheidungsabläufe sind deshalb kompliziert, weil immer noch zu viele Staaten die europäische Bühne als Verstärkungsmöglichkeit für die Durchsetzung ihrer eigenen Interessen ansehen, wobei hier nicht unterschlagen werden soll, dass die Lösung mancher Probleme auch sachlich komplex sein kann. Auch ist das Urteil des Autors, wonach sich „eine Kultur der Offenheit und der zwischenstaatlichen Kooperation in der Lösung von Konflikten" entwickelt hat, zweifellos zu unterstreichen. Schließlich sind in den letzten Jahren auch erhebliche Fortschritte zu registrieren. Entscheidend ist aber immer der Wille zur Solidarität, zum Kompromiss und zur demokratischen Kontrolle auf der europäischen Ebene. Damit ist klar: „Europa für uns" ist auch „unser Europa", das heißt: Das Einigungswerk braucht den europäischen Bürger und seine Mitwirkung.

Ein besonderer Reiz der nachfolgenden Darstellung dieses Prozesses liegt darin, dass die Aufgaben Europas – jetzt und in der Zukunft – von der Interessenlage der Akteure außerhalb der EU, einer „vielschichtige(n) Welt" mitbestimmt werden. Es gilt aber auch: Wenn die Menschheit – vor allem in Wirtschaft und Politik – nicht bald und insgesamt umsteuert, dann wird sie vorhersehbar an die Grenzen ihrer Ressourcen stoßen, mit allen umstürzenden Folgen, die ihre Existenz in Frage stellen werden.

„Global denken, europäisch handeln" ist die Devise, die Christian Falkowski in diesem Zusammenhang empfiehlt. Europa soll und muss sich zu einer Zivilmacht entwickeln, die im eigenen Handlungsraum innovative Lösungen entwickelt. Je überzeugender sie sind, desto größer wird der Einfluss Europas auf die Partner der multipolaren Balance der Welt von heute und morgen sein.

Der Autor hat einen umfassenden Ansatz gewählt. Sein Buch beschäftigt sich mit allen relevanten Gesichtspunkten der europäischen Einigung. Aus diesem Grunde kann es für viele Diskussionen und Auseinandersetzungen eine Informations- und Meinungsgrundlage sein, auch in der außerschulischen oder in der Erwachsenenbildung, nicht zuletzt für jeden einzelnen verantwortlich handelnden Bürger. In diesem Sinne wünsche ich dem Autor und seinem Buch jeden erdenklichen Erfolg.

Otzenhausen, im März 2011 Arno Krause

Inhaltsverzeichnis

Ich bin Europäer, Europa hat mich erzogen.
Ich nenne ungesäumt Vaterland jedes Land,
in dem die Menschenrechte regieren.
Ich respektiere dich, der du mich respektierst.
Europa ist die große Assoziation der Einzelnen,
unsere Arbeitsgemeinschaft zur Entfaltung der Freiheit.

Heinz Winfried Sabais (1922-1981)
Oberbürgermeister v. Darmstadt (1971-1981)

Einleitung

Unter dem Stichwort „Europäische Union“ zeigt die Internet - Suchmaschine Google mehr als 4 Millionen Einträge, in der englischen Version sind es sogar über 38 Millionen. Es gibt also ausreichend Anhaltspunkte, Begriffe, Hinweise, Artikel, Veröffentlichungen, Personen, Institutionen und dergleichen, die sich in irgendeiner Art mit der Europäischen Union befassen oder in Verbindung gebracht werden. Wozu dann noch eine weiteres Buch zu Europa, noch ein Google- Treffer mehr zu Europa?

Mit dem Buch „Europa für Uns“ erhebe ich nicht den Anspruch auf eine umfassende Darstellung der Geschichte oder der Funktion der Europäischen Union; dafür gibt es sehr viel Literatur wissenschaftlicher, akademischer und nicht-akademischer Natur. Ich möchte vielmehr die überragende Bedeutung der Europäischen Union für uns als Bürger eines Mitgliedslandes einer möglichst breiten Leserschaft vermitteln. Es ist ein Plädoyer für Europa.

Europa habe ich sehr früh erfahren, durch ein Buch, das „Europa Buch für die Jugend“. Ich bekam es 1957 zum Geburtstag, dem Jahr des überstürzten Weggangs mit meinen Eltern aus der sowjetischen Besatzungszone in Deutschland, aber auch dem Jahr der Unterzeichnung der Römischen Verträge. Durch den Volksaufstand am 17. Juni 1953 und die Auswirkungen der Aufstände im benachbarten Polen habe ich miterlebt was es heißt, wenn Menschen um Freiheit kämpfen müssen.

Jede Generation muss Europa für sich neu entdecken, aber sie muss die Europäische Union nicht neu „erfinden“. Jede Generation muss versuchen, die richtigen Antworten auf die neuen Problemstellungen und Herausforderungen zu geben. Ich möchte aufzeigen warum wir Europa brauchen in einer Welt, die sich rasant ändert und verwandelt ohne aber, dass die bisherige, alte Welt in Europa aufgegeben würde. Es sind Veränderungen, die sich nicht an die nationalen Grenzen halten, die einst durch Kriege, Grenzkontrollen und Machtblöcken streng verteidigt wurden.

Welchen Stellenwert hat dabei Europa? was bedeutet Europa? welches Europa brauchen wir?

Kurz gesagt es ist ein Europa, das von der Notwendigkeit einer stärkeren Integration zur Sicherung einer gemeinsamen Zukunft geprägt ist. Dabei ist die Europäische Union nicht das Ziel als solches, sondern ein notwendiges Mittel zum Erreichen von langfristigen politischen Zielen, wie nachhaltige Politik, dauerhaften Wohlstand, Bewältigung der Klimakrise, Energiesicherheit, Migration, innere und äußere Sicherheit. Der Erfolg der Union wird nicht an den gemeinsamen Absichten und Erklärungen gemessen, sondern an den tatsächlichen Ergebnissen. Das bisher Erreichte kann sich sehen lassen, wie die Sicherung eines dauerhaften Friedens auf dem europäischen Kontinent, ein hohes Wohlstandsniveau, die Einigung Deutschlands und des Kontinents, der gemeinsame Binnenmarkt, eine gemeinsame Währung.

Diese oftmals von äußeren Ereignissen getrieben Entwicklung geht nicht ohne Schwierigkeiten vonstatten und verlangt zu ihrer Lösung Kompromisse von allen Beteiligten. Die erzielten Ergebnisse werden in den Medien häufig mit einer negativen Rhetorik über Europa begleitet. Es ist geradezu in Mode gekommen sich in kritischer und negativer Kritik über die Europäische Union zu übertreffen. Kenntnisreiche Autoren deuten mit großem Eifer auf die Fehler des Projekts Europas hin, ohne jedoch wirklich bessere Ideen oder Vorschläge machen zu können. Andere ziehen es vor, Europäische Verträge wiederholt durch Gerichte juristisch auf ihre Stand-und Sinnhaftigkeit überprüfen zu lassen, mit der Hoffnung wenn diese dadurch nicht zu Fall gebracht werden können, dann ihre Umsetzung doch mindestens zu verzögern. Und mit gewissem Erfolg; Politiker sehen mehr denn je auf den Ausgang von Rechtsverfahren oder warten sogar ab bis deren Ausgang bekannt ist. Es ist jedoch die Politik und nicht die Verträge, die Antworten auf heutige und zukünftige Herausforderungen finden muss.

Schwierigkeiten auf dem Weg der europäischen Integration zu überwinden, sind Teil der gemeinsamen Anstrengungen. Es gab und gibt in aussichtslos erscheinenden Situationen immer wieder große Politiker, die erkennen was auf dem Spiel steht und welchen Stellenwert die Europäische Union langfristig für alle hat. Es sind solche Politiker mit Weitsicht und der notwendigen Entschlossenheit die Europa auf dem Weg der Integration voranbringen. Die enge deutsch- französische Zusammenarbeit hat sich immer wieder als der Antrieb für die europäische Integration erwiesen. Aber es scheint auch, dass Politik gelegentlich mutloser wird angesichts einer durch einige Medien in verschiedenen europäischen Länder geschürten anti-Europa Haltung. Politiker neigen dazu immer kurzfristiger zu reagieren; Politik ist stets in Gefahr, Teil eines allgemeinen Konsumverhaltens zu werden, statt die von den Bürgern erwarteten tatsächlichen Lösungen zu bieten.

Das europäische Projekt darf nicht einer ambitionslosen europäischen Passivität verfallen sondern es muss wieder von einer europäischen Vision geleitet werden, dem einer europäischen Wirtschafts-und Sozialgemeinschaft geprägt von Nachhaltigkeit als ein Meilenstein zu einer europäischen Politischen Union. Der Weg dorthin darf nicht von jenen bestimmt werden, die vorgeben, das sei nicht machbar und ohne Mehrheit, sondern von denen, die erkennen, dass der Bedarf an Europa erneuert werden muss.

Europa muss in wichtigen Dingen mit einer Stimme sprechen; nur dann wird es von allen als echter Partner angesehen werden. Es ist nicht so sehr eine Frage wie groß Europa ist sondern es ist eine Frage des politischen Willens, dass eine europäische öffentliche Meinung und eine europäische Identität geschaffen werden. Aber das kann nicht von oben verordnet werden, sondern muss mit Unterstützung der Politik von unten her entstehen. Dazu ist eine positive nach vorn gerichtete Denkweise erforderlich. Aber Zukunft kann nur gestalten, wer auch die Vergangenheit im Blick hat und den Wert des Erreichten sich immer wieder verdeutlicht.

Angesichts der Perspektivlosigkeit einiger Politiker in Europa ist es nicht verwunderlich, dass das entstehende Vakuum von Populisten und extremistischen Betrachtungsweisen gefüllt wird. In Zeiten einer sich rapide verändernden Welt ist der Reflex, den gegenwärtigen Status zu bewahren oder noch besser den der Vergangenheit wieder zu erlangen nur allzu verständlich. Die Gesellschaft ist mit realen Veränderungen konfrontiert; Menschen reagieren mit dem Ruf nach Vertrautem und lehnen neue Realitäten ab, obwohl diese unabänderlich sind.

Nur die Zeit steht nicht still und die Vergangenheit sieht in der selektiven Rückschau meistens besser aus als sie es tatsächlich war. Aber der Blick zurück bringt uns nicht voran, sondern lässt uns auf dem Weg in der Gegenwart und in die Zukunft eher stolpern. Konservative Verhaltensweisen und sachlich wie räumlich begrenzte Betrachtungen des globalen Umfelds sind nicht geeignet, um unser Umfeld nachhaltig nach europäischen Werten und Normen zu gestalten.

Der Zwiespalt zwischen der Beschleunigung der Veränderungen und der Beharrung der Politiker im status quo muss überwunden werden. Die von einigen EU Staaten favorisierte zwischenstaatliche Kooperation genügt nicht, um das Erreichte, den gemeinsamen europäischen Besitzstand zu sichern und zu bewahren, sondern führt zu einer Fragmentierung und Schwächung aller. Zunächst haben einzelne Länder Vorteile, die aber eben zu Lasten der Staaten gehen, die nicht beteiligt oder zu schwach sind, um ihre Interessen durchsetzen zu können. Die Solidargemeinschaft wird dadurch geschwächt. Die großen Mitgliedstaaten verfolgen zunehmend kurzfristige Eigeninteressen und nicht das Gemeinwohl aller, das was den Mehrwert Europas ausmacht.

Den Mittel-und Kleinstaaten kommt eine stärkere Bedeutung zu, um der Gefahr zu begegnen, dass in Europa wieder in Blöcken und Machtkonstellationen gedacht und verhandelt wird. Die großen Staaten müssen abgeben, damit Europa überleben kann. Europa kann nicht nach dem Prinzip des Klingelbeutels gestaltet werden, wonach jeder so viel macht wie er kann oder will, sondern Europa muss auf Solidarität als einem festen europäischen Versprechen basieren. In erster Linie müssen Deutschland und Frankreich aber auch Großbritannien, Polen, Italien und Spanien politische Verantwortung übernehmen und den Anforderungen entsprechend als Pioniere von Allianzen die Möglichkeiten von Kooperation pragmatisch und flexibel ausloten und sich nicht auf Verträgen und juristischen Prinzipien zurückziehen.

Wir müssen erkennen, daß eine Zukunft in Sicherheit und Wohlstand nur durch die Europäische Union möglich ist; der einzelne Staat in Europa ist ohne Chance in der globalen Welt und komplexen Welt, die nicht mehr eine westliche Welt ist; in einer Welt in der Größe und Macht bestimmend sind. Die Mitgliedstaaten der EU werden weiter von Bedeutung sein aber nicht mehr im Sinne traditioneller Nationalstaaten. Sie üben einige ihrer Hoheitsrechte gemeinsam aus oder haben einige auf die Union übertragen, um gemeinsam zu erreichen, was ein einzelnes Land nicht schaffen kann. Die Europäische Union als supranationale Organisation bezieht ihre Stärke aus der Souveränität, die die Mitgliedstaaten unter Begrenzung ihrer eigenen Macht und Gewalt durch die EU ausüben. In dieser gewinnbringenden Situation für alle, zeigt sich die Natur der Politischen Union.

Die Euro-Krise zeigt: Eine Währungsunion kann dauerhaft nicht ohne eine umfangreiche wirtschaftliche und politische Integration funktionieren. Gelingen kann dies nur, wenn die Mitglieder der Euro-Zone ihre Wirtschafts-, Finanz- und Sozialpolitik koordinieren, einschließlich der

Steuern, Renten und Löhnen. Alle EU-Staaten müssen sich beteiligen. Für die Politiker in Deutschland ist es die Chance für, endlich mit der Lebenslüge aufzuräumen, die EU habe weder einen finanziellen noch einen politischen Preis. Europas derzeitige Krise muss als Auslöser für eine Entwicklung zu einer echten politischen und wirtschaftlichen Union begriffen werden. Dazu bräuchte es vor allem europäische Staatsmänner und nicht emotionslose Verwalter nationaler Egoismen.

Das bedeutet aber nicht einen zentralistischen, mit allen modernen Machtbefugnissen ausgestatteten Einheitsstaat zu verwirklichen, sondern die dauerhafte Einheit der europäischen Vielfalt zu bewahren. Dauerhaft kann eine europäische politische Union nur sein, wenn sie dezentral nach föderalen Vorstellungen organisiert, die Nationen, ihre langen Geschichte, ihre Sprachen mit einbezieht. Regionen und Länder, meist ebenfalls aus langen Traditionen erwachsen sind die Heimaten der Menschen. Politik findet immer vor Ort statt und nicht nur in den Medien oder anderswo. Es sind die Gemeinden und Regionen, in denen sich das überschaubare alltägliche Leben und die nahe liegenden Entscheidungen, wie Integration und Migration abspielen.

Aber, dass die kulturelle und wirtschaftliche Einheit der Region stärker sein kann als nationale Grenzen, zeigt sich in den zunehmenden grenzüberschreitenden Kooperationen in Europa wie SaarLorLux, dem Bodenseegebiet, am Oberrhein, zwischen Wien- Bratislava - Budapest und vielen anderen Regionen. Auch die Nationen ihrerseits haben erkannt, dass sie keineswegs „eins und unteilbar“ sind, sondern dass sie aus einer Vielzahl von ethnischen, sprachlichen und regionalen Teilen bestehen.

Der Prozess der europäischen Integration war lange Zeit von ökonomischen Aspekten geprägt. Er war aber von Anfang an nicht nur ein wirtschaftlicher, sondern auch ein politischer Prozess mit dem Ziel, den Frieden in Europa zu sichern und die ökonomischen Interessen Europas in der Welt zu wahren. Das Konzept Europa als friedensstiftendes und kooperatives Modell erzeugt hohe Erwartungen bezüglich seiner operativen Möglichkeiten und Ergebnisse. Es hat als dezentrales Netzwerk in Krisenzeiten wiederholt seine Stärken zeigen können, allerdings in hoher Abhängigkeit von dem Engagement der verantwortlichen Politiker.

Das Konzept Europa, das erst die weitere Funktionalität der nationalen Mitgliedsstaaten ermöglicht hat, erweist sich nicht nur als Überlebensrezept der kleinräumigen Staatenwelt des alten Kontinents, sondern als eine der zentralen Vorstellungen für die Gestaltung der internationalen Ordnung in einer globalisierten Welt. Die freiwillige Bündelung von Souveränität und gemeinschaftlichen Interessen zur Gewinnung gemeinsamer

Handlungsfähigkeit hat die Europäische Union zu einem wirtschaftlichen Faktor mit beachtlichem Gewicht nicht nur an seiner Peripherie, sondern weit darüber hinaus auch auf der internationalen Ebene gemacht. Aus dem Fortschritt des Integrationsprozesses der Union und aus ihrer Fähigkeit, auf internationaler Ebene auftreten und handeln zu können, entwickelte sich der Anspruch, Europa zu einem bedeutsamen Akteur in der Weltpolitik zu machen.

Das Konzept Europas entspricht den Erwartungen, die an Europa von außen herangetragen werden. Die Welt wartet nicht auf die Europäische Union, aber die Europäische Union hat der Welt eine einzigartige Erfahrung anzubieten: den Erfolg einer Ordnung, die auf dem freiwilligen, gleichberechtigten Zusammenschluss von Staaten beruht. Die Europäische Union kann mit ihrer Erfahrung, komplexe Situationen und Konflikte in einem multilateralen Umfeld zu lösen, einen wichtigen Beitrag zur Erarbeitung von Antworten auf globale Herausforderungen liefern, wie die Erreichung globaler Klimaziele oder der Übergang zu einer emissionsarmen Volkswirtschaft. Dabei ist es entscheidend alle Sichtweisen mit einzubeziehen und sich nicht nur auf einzelne Sichtweisen zu verlassen, die immer unvollständig sind, da die des anderen fehlt.

Auf der Ebene der Union muss das Ziel, eine emissionsarmen Wirtschaft bis zum Jahr 2030 zu erreichen, in einer Strategie für den Übergang zu einer CO2-armen Wirtschaft festgelegt werden. Die Union muss sich auf Maßnahmen verständigen, um diese Vision Realität werden zu lassen. Diese muss auch die Schaffung von Wachstum und Arbeitsplätzen mit einbeziehen. Dabei geht es nicht um irgendwelche Arbeitsplätze, sondern um solche, die einer Wissensgesellschaft entsprechen; ebenso geht es nicht um irgendein Wachstum, sondern um nachhaltiges Wachstum. Hier liegt Europas Zukunft.

Die Entwicklung der Europäischen Integration macht deutlich: Die Gegenwart ergibt sich aus der Vergangenheit und um die Zukunft zu gestalten bedarf es des Verständnisses der Gegenwart. Diese Vorstellung wird in dem Buch aufgegriffen.

Im **Teil I „Warum Europa“** wird im ersten Kapitel **„Europa in der Welt von gestern“** der Weg zur Integration Europas aufgezeigt, die Überwindung der Trennung und die Schritte zur Einigung des Kontinents. Die Staaten Europas sind aber immer noch teilweise in der Welt von gestern verfangen, wie sich auf dem Balkan und in Osteuropa zeigt, mit Denkweisen im traditionellen System von Nationalstaatlichkeit und von nationalistisch geprägten Ideologien und der Neigung zu Konfrontationen. Zu ihrer Überwindung ist eine Fortsetzung der europäischen Politik der „demokratischen Erweiterung“ erforderlich. Diese Politik hat in sehr kurzer Zeit die Transformation früherer kommunistischer Nachbarstaaten in Mitglieder der Union geschafft und hat entscheidenden Einfluss auf die Entwicklung unserer Nachbarn, von der Ukraine bis zur Türkei. Mit der Erweiterung der Union wurde der geographische Raum von Frieden, Sicherheit und Wohlstand in Europa ausgeweitet und abgerundet und das Europa von heute geschaffen.

Das zweite Kapitel **„Europa in der Welt von heute“** verdeutlicht, dass heute die Begründung für ein geeintes Europa nicht mehr nur in der erfolgreichen und anhaltenden Überwindung von nachbarschaftlichen Kriegen, Konflikten und Auseinandersetzungen besteht, sondern darin wie es Europa und seinen Mitgliedsstaaten gelingt, in einer Welt zu überleben, die geprägt ist von asymmetrischen Konflikten, nicht nur im militärischen Bereich, von Terrorismus, weltweiter Migration, von dem Kampf um knapper werdende Ressourcen bei einer weiter wachsenden Weltbevölkerung. Und das alles ohne die gewohnten Allianzen und sicheren Rahmenbedingungen des „Kalten Krieges“ sondern in einer beweglich gewordenen offenen, multipolaren Welt; allerdings ohne gleichzeitig den internen Transformationsprozess der Europäisierung zur vollständigen Überwindung der Vergangenheit in „der Welt von gestern“ abgeschlossen zu haben.

Das dritte Kapitel **„Europa in der Welt von morgen“** befasst sich mit den neuen globalen Herausforderungen in einer sich schnell verändernden, beschleunigten Welt, deren Schwerpunkt nicht mehr in der westlichen Welt sondern in Asien liegen wird. Die Veränderungen der Welt mit einer global vernetzten Wirtschaft, mit wechselseitiger Abhängigkeit und nie dagewesenen unübersehbaren Wettbewerb werden sich weiter beschleunigen. Strukturelle Umwälzungen, wie auch grundlegende Innovationen in Schlüsseltechnologien werden kaum noch nach Jahrzenten, geschweige denn Jahrhunderten sondern nach wenigen Jahren bemessen werden. In der Welt von morgen besteht eine kontrastreiche Mischung von schnellem globalen Fortschritt und Wandel und zunehmender privater Unsicherheit. Die Welt von morgen wird stärker vernetzt und gleichzeitig stärker fragmentiert sein. In 20 Jahren wird es kaum eine einzelne dominierende Macht geben, die im internationalen Gefüge den Ton angeben kann. Die zunehmende Komplexität der Welt wird es noch schwieriger machen, globale Macht und Führung auszuüben und die weltweite Agenda zu bestimmen, um gemeinsame Probleme wie die Klimakrise, die nachhaltige Nutzung von Ressourcen oder den Übergang zu einer umweltfreundlichen Energieversorgung koordiniert anzugehen.

Das internationale Konzert wird von mehreren großen Teilnehmern bestritten werden. Europa muss seine gemeinsame Rolle und globale Verantwortung in dieser sich schnell verändernden, beschleunigten Welt finden. Der Vertrag von Lissabon ist die neue Grundlage für die Behauptung Europas im Zeitalter der Globalisierung und in dessen Mitgestaltung durch eine weltfähig gewordene Europäische Union. Die Union hat damit eine Ausgangsbasis, um sich in den abzeichnenden globalen Umwälzungen in der Welt von Morgen zu behaupten und mit seinem einzigartigen Konzept, die Welt von Morgen aktiv mit zu gestalten.

Teil II „Welches Europa“ zeigt die Schwerpunkte für das Europa, das wir brauchen. Die Union muss dafür sorgen, dass ihr europäisches Modell weiterentwickelt wird und den neuen Herausforderungen in der Welt standhalten kann. Die Modernisierung der Europäischen Union muss vorangebracht werden; die Mitgliedsstaaten müssen die Uneinigkeiten und Differenzen überwinden und die Herausforderungen der Zukunft solidarisch, gemeinsam bewältigen, auch um eine weltpolitische Rolle einzunehmen. Wenn Europa in diesen globalen Fragen mitsprechen will und nicht nur Mitspieler oder gar geduldeter Zuschauer sein will muss von der Politik die klare Botschaft ausgehen: wir alle brauchen ein Europa der Werte bestehend aus Solidarität, Frieden, Wohlfahrt, Vielfalt und Nachhaltigkeit in einer demokratisch strukturierten Gesellschaft.

In einer globalisierten Welt geht es nicht mehr um das Woher sondern um das gemeinsame Wohin. Die Europäische Union wird sicherlich nicht allein das 21. Jahrhundert bestimmen können aber sie kann nicht zulassen, dass andere über Europa bestimmen mit den möglichen unübersehbaren Folgen für Europas Freiheit und Zukunft.

Das Buch ist entstanden aus Diskussionen über Europa und aus Fragen, die nach Erklärungen für Europa suchen. Die Idee, darüber ein Buch zu verfassen, verbunden mit meiner europäischen Erfahrung, kam letztlich durch Klaus Wiegandts freundliche Ermutigung zustande. Dafür und auch für die weitreichende Hilfe bei der tatsächlichen Umsetzung des Buches gilt ihm mein besonderer Dank. Mit seiner Stiftung „Forum für Verantwortung“ hat Klaus Wiegandt das Thema Nachhaltigkeit in beeindruckender Weise umfassend dargestellt und über Veröffentlichungen im Fischer Verlag und Lehrmodule für Schulen ins Bewusstsein vieler Menschen gerückt.

Danken möchte ich auch der ASKO EUROPA-STIFTUNG in Saarbrücken und seinem Kuratoriumsvorsitzenden Klaus-Peter Beck für die Unterstützung bei der Veröffentlichung des Buches. Arno Krause gebührt mein ausdrücklicher Dank, dass er als Zeitzeuge der europäischen Integration seine eingehenden Kenntnisse über Europa in Anmerkungen und Kommentaren zu dem Buch hat mit einfließen lassen. Für die vielfältigen Anregungen und hilfreichen Hinweise bei der Erstellung des Manuskripts möchte ich mich ganz herzlich bei meiner Frau Renate bedanken.

Ich hoffe, dass „Europa für Uns“ dazu beitragen kann, das europäische Bewusstsein der Bürger zu fördern; eine Aufgabe, die seit über 50 Jahren die von Arno Krause aufgebaute Europäische Akademie in Otzenhausen tatkräftig und mit Erfolg angeht.

Das Literaturverzeichnis gibt Hinweise zu weiterführenden Büchern oder mehr detaillierten Abhandlungen über Europa Unter dem öffentlich zugänglichen Material der europäischen Institutionen waren für das Kapitel „Europa in der Welt von morgen“ besonders wichtig: „Die Welt in 2025“, Europäische Kommission, 2009 und „Projekt Europa 2030 Herausforderungen und Chancen, Bericht der Reflexionsgruppe an den Europäischen Rat über die Zukunft der Europäischen Union 2030“, Mai 2010.

Seeheim-Malchen
im März 2011

Christian D. Falkowski

I. Warum Europa

1. Europa in der Welt von gestern

1.1 Europas Vielfalt und Begrenzungen

Es ist doch keine Frage von Frankfurt nach Bratislava oder an die französische Atlantikküste zu fahren, ohne sich Gedanken machen zu müssen über Grenzen, Einreisegenehmigungen, Zollbeschränkungen oder Währungen und Geldwechsels. Reisen ohne Beschränkungen und ungestörter Tourismus zur Erkundung der europäischen Vielfalt und Reichhaltigkeit ist heute selbstverständlich und ganz normal. Aber war das eigentlich schon immer so? - oder ist das erst das Ergebnis einer Reihe von gemeinsamen Erfahrungen, von europäischer Politik?

Der Zustand Europas und seine Möglichkeiten, den Herausforderungen der Gegenwart und den sich abzeichnenden Veränderungen erfolgreich begegnen zu können, lässt sich erst vor dem Hintergrund der historischen Entwicklung insbesondere seit 1945 besser einordnen.

Europa ist ein Kontinent der Vielfalt ausgeprägt in zahlreichen unterschiedlichen Arten und Formen. Auf kleinem geographischem Raum zeigt Europa sehr verschiedene Landschaftsformen, wie sie andere Kontinente nur über riesige Flächen und große Distanzen aufweisen. In Europa liegen Hochgebirge und Ebenen, Flusslandschaften und Wälder dicht beieinander wie sonst selten auf der Welt.

Landschaften formen die Menschen, ihre Sprache, ihre Art zu leben, ihre Art miteinander um zugehen. Europa war immer geprägt durch seine große Vielzahl der Völker und ihren Kulturen, der Regionen und Länder in der Einheit des räumlich begrenzten Kontinents Teil dieser Pluralität ist die reiche Geschichte Europas mit seinen andauernden Streitigkeiten und Auseinandersetzungen, eines stetigen Miteinander und Gegeneinander. Aber die Enge des Raumes hat auch gemeinsame Errungenschaften hervorgebracht wie Kunst, Humanismus, die moderne Wissenschaft, die eigenen kulturellen Werte Europas. Eines der entscheidenden Elemente europäischer Identität ist die Vielfalt der Menschen, ihrer Ideen, Kulturen, Regionen und Länder.

Politisch war Europa immer kleinteilig und zerstückelt bestimmt von Kriegen und von Allianzen zwischen seinen Regionen, Fürstentümern, Staaten. Während die Flächenstaaten Asiens über die Jahrtausende hinweg sehr schnell entstanden und vergingen oder große despotische Hegemonialmachten hervorbrachten, balancierten sich die vielen Staaten Europas gegenseitig aus und überlebten gemeinsam in wechselseitigen Abhängigkeiten. Das Heilige Römische Reich Deutscher Nation konnte bis 1806 bestehen, weil es ohne Macht war mit einer Vielzahl von weitgehend souveränen Staaten, die durch Versprechungen und Vorteile zusammengehalten wurden; und Ähnliches gilt auch für andere Herrschafts bereiche in Europa.

Immer wenn ein Staat oder einer seiner Herrscher so mächtig wurde, dass er drohte, Europa zu beherrschen, schlossen sich die übrigen Staaten zu Koalitionen zusammen, um die Übermacht eines Einzelnen zu verhindern. War der Herausforderer niedergeworfen, kam es zu anderen Machtungleichgewichten, die zu neuen Bündnissen und zu neuen Kriegen führten. Dabei blieb aber der Besiegte stets Teil des Ganzen, wurde nicht von der Landkarte gewischt, sondern war weiterhin als Partner im europäischen Machtgeflecht. So bildete sich trotz häufiger Kriege ein stabiles europäisches Mächtegleichgewicht heraus, da nie für längere Zeit eine Idee, eine Kultur oder ein Land vorherrschte. Das gilt insbesondere für das europäische Staatensystem, dem es wiederholt gelang, Vorherrschaftsansprüche seiner Mitglieder zurückzuweisen, ob es sich um Schweden im 17. Jahrhundert, Frankreich im 18. und im beginnenden 19. Jahrhundert oder um Deutschland und Russland im Verlauf der vergangenen 200 Jahre handelte.

Das Zeitalter der weltgeschichtlichen Veränderungen Ende des 18. Jahrhunderts, der als „Achsenzeit" bezeichnete Übergang zwischen dem agrarischen, ständisch gegliederten Alteuropa und dem Europa der industriellen Massenzivilisation unserer Gegenwart führt zur Entstehung der Moderne. Europa ist auch der Ausgangspunkt für die Entwicklung der modernen Wissenschaft. Der Fortschritt der Wissenschaft und die demokratischen Revolutionen haben beide gleichermaßen zu einem gewaltigen Zuwachs an menschlicher Macht geführt, der keine Nation oder Staat widerstehen konnte. Beide sind von globaler Natur und die Verursacher von historischen Veränderungen und für viele Beobachter im 18. und 19. Jahrhundert der Grund für die Annahme, dass die menschlichen Lebensumstände sich immer nur weiter verbessern könnten. Die Bevölkerungsexplosion in Europa seit Mitte des 18. Jahrhunderts und die Umwälzungen von Wirtschaft und Gesellschaft veränderten grundlegend die Idee der Nation und bereiteten den Weg zu der Staatsform des Nationalstaats.

In der Entwicklung der industriellen Revolution wurde von den frühen Verfechtern eines freien Marktes, die Möglichkeit gesehen, „Reichtum für Nationen" zu schaffen (so der Titel von Adam Smiths Klassiker) und nicht Macht für Nationen. Die Befürworter des „laissez-faire" sahen die Wirtschaft unabhängig vom Staat. Der Markt funktioniert am besten, so die feste Ansicht der Ökonom-Philosophen des 18. Jahrhunderts, wenn der Staat sich aus dem Wirtschaftsbereich völlig raushält. Klassische Ökonomie hatte in der Tat keinen Platz für Nationen oder irgendwie geartete Kollektive. Die Nachfolger von Adam Smith gingen sogar bis zu der Vorstellung, dass Freihandel ohne jede Begrenzung den Weltfrieden sichern würde. Der Markt, so die Ansicht sei die Lösung für die meisten Probleme, eine Vorstellung die immer noch viele Anhänger findet.

So entsprechen die Erscheinungsformen der europäischen Zivilisation eines geordneten Zusammenlebens in Nation und Staat dem Stand der Entwicklung von Wissenschaft und Gesellschaft. Der sich ausbreitende Glaube an den Fortschritt brachte die einst fest im Geistigen und Religiösen verankerte ständisch-agrarische Gesellschaft ins Wanken; sie verlor ihren Einfluss. Das Recht des Einzelnen auf Freiheit und Glückseligkeit wurde über die göttliche Ordnung gestellt. Die Idee der Gleichheit führte zum Begriff der Volkssouveränität, vor dem sich alle Herrschaft legitimieren musste.

Dem Gleichgewicht der Kräfte zwischen den politischen Mächten im europäischen Staatensystem, entspricht im Innenverhältnis des Staates die Demokratie als Ausdruck für das Verhältnis des Staates zu seinen Bürgern und für die Beziehungen der Bürger untereinander. Es geht um den Ausgleich zwischen den Interessen der Bürger auf einer rechtlich vereinbarten Grundlage, meist in Gestalt einer Verfassung. Damit werden nicht nur die Rechte, Pflichten und Interessen der einzelnen Bürger ausbalanciert, sondern auch die Befugnisse der staatlichen Institutionen, die sich gegenseitig kontrollieren und deren Macht auf diese Weise begrenzt wird.

Die Nation, noch durch Stände geprägt wandelte sich zur Volksnation. In der Umbruchzeit des ausgehenden 18. und des 19. Jahrhundert bot der Nationalismus Orientierung und Gemeinschaft. Die Identifikation mit der Nation vereinfachte die komplizierten gesellschaftlichen und zwischenstaatlichen Zusammenhänge und bestimmte die Zugehörigkeit des Einzelnen zu einem größeren Ganzen.

Neben der Sprache war es die Geschichte, das gemeinsame Schicksal, das eine Volksnation ausmachte. Die Nation legitimierte sich aus ihrer Geschichte, aus Revolution, Krieg, Gewalt gegen alle, die der Nation nicht angehören wollten oder sich ihrem Einigungsbestreben widersetzten. So wuchs mit dem Eintritt in die Moderne um 1800, mit der rasanten Beschleunigung der Gegenwartserlebnisse und der zunehmenden Unsicherheit der Zukunftserwartungen im beginnenden Zeitalter der Industrialisierung das Verlangen nach Rechtfertigung durch die Geschichte. Die Gegenwart schien sich weitgehend aus ihren geschichtlichen Wurzeln herzuleiten.

Die Idee der Nation war die notwendige Antwort auf dem Weg Europas in die Moderne. Je mehr Menschen sich politisch bewusst wurden und die Möglichkeit besaßen, sich politisch zu artikulieren und sich so am Staatsgeschehen beteiligen konnten, umso stärker trat die Nationalidee in den Vordergrund. Nation und Demokratie hingen eng zusammen. Der Nationalstaat erwies sich als der zeitgemäße Rahmen für Demokratie und Parlamentarismus.

Nationalstaaten entstanden zuerst nur in Großbritannien, Frankreich, Spanien, Portugal, den Niederlanden und Schweden, also in West- und Nordeuropa, nach den stürmischen Umwälzungen von Revolution und napoleonischen Kriegen. Anders in Mitteleuropa, also in Deutschland und Italien. Die Zersplitterung dieser Region in der europäischen Mitte hatte Europa jahrhundertelang in Balance gehalten. Mitteleuropa, von der Ostsee bis zum Mittelmeer trennte die Mächte und verhinderte durch die Distanz unmittelbare Auseinandersetzungen. Dieser Raum war diplomatisches Glacis im Frieden, europäisches Kriegstheater im Konfliktfall.

Es ging darum, Machtansammlung in der europäischen Mitte zu verhindern, denn wer dieses Gebiet beherrschte konnte im Bündnis mit nur einer weiteren europäischen Macht Europas beherrschen und das europäischen Gleichgewicht stören. Die notwendige Folge war die Bildung feindlicher Koalitionen, deren Erfolg umso wahrscheinlicher war, als sich eine mitteleuropäische Hegemonialnacht nach mehreren Seiten zugleich zu behaupten hatte und über keine natürlichen verteidigungsfähigen Grenzen verfügte.

Daher war für die europäischen Nachbarn die Selbstständigkeit der deutschen und italienischen Klein- und Stadtstaaten als Garantie der europäischen Freiheit und des Gleichgewichts der europäischen Staatenwelt und ihrer Existenz sehr wichtig. So hatten die Staaten Europas schon im Westfälischen Frieden von 1648 insgesamt das Überleben und die Unabhängigkeit der mehr als 300 deutschen Fürstentümer und der Reichsstädte garantiert. Genauso sahen die Staatsmänner Englands, Frankreichs, Russlands, Preußens und Österreichs die Situation bei der Neuordnung des Kontinents auf dem Wiener Kongress von 1815. Deutschland wurde lediglich zu einem locker gefügten „Deutschen Bund“ aus 39 souveränen Kleinstaaten und Städten zusammengeschlossen, während die Großmächte für die Stadt- und Kleinstaaten Italiens nicht einmal ein Staatenbündnis zuließen.

Erst die blutigen Einigungskriege durch die regionalen Hegemonialstaaten Preußen und Piemont schafften nationalstaatliche Einheit; für Europa eine echte Revolution. Das galt zum einen für das europäische Staatensystem und dessen Balanceprinzip, das auf der Zersplitterung Mitteleuropas beruhte. Aber nicht nur das Staatensystem Europas war revolutioniert, auch innerhalb der neuen Nationalstaaten war Revolutionäres geschehen. Während Frankreich mit Demokratie anfing und die Macht der Massenarmeen und des Massennationalismus erst später entdeckte, begann Preußen mit Massenarmeen und erkannte erst danach die Notwendigkeit für populäre Reformen.

Demokratie beinhaltet immer die Beteiligung des Volkes; aber während in Frankreich damit die Vorherrschaft des Volkes über Aristokratie und Könige geschaffen wurde, bedeutete sie in Deutschland die Mobilisierung der Massen für die Zwecke der Politik, von Bismarck als „Revolution von oben" beschrieben. Mussten in Mitteleuropa die Nationalstaaten, um mit Bismarck zu reden, „mit Eisen und Blut" verwirklicht werden, widersprach der Gedanke der Volkssouveränität im Osten Europas vollends den dort bestehenden politischen Ordnungen. Die Forderung der unterdrückten Völker nach eigenen Nationalstaaten bedrohte den Zusammenhalt der osteuropäischen Reiche, denn sie bedeutete nicht, wie in West- und Mitteleuropa, Veränderung am und im Staat, also innerhalb des System, sondern Rebellion gegen den Staat und Sezession.

So ist der gesamte osteuropäische Staatengürtel, von Finnland über die baltischen Länder, über Polen, die Tschechoslowakei, Rumänien, Bulgarien, Griechenland, Albanien und Serbien seit 1829 binnen 100 Jahren durch Abspaltung von den despotischen türkischen und russischen Großreichen oder aus der multinationalen Donaumonarchie Österreich-Ungarn entstanden. Auch in Westeuropa sind Nationalstaaten durch Abtrennung aus anderen Staaten hervorgegangen: Belgien, das sich 1831 vom Königreich der Vereinigten Niederlande lossagte; Norwegen, das 1905 die Realunion mit Schweden aufkündigte; Irland, das 1922 aus dem Vereinigten Königreich von Großbritannien und Irland ausschied und Island, das 1944 die Union mit Dänemark aufkündigte.

Die staatliche Integration mit Hilfe der Nationalidee bedurfte eines Feinds, und die Feindschaft wurde umso totaler, je totaler die nationale Integration war, bis hin zur Schaffung innenpolitischer Gegner, die als Gefahr für das Bestehen der Nation schlechthin angesehen wird. Es lag von Anfang an in der Idee der Nation, sich durch den Feind im Inneren und durch den Feind von außen zu definieren, zu bestätigen und zu rechtfertigen - nationales Selbstbild und Feindbild sind zwei Seiten derselben Medaille. Um den Kampf im Innern erfolgreich führen zu können, werden außenpolitische Reibungen tendenziell künstlich verstärkt; auf diese Weise wird innere Loyalität gegenüber der Nation erzwungen. So bedingen sich innen- und außenpolitischen Konflikte und sie schaukeln sich gegenseitig auf.

Ganz Europa wurde allmählich von einer schleichenden Entwicklung erfasst, in der die Idee vom „liberalen Nationalismus“ in der sich das gemeine Volk (die Nation) eines jeden Landes gegen ihre Monarchen und privilegierten Klassen stellte, durch einen militaristischem Rechtsnationalismus abgelöst wurde. Dieser mobilisierte alle Klassen einer Nation, Arme wie Reiche gegen andere Nationen. Nationalismus, ein Begriff, der erst Ende des 19. Jahrhunderts allgemein verwendet wurde, geht weitgehend mit einer Militarisierung des Staates und sogar des privaten Lebensbereichs einher.

Die Militarisierung erfuhr nicht nur einen Auftrieb durch die Mobilisierung der Massen sondern auch durch die einsetzende Industrialisierung. Der militärische Vorteil der Industrialisierung wurde im Amerikanischen Unabhängigkeitskrieg überzeugend deutlich. Eisenbahnen und die Massenproduktion von Waffen waren mit der enormen Zerstörungskraft für den Sieg des Nordens letztendlich von entscheidender Bedeutung. Gleiches gilt für den Sieg Preußens über Frankreich im Jahre 1871.

Militärische Stärke verschaffte den imperialen Mächten im ausgehenden 19. Jahrhundert Zugang zu allen Ecken der Welt. Geopolitische Motive wurden immer bedeutsamer gegenüber ursprünglich wirtschaftlichen Beweggründen, wie Zugang zu Rohstoffen und Sicherung der Transportwege. Die Kolonialisierung mit schnell wachsendem Reichtum für Europa wurde zunehmend militarisiert.

Zur Jahrhundertwende war der größte Teil der Welt vom europäischen Imperialismus dominiert. Jede Veränderung durch irgendeine der großen Mächte, sei es im Herzen Afrikas, im Nahen Osten oder in Asien wurde von den anderen mit großem Misstrauen beobachtet, da es das globale Machtgleichgewicht stören und Gegenmaßnahmen erforderlich machen könnte. Die Furcht, dass die eine oder andere Macht die Welt kontrollieren könnte wurde zum Alptraum der Politiker und Völker. Das europäische Kriegs-und Sicherheitssystem unterstützt von Industrie, Wissenschaft und Imperialismus hatte eine nie dagewesene angeschwollene Macht erreicht. Die oftmals begrenzten politischen Zielvorstellungen internationaler Diplomatie und das militärische Vermögen sie zu sichern oder zu verteidigen standen in keinem Verhältnis zueinander.

Das militärische System war jetzt global – kleinste Ereignisse, als solche ohne jede Bedeutung für die großen Mächte wurden von entscheidender Bedeutung. In Europa herrschte (noch) Frieden; aber die Logik des Krieges hatte die Logik von Diplomatie und Politik in den Schatten gestellt. Die Gründe für militärische Auseinandersetzungen kamen nicht so sehr durch politische Differenzen als durch die Struktur des Militarismus selber – von der Furcht eines jeden Staates, dass im Kriegsfall jeder noch so kleine Vorteil eines besser vorbereiteten oder schnelleren Gegners, Sieg oder Niederlage bedeuten könnte und damit das zwischen den Staaten ausbalancierte Gleichgewicht von Macht und Interessen zu Fall bringen könnte.

So war der unmittelbare Auslöser des I. Weltkriegs – die politische Zukunft des kleinen Staates Serbiens im Südosten Europas- für die großen Mächte eigentlich von untergeordneter Bedeutung, aber sobald die Maschinerie des militärischen Systems für den Kampf mobilisiert war erwies sich der Krieg als unaufhaltbar.

Die Staatsmänner von 1914 war sich überhaupt nicht bewusst wie blutig und langwierig der totale Krieg sein wird. Die meisten von ihnen gingen davon aus, dass der Krieg nur wenige Monate dauern würde, da Wissenschaft und Industrie gleichbedeutend für Fortschritt der Zivilisation angesehen wurden und nicht als Ursache für deren Niedergang. Ein Jahrhundert lang war Europa von den Energien der Moderne und ihrem Einfluss auf das Kriegswesen angetrieben worden. Das Ergebnis war die Katastrophe des I. Weltkriegs von 1914, der erst durch die Intervention einer außereuropäischen Macht, den Vereinigten Staaten von Amerika, 1918 entschieden wurde. Der I. Weltkrieg war ein Wendepunkt nicht nur für Krieg und Sicherheit, für die Ordnung in Europa sondern auch für deren Zivilisation.

Der totale Krieg hatte den totalen Staat hervorgebracht. Der Staat übernahm weitgehend die Kontrolle über die Wirtschaft von den Rohstoffen bis hin zu Nahrungsmitteln, kriegswichtigen Produktionen und über das Verkehrswesen. Zur Steigerung der Rüstungsproduktion wurden die Arbeitsverhältnisse in vielen Bereichen staatlich reglementiert. Frauen wurden als Ersatz für die Millionen von rekrutierten Männern in den industriellen Arbeitsprozess mit einbezogen, was wiederum neue familienrechtliche Regelungen hervorbrachte. Der ungeheure Anstieg der Staatsausgaben, die den Rahmen von langfristigen Staatskrediten sprengten, bedeutete eine Erhöhung des Geldumlaufs bei gleichzeitiger Verknappung der Güter mit der Folge von Inflation, Preiskontrollen und Lohndiktaten.

Der wechselseitige Einfluss von Krieg und Gesellschaft führte zu einer in Schwarz- Weiß gefärbten Ideologisierung und zu einem nie dagewesenen Fanatismus der Politik. Anstelle eines ausbalancierten Staatensystems Europas hatte sich eine Vielfalt von Nationalstaaten etabliert, die in gegnerische Bündnisse, Pakte und Abkommen zerfielen. Kaum eine Grenze, die nicht umstritten war. Die Idee der Revanche, der Revision der Pariser Friedensverträge von 1919 herrschte nicht allein bei den Verlierern, sondern auch bei einer Anzahl von Siegern, die sich für zu kurz gekommen hielten: Der Weltkrieg war suspendiert worden.

Die Periode zwischen den Weltkriegen sah aber auch die Wiederbelebung von liberalen Ideen und ernsthafte Ansätze, insbesondere die des amerikanischen Präsidenten Woodrow Wilson, das internationale System auf die Grundlage von kollektiver Sicherheit zu stellen. Das politische Klima der Vereinigten Staaten mit der Erfahrung, eine Verfassung durch ein einziges Konvent zu schaffen, schien geeignet, um Änderungen für Europa vorzuschlagen. Die USA hatten, als noch regionale Macht, keine Erfahrung mit anderen Ländern und sie gingen davon aus, dass ihre Vorgehensweise auf globaler Ebene wiederholt werden kann.

Der Vorschlag für einen Völkerbund mit gemeinsamer Verantwortung für die Sicherheit war nichts weniger als ein vollständiger Wandel im Internationalen Zusammenleben, eine Revolution des Internationalen Systems – so Woodrow Wilson: „die alte Ordnung abschaffen und eine neue begründen". Allerdings immer noch auf dem Konzept des Westfälischen Friedens von 1648 beruhend, nämlich dem Gleichgewicht der Macht zwischen souveränen Nationalstaaten.

Wilsons Vision war geleitet von den amerikanischen Idealen von Demokratie, Freiheit, Selbstbestimmung, Rechtssicherheit und Freiheit und konzipiert für eine post-imperiale Welt. Aber die Zeit war noch nicht reif und Wilson erlitt eine Niederlage auf der ganzen Linie. In seinem eigenen Lande, weil der Senat in Washington es ablehnte gemäß der vorgesehenen Charta, die konstitutionellen Rechte des Kongresses und damit die Souveränität der USA wesentlich einzuschränken, nämlich Krieg erklären zu können.

Statt eines möglichen Neuanfangs gekennzeichnet von Offenheit und Kooperation wie von Wilson visionär vorgeschlagen und einer Beteiligung der USA an der Nachkriegsordnung in Europa wurde dem Zeitgeist entsprechend nach dem starken Staat verlangt, nach einem Staat dessen Struktur von Gewalt, Imperialismus und Militarismus geprägt war. Ein

Staat, dessen gesellschaftliche Form von den nationalistischen, imperialistischen und militaristischen Massenorganisationen der Vorkriegszeit bestimmt wurde und der seine Bestätigung in den Materialschlachten des Kriegs und im sogenannten Kriegssozialismus erlebt hatte. Die Arbeiter, die nun als Soldaten benötigt wurden, erlebten gesellschaftlich eine deutliche Aufwertung; die Gewerkschaften stellten ihre Arbeitskämpfe ein. Zentrale Planung und staatliche Vorgaben, die auf eine Steigerung der Rüstungsproduktion gerichtet waren, ersetzten die marktwirtschaftliche Ordnung. Dieser Staat wurde trotz Einschränkungen und Zwang jetzt als der Rettungsanker eines nachliberalen, aus der Balance geratenen, schwerkranken Europas angesehen.

Die Epoche des totalitären Staats war angebrochen; vor allem in Russland und Deutschland, die nach Niederlage und Anarchie das Regime der Nazis bzw. das der Bolschewisten hervorbrachten. Beide hatten gemeinsam: den Geltungsanspruch einer totalitären Ideologie, eine zentralisierte Massenbewegung als Einheitspartei, die vollkommene Kontrolle aller Kommunikationsmittel, aller Zwangsmittel sowie die bürokratische Kontrolle der Wirtschaft durch Dirigismus, Sozialisierung und durch Verstaatlichung.

Dem Anspruch des totalitären Staates auf Kontrolle des Menschen in allen Lebensbereichen entsprach die Unterwerfung der Wissenschaft und Industrie zu militärischen Zwecken. Neue Kriegstechnologien, immer weiter entwickelt und in dem industriellen Töten des Zweiten Weltkriegs auf dem Schlachtfeld und in den Konzentrationslagern voll und ganz eingesetzt, wurden am Ende nur noch übertroffen von der stärksten und tödlichsten aller Erfindungen, der Atombombe.

Nie hatte eine einzige technologische Entwicklung einen so plötzlichen und grundlegenden Einfluss auf die Sicherheit der Menschen wie die Erfindung der nuklearen Waffen. Bei dem „klassischen" Krieg ging es um Niederlage und Überleben - nicht um vollständige Zerstörung und Auslöschung. Politik bestimmt die Formen menschlichen Zusammenlebens; und in einer post-nuklearen Landschaft gibt es möglicherweise keine Menschen mehr.

Die Atombombe stellt das Überleben der Menschen selbst in Frage; ein Atomkrieg wurde undenkbar. Aber nukleare Arsenale geben keine Antworten auf die anstehenden drängenden Probleme sondern sie können, so wurde es von der Politikern damals gesehen, bestenfalls das bestehende globale Patt zwischen den Mächten konservieren; das Kriegssystem wandelte sich in ein System der nuklearen Abschreckung mit der Strategie, den militärischen Einsatz einer Waffe zu verhindern. Militärische Macht bekam eine völlig neue Bedeutung und erzwang damit, politische Lösungen in einer neuen Denkweise zu finden, angefangen bei der Definition staatlicher Souveränität.

Die organisierten Vernichtungen von Menschen und der Schrecken des II. Weltkriegs mit Millionen Opfern auf allen Seiten wurde erst durch das massive Eingreifen der USA beendet. Die Konferenz der Siegermächte in Jalta führte 1945 zur willkürlichen Zweiteilung Europas unter der amerikanischen und sowjetischen Welthegemonie. Das damit geschaffene Europa des „kalten Krieges“ war ein Europa ohne Krieg und Frieden aber auch frei von größeren Konflikten und verschont von weiteren Kriegen.

1.2 Auf dem Weg zur Integration: Europa zwischen Partikularinteressen und Gemeinschaft

Die riesigen Probleme zur Überwindung der Kriegsfolgen hin zu einer wirtschaftlichen Normalisierung verlangten von alle Ländern enorme Anstrengungen, die im nationalen Rahmen zu lösen kaum möglich erschienen. Die Zerstörung der britischen und der französischen Wirtschaft sowie die Herausforderungen durch die nach Unabhängigkeit strebenden Kolonien, ließen ihre Ansprüche verblassen, weiterhin eine große Macht oder gar eine Weltmacht zu sein.

Der politischen Führung in Washington wurde bewusst, dass die USA sich nicht wie nach dem Ersten Weltkrieg auf den eigenen Kontinent zurückziehen können, sondern dass die USA auch im Interesse der eigenen Sicherheit und des eigenen Wohlergehens sich weltpolitisch engagieren mussten. Sie erkannten ähnlich wie Stalin die Notwendigkeit, den Ausbruch weitere Kriege in Europa und das Wiedererstarken eines übermächtigen Deutschlands zu verhindern.

Die Hoffnungen nach dem Sieg über den Nationalsozialismus und das Imperiale Japan, ein neues Zeitalter des globalen Friedens in der Zusammenarbeit der beiden Supermächte einzuleiten, wie in der Potsdamer Konferenz von 1945 konzipiert, zerbrach an der machtpolitischen Realität. Den unmittelbaren Anlass lieferte der Versuch Stalins in der britischen Einflusszone in Griechenland Fuß zu fassen, was erst mit amerikanischem Beistand abgewehrt werden konnte.

Im Nachkriegs-Europa standen sich zwei grundverschiedene Vorstellungen über die zukünftige Welt gegenüber: eine Welt gekennzeichnet durch Zusammenarbeit und offenen Umgang oder eine, die von zentraler

Kontrolle des öffentlichen und privaten Bereichs und von militärischer Hegemonie bestimmt ist.

So wurden die USA nach anfänglichem Zögern aber auch die Sowjetunion, als Gegenpol, zum Bestimmungsfaktor zukünftiger europäischer Politik. Der Wechsel der US-Politik von der Opposition gegen eine europäische Integration hin zu dessen Unterstützung lässt sich an dem Jahr 1947 festmachen mit der von Präsident Harry S. Truman am 11. März 1947 vorgelegten neuen Strategie der amerikanischen Politik, die als „Truman-Doktrin“ in die Geschichte eingegangen ist. Mit der Truman-Doktrin sagten die USA allen freien Völkern ihre Unterstützung zu, gegen die Unterjochung durch bewaffnete Minderheiten oder auswärtigem Druck. Die Truman-Doktrin markierte zwar den Beginn einer aggressiveren amerikanischen Außenpolitik, sie war zugleich das Versprechen einer festen Bindung der USA an Westeuropa manifestiert durch das 1949 gegründete Nord-Atlantischen Verteidigungsbündnis (NATO).

Die eigene Geschichte der USA legte es nahe, die Zukunft Europas in einer Föderation nach ihrem Vorbild zu sehen. Damit erhielten die zahlreichen Europabewegungen der Nachkriegsjahre mit dem Ziel der Schaffung einer europäischen Friedensordnung einen ungeahnten Auftrieb. Sie knüpften an die gemeinsamen Erfahrungen und Werte von Jahrhunderten europäischer Geschichte, als ein Weg zur Überwindung des brutalen Totalitarismus der letzte Jahrzehnte.

Das Konzept Europa war immer ein Konzept des Friedens für Europa, im Grunde eine Idee der Aufklärung; viele der großen liberalen Denker (Rousseau, Kant) haben sich mit der Idee eines Friedenskonzepts auseinander gesetzt. In demselben Geist wollten die Gründer des neuen Europas in der unmittelbaren Zeit nach dem II. Weltkrieg weitere kriegerische Auseinandersetzungen auf europäischem Territorium ausschließen.

Somit sah sich die neue US-Politik auch im Einklang mit einer populären Strömung in Europa. Winston Churchill machte sich für ein Vereinigtes Europa stark. In seiner „historischen“ Züricher Rede vom 19. September 1946 stellte er seine Vision für das zukünftige Europa vor als „etwas wie die Vereinigten Staaten von Europa“, wobei „Der erste Schritt bei der Neugründung der europäischen Familie eine Partnerschaft zwischen Frankreich und Deutschland sein“ muss. Bei der „Bildung eines Europarats“ als Grundlage einer neuen regionalen Struktur „müssen Frankreich und Deutschland die Führung zusammen übernehmen“.

Die Idee eines geeinten Europas passte in die anti-kommunistische Strategie; nur ein starkes Europa könnte ein wirkliches Gegengewicht zum Osten sein. Die USA unterstützten fortan Bestrebungen ein Europa nach ihrem Bilde, nach ihren politischen Vorstellungen und wirtschaftlichen Bedürfnissen zu schaffen. Ein Europa in dem Demokratie und Wohlstand auf das engste verknüpft sind und die nur durch Marktwirtschaft und einer offenen Weltwirtschaft erreicht werden können.

Die Gefahr einer Expansion des Kommunismus, der sich die trostlose wirtschaftliche Lage in Westeuropa zu nutzen machen könnte, veranlasste den amerikanischen Außenminister George Marshall im Juni 1947 ein umfangreiches wirtschaftliches Hilfsprogramm für Europa zu verkünden, dass allgemein als die wirtschaftspolitische Ergänzung der Truman-Doktrin angesehen wird.

Das „European Recovery Programme", bald „Marshallplan" genannt, hatte zum Ziel, die europäische Wirtschaftskrise zu überwinden und dabei, die europäischen Länder mit umfangreichen finanziellen und technischen Hilfen beim wirtschaftlichen Wiederaufbau zu unterstützen. Die Wirtschaftsprobleme wurden als ein europäisches Problem angesehen, das es galt gemeinsam zu lösen u.a. durch den Abbau von Handelsschranken und mit dem Aufbau effizienter wirtschaftlicher Strukturen.

Der Marshallplan war aber nicht nur ein Hilfsprogramm für Europa sondern auch ein Programm zur Förderung und Finanzierung von Exporten der amerikanischen Wirtschaft, die nach dem Verschwinden der Rüstungsmärkte dringend neue Absatzmärkte für ihre Produkte brauchte. Das Programm zunächst für ganz Europa gedacht wurde von der Sowjetunion aber als amerikanischer Eingriff in die nationalstaatliche Souveränität abgelehnt. Der Marshallplan blieb somit das Hilfsmittel für den Aufbau einer marktwirtschaftlichen Ordnung auf Westeuropa begrenzt.

Der Elan der verschiedenen Europabewegungen verebbte nach ersten Erfahrungen praktischer Kooperation durch den Marshallplan und mit der Schaffung des Europarates im Jahr 1948. Der Europarat war eine Gruppierung von Staaten mit dem Auftrag, „eine engere Verbindung zwischen seinen Mitgliedern zum Schutz und zur Förderung der Ideale und Grundsätze, die ihr gemeinsames Erbe bilden, herzustellen und ihren wirtschaftlichen und sozialen Fortschritt zu fördern", so Artikel 1 der Satzung des Europarats vom 5.8.1949. Die Beratende Versammlung von Parlamentariern konnte sich mit ihren Vorschlägen, den Europarat zu einer übergeordneten Vereinigung mit wirklichen Machtbefugnissen auszubauen, nicht gegen den Widerstand der Briten und Skandinavier durchsetzen.

Die unterschiedlichen großartigen Visionen einer europäischen Integration scheiterten an der harten Realität nationaler Wünsche und erwiesen sich als wenig praktikabel und nicht unmittelbar umsetzbar. Der Europarat wurde nicht zum Motor der europäischen Einigung aber er wurde zu einem bis heute bestehenden trans-europäischen Forum für die Wahrung der Menschenrechte und die Prinzipien der Demokratie. Die „Europäische Konvention zum Schutz der Menschenrechte“ vom November 1950 garantiert in ihrem Geltungsbereich allen Menschen die Grundfreiheiten gegenüber den Mitgliedstaaten.

Großbritanniens mit seiner Rolle als Führung des Commonwealth widersetzte sich einer ausgeprägten europäischen Kooperation, auch aus dem langgehegten Misstrauen gegenüber einem geeinten und starken europäischen Kontinent. Die britische Taktik, seine dominierende Position im Nachkriegseuropa zu festigen und eine stärkere europäische Zusammenarbeit hinhaltend zu verzögern, wurde durch eine einzigartige französische Initiative bei Seite geschoben. Frankreich übernahm die Führung für die Einigung Europas als Robert Schumann am 9. Mai 1950 erklärte:

„Die Zusammenlegung der Kohlen- und Stahlproduktion wird sofort die Schaffung gemeinsamer Grundlagen für die wirtschaftliche Entwicklung sichern - die erste Etappe der europäischen Föderation - und die Bestimmung jener Gebiete ändern, die lange Zeit der Herstellung von Waffen gewidmet -waren, deren sicherste Opfer sie gewesen sind. Die Solidarität der Produktion, die so geschaffen wird, wird bekunden, dass jeder Krieg zwischen Frankreich und Deutschland nicht nur undenkbar, sondern materiell unmöglich ist.“

Der politische Kern des Schumannplans war die Auflösung von unterschiedlichen Vorstellungen und gegensätzlichen Interessen durch ihre Zusammenführung auf einer supranationalen Ebene. Damit wurde visionär die Grundlage für den europäischen Einigungsprozess gelegt, ausgehend davon, so Schumann, dass „der Jahrhunderte alte Gegensatz zwischen Frankreich und Deutschland“ überwunden werden muss.

In der Umsetzung der weitreichenden Vision für ein geeintes Europa wurde sehr pragmatisch vorgegangen mit dem Ziel, die Basisindustrien für die Rüstung beider Länder, die Montanindustrien, einer mit wirklichen Zuständigkeiten versehenen supranationalen Hohen Behörde zu unterstellen. Mit der Beteiligung der Beneluxländer (Belgien, die Niederlande, Luxemburg,) und von Italien wurde zusammen mit Deutschland und Frankreich dem Vorhaben ein größerer europäischer Rahmen von sechs Staaten gegeben.

Mit dem Ansatz des Schumannplans, auf die Wirtschaft als integrativen Faktor zu setzen, wurde das nationale, lokale Geschäftsinteresse angesprochen mit seinem natürlichen Wunsch nach grenzüberschreitenden Handel; und es wurde nicht auf die Vorstellungen der großen Politik gesetzt mit deren komplexen Fragen von Souveränität und Grenzen. Der

Plan war auch ein Versuch, die französische Stahlindustrie vor deutscher Konkurrenz zu schützen. Der Zeitpunkt für den Vorschlag war günstig; einige Monate später, im Sommer 1950 wäre durch den Ausbruch des Koreakrieges und dem dadurch bedingten Anstieg der Stahlnachfrage dem Plan wohl kaum die nötige Aufmerksamkeit zugekommen.

Die Europäische Gemeinschaft für Kohle und Stahl (EGKS), die Montanunion, nahm am 10. August 1952 in Luxemburg ihre Arbeit auf, mit der Zielsetzung auf der Grundlage eines gemeinsamen Marktes für Kohle und Stahl „zur Ausweitung der Wirtschaft, zur Steigerung der Beschäftigung und zur Hebung der Lebenshaltung in den (sechs) Mitgliedsstaaten beizutragen,(Artikel 2)“. Diese erste europäische Institution folgte nicht den Vorstellungen einer europäischen Föderation in Richtung auf eine allumfassende Regelung sondern orientierte sich an der pragmatischen Umsetzung des Möglichen. Ihr Ziel ist, so die Präambel „Europa nur durch konkrete Leistungen, die zunächst eine tatsächliche Verbundenheit schaffen, und durch die Errichtung gemeinsamer Grundlagen für die wirtschaftliche Entwicklung“ aufzubauen.

Neben der Hohen Behörde wurden die wesentlichen Organe zukünftiger europäischer Zusammenarbeit benannt. Dazu gehörten der Ministerrat zuständig für die wirtschaftspolitische Koordination, gebildet auf Drängen der kleineren Länder als Gegengewicht zur Hohen Behörde; die parlamentarische Versammlung bestehend aus Mitgliedern, die von den nationalen Parlamenten kommen. Sie hatte zwar nur eine begrenzte Kontrollfunktion aber das Recht die Hohe Behörde mit 2/3-Mehrheit zu stürzen. Gegründet wurde auch ein als Verfassungsgericht, Verwaltungsgericht und Schlichtungsinstanz amtierender Gerichtshof. Mit der Kontrolle der Montanunion durch eine richterliche Autorität, dessen Entscheidungen bindend sind, wurde eine für die Zukunft der europäischen Integration maßgebliche Struktur errichtet.

Ein weiteres sehr politisches Vorhaben, eine Europäische Verteidigungsgemeinschaft zu gründen und sie dann mit der Montanunion zu einer Politischen Europäischen Gemeinschaft zu vereinigen, scheiterte 1954 in der französischen Nationalversammlung. Ein wesentlicher Grund dafür war die Bewahrung der vollen Souveränität und der uneingeschränkten nationalen Interessen im Rahmen der vier Siegermächte. Das Scheitern dieser großen, übrigens von Frankreich angestoßenen Idee, Europa einen poltischen Rahmen zu geben und der auch nur langsame Fortschritt in der Montanunion ließen 1955 überzeugte Europäer wie Konrad Adenauer, Jean Monnet, Robert Schumann, Alcide de Gaspari und Paul-Henri Spaak einen erneuten Aufbruch nach Europa wagen.

Das Ergebnis sind die mit den Römischen Verträgen von 1957 begründete Europäische Wirtschaftsgemeinschaft (EWG) und die Europäische Atomgemeinschaft (EURATOM). Zusammen mit der EGKS gab es nun drei europäische Organisationen. In den 2 Jahre langen Verhandlungen bis zum Abschluss der Verträge galt es erhebliche Widerstände und Einzelinteressen in allen beteiligten Ländern zu überwinden. In Deutschland musste Adenauer sich gegen Bedenken und Einwendungen von Strauß und Erhard durchsetzen. Franz-Josef Strauß wollte keine europäische sondern eine bilaterale Atomkooperation (USA, UK) und Ludwig Erhard wollte wie London Freihandel und keine Zollunion. Adenauers Antrieb aber war der Wunsch, Deutschland wieder in die Völkerfamilie zurück zuführen auch geleitet von der Befürchtung, dass die USA sich mit den Sowjets verständigen könnten, um sich dann aus Europa zurück zuziehen.

Die Verhandlungen über die Römischen Verträge wurden in Deutschland mit der Lösung der „Saarfrage" verbunden. Das Saargebiet wie auch Lothringen waren in der Vergangenheit wiederholt zwischen Frankreich und Deutschland militärisch, politisch und wirtschaftlich umstritten. Mit der Niederlage des Deutschen Reiches im Ersten Weltkrieg kam das Saargebiet über den Völkerbund unter französische Verwaltung, gehörte aber ab 1935 wieder zum Deutschen Reich.

Nach dem Zweiten Weltkrieg wurde das Land zunächst zu einem französischen Protektorat mit einer eigenen Regierung und wirtschaftlicher Ausrichtung nach Frankreich. Die Saarfrage tauchte immer wieder als Streitobjekt in den deutsch -französischen Beziehungen auf. Es wurde eine Lösung auf europäischer Ebene angestrebt. Der französische Ministerpräsident Mendes-France und Bundeskanzler Adenauer unterzeichneten 1954 im Rahmen der Pariser Verträge auch das deutsch- französische Saarabkommen mit detaillierten Festlegungen zum Europäischen Statut für das Saarland. Mit den Pariser Verträgen wurde das Besatzungsstatut in Westdeutschland beendet und der Bundesrepublik die Souveränität verliehen.

Zwischen Deutschland und Frankreich sollte das Saarland als ein europäischer Distrikt geschaffen werden, und zwar als Sitz für die supranationalen europäischen Behörden. Die Planung ganzer Stadtteile in und um Saarbrücken zur Ansiedlung der europäischen Institutionen, die sich heute in Brüssel, Luxemburg und Straßburg befinden war bereits angelaufen. Das ausgehandelte Saarstatut wurde jedoch 1955 in einer Volksabstimmung mit zwei Drittel Mehrheit abgelehnt, was als Wunsch der Bevölkerung bewertet wurde, sich der Bundesrepublik anzuschließen.

Frankreich kam nicht umhin diesen Ausdruck nach Souveränität zu akzeptieren nachdem ihre Nationalversammlung in der Ablehnung der Europäischen Verteidigungsgemeinschaft erst kurz zuvor sich selbst darauf berufen hatte. Die Vorgehensweise in der „Saarfrage" wird allgemein als beispielhaft angesehen wie durch Kooperation zwischen Regierungen und Berücksichtigung der Interessen der betroffenen Bevölkerung territoriale Fragen konfliktfrei gelöst werden können. Mit dem Saarvertrag von 1956 kam das Gebiet in der sogenannten kleinen Wiedervereinigung am 1. Januar 1957 als zehntes Land (ohne Berlin) zur Bundesrepublik Deutschland. Teil des Abkommens war auch die Kanalisierung der Mosel mit überwiegend deutscher Finanzierung.

Großbritannien, zu den Verhandlungen über die Römischen Verträge eingeladen, konnte trotz intensiver Interventionen sein Konzept einer industriellen Freihandelszone ohne eine weitergehende Integration nicht durchsetzen. Eine Position, die Großbritannien dann mit der Europäischen Freihandelszone (EFTA) zu verwirklichen suchte und die sich über Jahrzehnte kaum veränderte. Großbritannien erreichte mit seinen Störmanövern keine Schwächung der sechs Staaten der Montanunion sondern bestärkte sie eher in ihrem Vorhaben, eine Wirtschaftsgemeinschaft zu bilden. Der Erfolg der Verhandlungen war keineswegs absehbar, es hätte auch anders ausgehen können. Wichtige bestimmende Faktoren waren die französischen Interessen, die Landwirtschaft mit einzubeziehen und das Drängen der Niederlande auf eine größere Wirtschaftsgemeinschaft als notwendigen Exportmarkt nach dem Wegfall seiner ehemaligen Kolonie Indonesien.

Die Entwicklung zu einem gemeinsamen Europa ist nicht selbstverständlich und folgt nicht zwangsläufig einer imaginären vorgegebenen Richtung, es ist keine Einbahnstraße. Die Erfolge der umfangreichen Verhandlungen, wie auch in der Saarfrage machten deutlich, dass politischer Wille und Vorstellungskraft, unterschiedliche Vorstellungen zu einem Kompromiss zusammenführen können.

Mit dem Vertrag zur Europäischen Wirtschaftsgemeinschaft wurde die Basis für das in der europäischen Geschichte beispiellose Einigungswerk gelegt. Eine Einigung, die erst durch die damit verbundenen allgemein politischen Zielsetzungen gegen die Widerstände von Wirtschaftspolitikern und wirtschaftlichen Interessen zu verwirklichen war. Der Prozess der europäischen Integration, obwohl von ökonomischen Aspekten geprägt war von Anfang an nicht nur ein wirtschaftlicher, sondern auch ein politischer Prozess mit dem Ziel: Sicherung des Friedens in Europa und Wahrung der ökonomischen Interessen Europas in der Welt.

Aber zunächst stand für lange Zeit nur die Entwicklung der Wirtschaftsgemeinschaft im Vordergrund. Entsprechend Artikel 2 des EWG Vertrags soll die Gemeinschaft „durch die Errichtung eines gemeinsamen Marktes und die schrittweise Annäherung der Wirtschaftspolitik der Mitgliedsstaaten eine harmonische Entwicklung des Wirtschaftslebens innerhalb der Gemeinschaft, eine beständige und ausgewogene Wirtschaftsausweitung, eine größere Stabilität, eine beschleunigte Hebung der Lebenshaltung und engere Beziehungen zwischen den Staaten [zu] fördern, die in dieser Gemeinschaft zusammengeschlossen sind".

Der Vertrag ist in seinen wesentlichen Bestimmungen eine Zollunion. Zölle und sonstige Beschränkungen zwischen den Sechs wurden abgeschafft und gegenüber Drittländern galt anstelle der nationalen Tarife ein gemeinsamer Zolltarif. Eine Reihe von Vorschriften befasst sich mit der Schaffung eines gemeinsamen Marktes für Waren, Kapital und Arbeit, mit der Freizügigkeit für Arbeitnehmer, Unternehmer und Dienstleistungen. Besonders hervorzuheben ist die Absicht, Handels-, Agrar-, Verkehrs- und Wettbewerbspolitik als Gemeinschaftspolitik zu führen. Daneben sollte die Gemeinschaft, die Konjunktur-, Wirtschafts- und Währungspolitik koordinieren und die Steuer- und Sozialpolitik der verschiedenen Länder angleichen.

Der Vertrag sieht für die Gemeinschaft drei Finanzierungsinstrumente vor: den europäischer Sozialfonds zur Verbesserung der Beschäftigungsmöglichkeiten, die europäische Investitionsbank zur Finanzierung von Infrastruktur und industrieller Modernisierung und den europäischen Entwicklungsfond zur Unterstützung ehemaliger Kolonien der sechs Länder (außer Deutschland und Luxemburg).

Die Struktur der Europäischen Wirtschaftsgemeinschaft orientierte sich an der Montanunion, jedoch mit einem zweiteiligen Entscheidungssystem: mit der Kommission als dem Interessenorgan der Gemeinschaft und dem Rat als Interessenorgan der Mitgliedsstaaten. Beide sind in ihren Aufgaben, die Ziele der Gemeinschaft zu verwirklichen, aufeinander angewiesen. Jedes der beiden Organe erhielt besondere Zuständigkeiten.

Der Rat war für die Gesetzgebung verantwortlich mit dem alleinigen Recht, „Gesetze" zu verabschieden, also Verordnungen mit allgemeiner Geltung, die in allen ihren Teilen verbindlich sind und in jedem Mitgliedsstaat unmittelbar gelten, und Richtlinien, die von jedem Mitgliedsstaat, inhaltlich in die nationale Gesetzgebung zu übernehmen sind.

Die Kommission als Motor der Integration verkörpert das supranationale Gemeinschaftselement. Die Kommission hat das alleinige Recht im Ministerrat Gesetzentwürfe einzubringen und damit eine von dem Gemeinschaftsinteresse bestimmte Gesetzgebung sicherzustellen. Sie kann Durchführungsbestimmungen erlassen und ist als „Hüterin der Verträge" verantwortlich für die Einhaltung von Vertragsbestimmungen und Beschlüssen und kann dazu den Europäischen Gerichtshof anrufen.

Der Europäische Gerichtshof bereits mit der Europäischen Gemeinschaft für Kohle und Stahl (EGKS) geschaffen, ist von grundlegender Bedeutung für den Aufbau eines hochentwickelten Rechtssystems der Gemeinschaften als Rechtsgemeinschaft. Er hat die Gemeinschaft als eine eigene Organisation staatlicher Integration geformt. In einer Reihe von Entscheidungen wurden bedeutsame Grundsätze entwickelt. So hat das Gemeinschaftsrecht in den Mitgliedstaaten unmittelbare Geltung und ist nationalem Recht übergeordnet. Ferner, dass die Rechtsetzungskompetenzen der Europäischen Gemeinschaften auch das Handeln nach außen umfassen, also den Abschluss internationaler Vertrage in Bereichen gemeinsamer Politik. Seine Rolle als „Wächter" der Verträge hat der Europäische Gerichtshof bis heute bewahrt.

Das Europäische Parlament hatte zunächst nur einige Kontrollfunktionen und ansonsten sehr begrenzte Rechte. Die Abgeordneten wurden bis zur ersten Direktwahl 1979 aus den Parlamenten der Mitgliedstaaten entsandt. Daneben wurde durch den Vertrag dem Rat, der Kommission und dem Parlament ein beratender Wirtschafts- und Sozialausschuss zur Seite gestellt. Die drei europäischen Institutionen wurden 1967 unter dem Dach der Europäischen Gemeinschaft (EG) zusammengeführt. Dabei wurde die institutionelle Struktur vereinfacht, die drei Gemeinschaften blieben jedoch rechtlich gesehen eigenständige Organisationen.

Die wirtschaftlichen Erfolge der europäischen Wirtschaftsgemeinschaft übertrafen selbst die Erwartungen der kühnsten Optimisten. Bereits nach wenigen Jahren wurde die EWG, mit damals 170 Millionen Einwohnern, zum wichtigsten Handelspartner der Welt als größter Importeur und zweitgrößter Exporteur. In den Jahren 1958 bis 1962 erhöhte sich das Bruttosozialprodukt um 21,5 % (gegenüber 11 % in Großbritannien und 18 % in den USA), die Industrieproduktion stieg um 37 % (gegenüber nur 14 % in Großbritannien und 28 % in den USA). Die europäischen Föderalisten sahen sich in ihrer Politik für ein gemeinsames Europa mit übernationalen Organen bestätigt.

Diese Perspektive wurde allerdings nicht von allen geteilt. Der für 1966 vorgesehene Übergang von Einstimmigkeit zu Mehrheitsentscheidungen scheiterte am Widerstand des französischen Präsidenten Charles de Gaulle, ausgelöst durch Detailfragen in der Gemeinsamen Agrarpolitik und den Mitspracherechten des Europaparlaments in Haushaltsfragen.

Bei den grundverschiedenen Positionen ging es um die Aufgabenverteilung zwischen der Europäischen Gemeinschaft als Institution und den Mitgliedstaaten. Der französische Präsident war strikt gegen eine Stärkung von Parlament und Kommission. Die Mitgliedstaaten sollten die vollständige Kontrolle über gemeinschaftliche Politik behalten: der Nationalstaat war und blieb für De Gaulle die einzig legitime Kategorie politischen Denkens und Handelns; Europa konnte für ihn nur ein „Europa der Vaterländer" sein.

Die ergebnislos verlaufende Auseinandersetzung um Agrar-und Haushaltsfragen blockierten den Ministerrat und konnten erst durch ein Einschwenken auf die französische Linie überwunden werden. Der Anfang 1966 erreichte sogenannte „Luxemburger Kompromiss" sicherte jedem einzelnen Mitgliedstaat einen entscheidenden Einfluss auf die Gesetzgebung der Gemeinschaft zu. In der Praxis blieb das Vetorecht der Mitgliedstaaten erhalten und bestimmte die Struktur der Europapolitik der folgenden Jahrzehnte, die gekennzeichnet ist durch langwierige Entscheidungsprozesse im Ministerrat und durch eine Vielzahl von Komitees und Ausschüssen.

Die von Großbritannien unterstützte Alternative einer europäischen Freihandelszone (EFTA) erwies sich als weniger wirkungsvoll. Die britische Wirtschaft stagnierte, die besonderen Beziehungen mit den USA erwiesen sich in der Suez- Krise von 1956 als brüchig und mit der fortschreitenden Dekolonisation verlor das britische Empire immer mehr an Gewicht. Mit den veränderten Rahmenbedingungen wurde Europa zunehmend wichtiger und bereits 1961, nur ein Jahr nach Gründung der EFTA, stellte die britische Regierung erstmals einen Beitrittsantrag zu den europäischen Organisationen. Bis auf Frankreich begrüßten alle Mitgliedstaaten das Beitrittsgesuch. De Gaulle vermutete, dass eine Aufnahme Großbritanniens die politische Vormachtstellung Frankreichs in Europa untergraben und die besonderen deutsch-französischen Beziehungen gefährden könnte.

Erst auf der Haager Gipfelkonferenz von 1969 wurde unter Georges Pompidou, der Charles de Gaulle als französischen Staatspräsidenten im selben Jahr abgelöst hatte, Großbritanniens Beitrittsantrag entsprochen. Dieser wurde von der Erkenntnis geleitet, dass an dem neu geschaffenen Europa doch kein Weg vorbeiführt. Frankreich sah in Großbritannien einen notwendigen Partner im Dreieck mit einer erstarkten und auch außenpolitisch unabhängiger agierenden Bundesrepublik im Rahmen ihrer Politik von Entspannung und Dialog mit dem Ostblock.

Mit dem Amtsantritt der Regierung Brandt im Herbst 1969 begann eine Politik der Öffnung zum Ostblock. Die „neue Ostpolitik“ setzte auf eine Verbesserung der Beziehungen zwischen der Bundesrepublik und den Staaten des Ostblocks vor allem aber auf mehr Normalität im Verhältnis zur DDR. Die notwendige Absicherung dieser Politik sollte durch eine Vertiefung der europäischen Gemeinschaft und das Vertrauen ihrer Mitgliedstaaten in die eindeutige Westbindung der Bundesrepublik erreicht werden. Dem entsprach die französische Europapolitik, eine stärker werdende Bundesrepublik noch fester in Europa einzubinden. Die deutsch-französischen Beziehungen wurden im Jahr 1963 mit dem Elysee-Vertrag institutionalisiert.

Paris und London hofften durch ein engeres Zusammengehen auch ein Gegengewicht zu der wirtschaftlichen Stärke der Bundesrepublik zu bilden, die dabei war, die anderen Staaten Europas ökonomisch zu überflügeln und zu den USA und Japan vorzustoßen. Der Beitritt Großbritanniens zur Europäischen Gemeinschaft im Jahr 1973 zusammen mit Irland und Dänemark lag ganz im Interesse dieser Politik. Der ebenfalls ausgehandelte Beitritt Norwegens wurde in einer Volksabstimmung abgelehnt.

Die freiwillige Bündelung von Souveränität und gemeinschaftlicher Interessen zur Gewinnung gemeinsamer Handlungsfähigkeit hat den wirtschaftlichen Erfolg der Europäischen Union zu einem beachtlichen Gewicht nicht nur an seiner Peripherie, sondern weit darüber hinaus auch auf der internationalen Ebene verholfen. Die Europäische Gemeinschaft gewann einen weltpolitischen Stellenwert, kaum dass sie geschaffen war. Die EG musste, auch um den von außen herangetragenen Bedeutung und Erwartungen gerecht zu werden, ihr ökonomisches Gewicht zunehmend politisch ergänzen und absichern.

Der Beitritt Großbritanniens erforderte eine Neuordnung der Beziehungen zu den ehemaligen Kolonien, nun als Entwicklungsländer bezeichneten jungen Staaten Afrikas, der Karibik und des Pazifiks, mit ihren vielfachen Forderungen an die Europäische Gemeinschaft. Sie fanden 1975 eine vertragliche Berücksichtigung im Abkommen von Lome, das seitdem mehrmals erneuert und erweitert wurde.

Die wirtschaftliche Dynamik, die sich in Westeuropa nach dem Zweiten Weltkrieg entfaltete, wurde auch in den außenwirtschaftliche Verflechtungen über die Grenzen des Kontinents hinaus deutlich. Die Idee der wirtschaftlichen Liberalisierung und Kooperation, die das europäische Binnenverhältnis prägt, erforderte, neue Formen und Gleichgewichte in den Beziehungen mit den Vereinigten Staaten und Japan zu finden. Die Herausforderungen überstiegen die rein wirtschaftlichen Bereiche und umfassten neben den politischen auch sicherheitspolitische Aspekte. Mit den Wechselwirkungen zwischen innen und außen wuchs die Notwendigkeit nach besserer und regelmäßigerer politischer Zusammenarbeit unter den Mitgliedstaaten.

Die Verwirklichung zentraler Vorhaben der Römischen Verträge wie die Errichtung eines gemeinsamen Marktes, der Freizügigkeit in der Gemeinschaft, einer gemeinsamen Landwirtschaftspolitik, der friedlichen Nutzung der Atomenergie sowie die von außen herangetragenen Erwartungen erforderten eine verbesserte Handlungsfähigkeit Europas durch neue Institutionen und durch Reformen einzelner Organe. So wurde 1974 der Europäische Rat zur Festlegung der Grundlinien der EG-Politik geschaffen, eine alte gaullistische Forderung nach einem höchsten Gremium der Staats-und Regierungschefs. Gewissermaßen im Gegenzug wurden im Juni 1979 die erste allgemeine und unmittelbare Europawahl durchgeführt. Europas Bürger hatten damit die Möglichkeit einer Mitsprache bei der europäischen Integration; eine Mitsprache die seitdem beständig erweitert wurde. Europäische Politik erhielt eine neue Perspektive.

Die ersten Ansätze sich über Ziele und Inhalte einer gemeinsamen Außenpolitik zu verständigen wurden in einer pragmatischen und behutsamen Vorgehensweise erarbeitet. Die 1970 geschaffenen „Europäische Politische Zusammenarbeit“ erfolgte auf freiwilliger Basis der Mitgliedstaaten zur Koordinierung ihrer Außenpolitik. Wie sich sehr schnell herausstellte, war dies ein nützlicher Rahmen für regelmäßige Konsultationen und für die Erarbeitung gemeinsamer Standpunkte in internationalen Konferenzen und zu zentralen politischen Fragen.

Die Zusammenarbeit zur Abstimmung der politischen Interessen erwies sich besonders hilfreich bei den Verhandlungen in der Konferenz über Sicherheit und Zusammenarbeit in Europa (KSZE). Die Konsultationen zwischen den EG-Staaten war sehr eng; sie traten in den Plenarsitzungen geschlossen auf, ließen sich von dem jeweiligen Vorsitzenden (Präsidenten) der „Europäischen Politischen Zusammenarbeit“ gemeinsam vertreten und konnten einen guten Teil des Erfolges der Helsinki-Konferenz auf ihr gemeinsames Vorgehen zurückführen. Der italienische Ministerpräsident, Aldo Moro, unterzeichnete 1975 in Helsinki die „Schlussakte“ der KSZE als Ratsvorsitzender „für Italien und im Namen der Europäischen Gemeinschaften“.

1.3 Die Konferenz über Sicherheit und Zusammenarbeit in Europa

Die Erweiterung der europäischen Gemeinschaft ist eng mit der Konferenz über Sicherheit und Zusammenarbeit in Europa (KSZE) verknüpft. Die Sowjetunion wollte mit ihrer lange verfolgten Idee einer „europäischen Sicherheitskonferenz" eine Anerkennung des Status quo also der Teilung Europas und Deutschlands. Der Westen sah in dem Dialog, die Möglichkeit die Lage in Osteuropa zu verbessern und durch eine Annäherung der Positionen, die Teilung zu mildern und sie vielleicht sogar einmal zu überwinden. Er machte seine Teilnahme abhängig davon, dass parallel dazu Gespräche über einen gegenseitigen und ausgewogenen Abbau der Truppen in Europa stattfinden, allerdings ohne eine echte abrüstungspolitische Komponente.

Der KSZE-Prozess war das einzige Forum, eine Brücke des Dialogs zwischen zwei völlig verschiedenen Systemen mit entgegengesetzten Auffassungen über Sicherheit und Freiheit, über die Rechte des Einzelnen und seiner Stellung in Gesellschaft und Staat. Hier offenbarte sich mit aller Deutlichkeit, dass Europa zwar stabilisiert, aber weiterhin getrennt war; dass das, was ein kommunistisches Regime unter „Demokratie" und „Menschenrechten" verstand, weit von dem entfernt war, was seit den Revolutionen des 18. und 19. Jahrhunderts in Europa gewachsen und überliefert war.

Das Ergebnis von langen Verhandlungen, bei denen Kompromisslosigkeit auf beiden Seiten überwunden werden musste, ist die 1975 unterzeichnete „historische" Schlussakte von Helsinki. Darin bekennen sich die 35 KSZE-Staaten zu gemeinsamen Grundsätzen gesamteuropäischen Zusammenlebens; festgelegt in zehn Prinzipien, die eine untrennbare Verbindung zwischen Sicherheit und Demokratie darstellen. Von besonderer Bedeutung für den Westen war die Festschreibung fundamentaler Menschenrechte; eine wichtige Handhabe gegenüber der Sowjetunion und ihren Verbündeten.

Der KSZE-Prozess mit Folge- und Sonderkonferenzen war der Beginn eines Transformationsprozesses zunächst mit dem Ziel, den begonnenen Ost-West-Dialog zu festigen und für das geteilte Europa eine gemeinsame Plattform für das gegenseitige Annähern zu haben. Es entstand ein belastbarer Prozess, der auch durch die sowjetische Invasion in Afghanistan nicht abgebrochen wurde. Die verschiedenen Konferenzen sollten das Einhalten der Vereinbarungen überprüfen und den Prozess in möglichst viele Richtungen ausbauen und vertiefen. Entsprechende Folge- oder

Überprüfungskonferenzen fanden in Belgrad (1977/78), in Madrid (1980-1983) und in Wien (1986-1989) statt. Besonders die beiden letzteren brachten Fortschritte in Fragen der Menschenrechte und in sicherheitspolitischen Fragen.

Die Konferenz von Madrid bildete den Auftakt zu Verhandlungen über vertrauens- und sicherheitsbildende Maßnahmen und zur Abrüstung in Europa. Die Wiener Folgekonferenz beschloss auch erstmals Verhandlungen über konventionelle Streitkräfte in Europa. An diesen Konferenzen nahmen die 23 Mitgliedstaaten der beiden Bündnisse noch als politische Kontrahenten teil. Das sollte sich ab 1989 ändern, als die mittel- und osteuropäischen Staaten begannen, sich von der sowjetischen Vorherrschaft zu befreien.

NATO und KSZE haben wesentlich zur Vertrauensbildung zwischen den Staaten Westeuropas über die Europäische Union hinaus beigetragen. Sie haben den Weg zu einem modernen Politikverständnis geebnet, dass von Offenheit und Kooperation bestimmt ist. Die KSZE bildete einen wichtigen Rahmen für einen Sicherheitsdialog zwischen allen europäischen Staaten, mit Russland und mit der Europäischen Union unter Einschluss der Vereinigten Staaten und Kanadas. Mehrere Sonderkonferenzen zeigten wie entscheidende nunmehr bewährte Prinzipien westlicher Demokratie und freier Wirtschaft von der KSZE als Leitlinien für die Reformen in den ehemals kommunistischen Ländern übernommen wurden. Sie erleichterten die Annäherung zwischen den ehemals getrennten Teilen Europas; sie bildeten die Grundsteine für das neu entstehende Europa.

Die Gipfelkonferenz in Paris im November 1990 war der eigentliche Höhepunkt dieses Prozesses. Mit der „Charta von Paris“ wurde die Beendigung des Kalten Krieges besiegelt und die Wiedervereinigung Deutschlands bekräftigt. War es zunächst die Aufgabe der KSZE gewesen, Europas Teilung zu mildern und die Annäherung seiner beiden Teile zu ermöglichen, so konnte die KSZE nun die Überwindung dieser Teilung bestätigen und durch die „Charta“ die zukünftige Entwicklung bestimmen.

Die KSZE entwickelte sich zu einem Forum für Staaten, die dabei waren aus dem Schatten der Konfrontation der Bündnisse herauszutreten. Es waren die neutralen und blockfreien Staaten, mit so verschiedenen Ländern wie Finnland, Schweden, Österreich, Zypern, Malta, die Schweiz, Jugoslawien, Liechtenstein und der Vatikan, die einen wesentlichen Anteil an den damals erzielten Kompromissen haben.

Die Organisation für Sicherheit und Zusammenarbeit in Europa (OSZE) ist 1994 als Institution entstanden, als Nachfolger der 1975 mit der Schlussakte von Helsinki zu Ende gegangenen Konferenz über Sicherheit und Zusammenarbeit in Europa (KSZE). Die OSZE hat eine umfassende Mitgliedschaft (56 Teilnehmerstaaten plus Europäische Union), die neben allen europäischen Ländern auch die USA, Kanada und die zentralasiatischen Staaten einschließt - von Vancouver bis Wladiwostok. Die OSZE hat sich im letzten Jahrzehnt zu einem bedeutenden Instrument zur Verhütung von Konflikten und des zivilen Krisenmanagements entwickelt (u.a. Missionen zur Grenzbeobachtung, Organisation von Wahlen, Polizeitraining); und sie ist ein wichtiges Forum für Rüstungskontrolle und Abrüstung im konventionellen Bereich.

In der OSZE übernimmt jeweils ein Teilnehmerstaat für ein Jahr den Vorsitz. Ihm kommt eine wichtige Rolle in der Steuerung der Arbeit sowie der Vertretung der Organisation nach außen zu. Der Außenminister des Vorsitzlandes fungiert dabei als „Chairman in Office" (amtierender Vorsitzender). Das Sekretariat mit Sitz in Wien bildet das technisch-organisatorische Rückgrat der Organisation und unterstützt den jeweiligen Vorsitz in seinen Aktivitäten. Die Tatsache, dass in der OSZE die Entscheidungen im Konsens der 56 Teilnehmerstaaten und der Europäischen Union gefasst werden, macht den Vorsitz zu einer ganz besonderen diplomatischen Herausforderung.

1.4 Europa zwischen Erweiterung und Vertiefung

Die Konflikte zwischen unterschiedlichen nationalen Interessen, deren Überwindung sich in den Kompromissen und verschlungenen Wege des europäischen Integrationsprozesses wiederspiegeln, zeigen sich auch in dem Dilemma zwischen Vertiefung und Erweiterung. Jeder neue Beitritt löste lange Diskussionen über die Notwendigkeit aus, die europäischen Institutionen und die gemeinschaftlichen Politikbereiche und Verfahren zu stärken, auszuweiten bzw. zu verbessern, auch in der Erkenntnis, dass mit jedem Beitritt die Komplexität der Entscheidungsprozesse weiter zunimmt. Aber es waren und sind ja keineswegs alle beteiligten Politiker bereit, die europäischen Institutionen zu stärken und dafür souveräne Rechte zu übertragen und eigene Vetomöglichkeiten zu reduzieren.

Vielmehr ist für die Gegner eines starken gemeinsamen Europas eine Erweiterung eher die Chance, mit neuen Mitgliedern den Integrationsprozess zu verlangsamen und allzu eigenständige europäische Institutionen zu verhindern oder zumindest zu schwächen. Es ist daher nicht erstaunlich, dass notwendige Reformen nur langsam und schrittweise gelangen und die europäische Zusammenarbeit von Zugeständnissen und Verzögerungen gekennzeichnet ist. Fortschritte ergaben sich oftmals erst durch eine von außen verursachte Krisensituation und damit die Bereitschaft zur Übertragung von noch tatsächlich oder auch nur vermeintlich verbliebenen Souveränitätsrechten auf die Gemeinschaft im Interesse gemeinsamer Handlungsfähigkeit.

Bis in die siebziger Jahre blieben drei nichtkommunistische Länder Spanien und Portugal sowie Griechenland an der Peripherie Europas trotz Aufnahme in internationale Organisationen, in den Europarat oder in die Nato. Spanien und Portugal waren autoritäre Staaten. In Griechenland herrschte ab 1967 nach einem Putsch eine brutale Militärdiktatur. Erst nach dem Zusammenbruch der Regime, Mitte der siebziger Jahre wurde der Weg zu demokratischen Verhältnissen und nach Europa geöffnet. Nachdem die Westeuropäer zwei Jahrzehnte lang den Südeuropäern die Beteiligung am Integrationsprozess mit dem Hinweis verwehrt hatten, sie entbehrten demokratischer Strukturen war eine Aufnahme jetzt nicht mehr rauszuschieben. Die Mitgliedstaaten wollten den jungen Demokratien zu politischer, wirtschaftlicher und sozialer Stabilität verhelfen.

Griechenland wurde 1981, Spanien und Portugal 1986 in die Europäische Gemeinschaft aufgenommen. Der wirtschaftliche Rückstand aller drei Staaten zu den anderen EG-Mitgliedern war erheblich. So lockten der große Markt und die erhofften finanziellen Hilfen der Gemeinschaft als Motor für einen nachhaltigen wirtschaftlichen Aufstieg, es herrschten aber auch starke Befürchtungen vor der mächtigen Konkurrenz aus dem Norden.

Für Spanien war der Beitritt nicht nur eine Rückkehr nach Europa, nach jahrzehntelanger freiwilliger Selbstisolierung, sondern auch die Möglichkeit, sich der Ebenbürtigkeit durch die Europäer zu vergewissern. Die Beitrittsverhandlungen für Griechenland wurden, auch im Interesse einer Stabilisierung der noch jungen griechischen Demokratie 1979 bereits abgeschlossen als die Gespräche mit Portugal und Spanien gerade erst anfingen. Die Verhandlungen mit Griechenland wären sicherlich anders verlaufen, wenn man geahnt hätte, welche Schwierigkeiten das Land der EG und den anderen beiden Beitrittskandidaten später machen würde. Der Beitritt von 1981 löste in Griechenland Zweifel und Ängste aus vor dem Konkurrenzdruck der EG-Länder in der Landwirtschaft und Industrie und es gab sogar Forderungen nach einem Austritt aus der EG und der Nato. Die wenige Monate nach dem Beitritt abgehaltenen Parlamentswahlen führten zu einem Regierungswechsel. Der neue Premier, der sozialistische PASOK-Partei, Papandreou, verlangte ultimativ eine Nachbesserung der Verträge und nutzte den Druck in den Verhandlungen mit Spanien und Portugal, um weitere Zugeständnisse in der Agrarpolitik und beim Regionalfond zu erreichen.

Während die Schwierigkeiten mit Griechenland erst nach dem Beitritt deutlich wurden, waren die Beitrittsverhandlungen mit den iberischen Ländern insbesondere mit dem größeren Spanien von Beginn an äußerst problematisch. Neben dem relativ geringen Einkommensniveau und der schwachen wirtschaftlichen Entwicklung waren die größten Probleme in der Fischerei und Landwirtschaft sowie in der Stahl- und Werftindustrie. Hinzu kamen Spaniens und Portugals überzogene finanzielle Forderungen bei leeren Kassen der Gemeinschaft wegen der explodierenden Kosten der gemeinsamen Agrarpolitik und den britischen Rabattforderungen.

Der Putschversuch von Militärs in Spanien im Februar 1981 bestärkte die politische Notwendigkeit sich zu einigen; aber erst 4 Jahre später und nach zahlreichen dramatischen Auseinandersetzungen um Fischereirechte war ein Kompromiss für alle Fragen ausgehandelt. Mit dem Beitritt Spaniens und Portugals entstand 1986 mit über 300 Millionen Einwohnern der größte Markt der westlichen Welt, und auf dem Papier wurde die EG die größte Handelsmacht.

Die Beitritte waren eine politische Notwendigkeit obwohl wirtschaftliche Aspekte die Verhandlungen bestimmten und auch zu düsteren Prognosen Anlass gaben, wie das Dauerproblem der zunehmenden landwirtschaftlichen Überschüsse in der Gemeinschaft. Die wirtschaftspolitischen Anpassungen mit hohen Investitionen und überdurchschnittlichen Zuwachsraten in Wirtschaft und Beschäftigung verliefen zufriedenstellend. Mit dem Beitritt gelang es den Ländern, sich von langjährigen Diktaturen und ihren kolonialen Hinterlassenschaften zu befreien und eine Zukunft in Demokratie und Rechtsstaat aufzubauen.

1.5 Die Überwindung der Trennung: Das Neue Europa entsteht

1.5.1 Europa auf dem Weg zu mehr Gemeinsamkeit

Die gemeinsamen geschichtlichen Erfahrungen in der ersten Hälfte des 20. Jahrhunderts, insbesondere die der zwei Weltkriege und die Herausforderungen der folgenden 30 Jahre hatten immer wieder die Idee aufkommen lassen, den europäischen Einigungsprozess auf eine sehr breite

Basis zu stellen. Die zunächst pragmatisch von ökonomischen Erwägungen und Interessen geleitete funktionale Integration ohne politische Zielvorgabe (Methode Monnet) schien nicht mehr auszureichen. Der zunehmende Druck von politischen Zwängen und Notwendigkeiten ließen eine Diskussion um eine europäische Zukunft aufkommen.

Mehrere Versuche, dem Haus „Europäische Gemeinschaft“ ein gemeinsames Dach in Form einer politischen Union zu geben, scheiterten an den zu unterschiedlichen politischen Denkweisen und strategischen Vorstellungen ihrer Mitglieder. Es standen sich zwei unüberbrückbare Konzepte gegenüber: für einige Staaten, die sich mehr von der Vergangenheit und ihrer eigenen geschichtlichen Erfahrung leiten ließen kam nur ein loser Verbund europäischer Staaten in Frage wohingegen andere Mitgliedsländer, eher geprägt von polit-geographischen Gegebenheiten und der Notwendigkeit eines in Zukunft besser handlungsfähigem Europa eine engere Integration in einem europäischen Bundesstaat anstrebten. Damit gelang es auch nicht, die anstehenden Reformen von Zuständigkeiten, Abstimmungsverfahren und Entscheidungsmechanismen geschlossen auf einen Ruck anzugehen, sondern sie kamen nur mühsam und eher fallweise zustande; aber nach einmal erreichten Konsens gab es auch keine Schritte zurück. So hat sich allmählich der umfangreiche Besitzstand an gemeinschaftlichen Entscheidungen und Vereinbarungen der Union („aquis communautaire”) gebildet.

Die seit der Gründung verdoppelte Mitgliederzahl und die zunehmende Stagnation in Europa-politischen Entscheidungen machte eine Revision der Römischen Verträge unumgänglich. 1986 wurde nach langen Verhandlungen in einem grundlegenden Reformpaket die „Einheitliche Europäische Akte“ verabschiedet. Mit ihrem in Kraft treten Mitte 1987 wurden die Voraussetzungen für eine Weiterentwicklung der Europäischen Union geschaffen.

Wesentliche Reformen waren: die Stärkung der Handlungsfähigkeit durch ein geändertes Abstimmungsverfahren, das in zahlreichen Bereichen die Möglichkeit einer qualifizierten Mehrheit vorsah anstelle des bisherigen Prinzips der Einstimmigkeit; die Schaffung eines einheitlichen Binnenmarkts bis zur vollen Freizügigkeit für Personen, von Dienstleistungen und des Güter- und Kapitalverkehrs, den sogenannten »vier Freiheiten«; die Ausdehnung der Zuständigkeiten der Gemeinschaft auf weitere Politikfelder z.B. im Bereich der Umwelt-, der Forschungs-, der Technologie- und der Sozialpolitik ; die Orientierung der Gemeinschaft auf das Ziel einer Europäischen Union. Die Einheitliche Akte ermöglichte auch eine Vielzahl von Bildungs- und Jugendprogrammen, zum Beispiel das Erasmus-Programm zum Austausch von Studenten und Dozenten und zur Zusammenarbeit von Universitäten.

Der institutionelle Rahmen der Gemeinschaft wurde um den Europäischen Rat, das Europäische Währungssystem und die Europäische Politische Zusammenarbeit erweitert. Das Europäische Parlament erhielt Zustimmungskompetenz für zukünftige Beitritte und Assoziationen und mehr Einfluss auf die Gesetzgebung der Gemeinschaft. Mit der Einheitlichen Akte wurden auch europäische Symbole geschaffen und erste Schritte zu einem Europa der Bürger gemacht. Seit 1986 führt die Europäische Union die blaue Flagge mit dem Kranz der zwölf goldenen Sterne als Symbol des Vereinigten Europa und gibt sich nach dem Muster einer Nationalhymne eine europäische Hymne (Beethovens Ode „An die Freude“). Die europäische Hymne wird u.a. bei der Akkreditierungszeremonie des EU Botschafters in einem Drittland gespielt. Es war durchaus üblich, das zunächst wenig bekannte Musikstück, vor einer Akkreditierung dem lokalen Musikkorps erst durch Noten und Musikaufnahmen etwas näher zu bringen.

Das wichtigste Vorhaben für die kommenden Jahre war die Schaffung eines einheitlichen Wirtschaftsraums bis Ende 1992, eine wirklich epochale Entwicklung. Sie veranlasste nicht nur die inzwischen 12 Mitgliedstaaten sondern auch die nicht-EG-Länder zu einer Überprüfung ihrer Wirtschafts- und Außenpolitik. Die Einheitliche Europäische Akte hat für ganz Europa einen Prozess gestartet mit dem Ziel, die vielfältigen materiellen, technischen und fiskalischen Hindernisse gegen den freien Verkehr von Personen, Waren, Dienstleistungen und Kapital zu beseitigen, ein Programm für eine umfassende Modernisierung des gesamten europäischen Wirtschaftsraums. Nach jahrelangen Querelen um Fragen der institutionellen Fortentwicklung, der Finanzausstattung und der Reform des Agrarmarkts war die Errichtung eines gemeinsamen Binnenmarkts eine Herausforderung für alle Marktteilnehmer; dementsprechend wurden auch Bedenken laut wegen möglicher Wettbewerbsnachteile und Abbau sozialer Errungenschaften.

1.5.2 Der Unionsvertrag von Maastricht

Die wirtschaftliche Integration Europas durch den Binnenmarkt bekam mit den politischen Umwälzungen in Europa Ende der 80er und zu Beginn der 90er Jahre eine völlig andere politische Dimension. Mit dem Ende der europäischen Nachkriegsordnung stand die Gemeinschaft vor ungeahnten Herausforderungen, die neben der wirtschaftlichen Integration eine stärkere politische Entwicklung der Gemeinschaft maßgeblich prägen und Europa seine geschichtliche Gestalt zurückgeben sollten. Der Schwerpunkt europäischer Entwicklung verlagerte sich von den Inseln und Halbinseln zurück in das Zentrum Europas. Die Umsetzung des Binnenmarktes und die sich daraus ergebenden innen- wie außenpolitischen Konsequenzen, der Umbruch im zentralen und östlichen Teil Europas und das Wiederaufkommen der zentralen deutschen Frage verlangten nach europäischen Antworten.

Antworten auf diese Veränderungen sollte die mit dem Vertrag von Maastricht 1992 gegründete Europäischen Union geben, mit den vorgesehenen grundlegenden Reformen der Römischen Verträge. Mit diesem Vertrag wurden die Europäischen Gemeinschaften gekennzeichnet von wirtschaftlicher Integration und loser politischer Zusammenarbeit in eine Union weiterentwickelt, eine Kombination von Integration mit einem supranationalen Entscheidungsmechanismus und von zwischenstaatlicher (intergouvernementaler) Zusammenarbeit.

Der Maastrichter Vertrag hat die gedachte Struktur der drei Pfeiler für die Europäische Union geschaffen. Eine Struktur, die erst 2009 mit dem Verfassungsvertrag von Lissabon aufgegeben wurde. Der 1. Pfeiler der Integration umfasst die Politikbereiche der Gemeinschaftsverträge, in denen die Mitgliedstaaten einen Teil ihrer Kompetenzen in die Gemeinschaften zusammengeführt haben. An der Politikformulierung, der Rechtsetzung und der Rechtsprechung sind neben den Mitgliedstaaten die Kommission und das Europaparlament beteiligt. Unter die Aufgaben der Gemeinschaft fallen Handel, Außenwirtschaft, Wettbewerb, Landwirtschaft, Binnenmarkt und neu hinzugekommen Sozialpolitik und Währung. Diese freiwillige Bündelung von Souveränität und gemeinschaftlicher Interessen zur Gewinnung gemeinsamer Handlungsfähigkeit hat den wirtschaftlichen Erfolg der Europäischen Union zu einem beachtlichen Gewicht nicht nur an seiner Peripherie sondern weit darüber hinaus auch auf internationaler Ebene verholfen.

Der 2. Pfeiler der intergouvernementalen Arbeitsteilung zwischen der Kommission und den Mitgliedsstaaten umfasst die Umweltpolitik, die Außen- und Sicherheitspolitik und die Industriepolitik. Der 3. Pfeiler bezieht sich auf grenzüberschreitende Zusammenarbeit in der Justiz- und Innenpolitik. Die Politik in diesen Bereichen resultiert aus den Verhandlungen zwischen den Mitgliedsstaaten. Auch wenn diese Aktivitäten im formalen Strukturrahmen der Union ablaufen, haben die supranationalen Organe - Kommission, Parlament und Gerichtshof - nur begrenzte Befugnisse. Dennoch bedeuten die beiden Formen intergouvernementaler Zusammenarbeit im einheitlichen institutionellen Rahmen der EU den Beginn einer qualitativ intensivierten Zusammenarbeit in der Außen- und Sicherheitspolitik sowie der Innen- und Justizpolitik.

Mit der Verpflichtung aller Mitglieder, eine Gemeinsame Außen- und Sicherheitspolitik in allen Bereichen zu entwickeln stand dem Rat der Union nun ein gemeinsames Instrumentarium zur Verfügung, das über die bisherige Koordinierung weit hinaus ging. In der Innen- und Justizpolitik wurden erstmals die Asyl-, Einwanderungs- und Visapolitik sowie die polizeiliche und rechtliche Zusammenarbeit in Zivil- und Strafsachen, die Bekämpfung von Terrorismus, illegalem Drogenhandel und internationaler Kriminalität vertraglich erfasst. Darüber hinaus wurde der Aufbau eines Europäischen Polizeiamts (Europol) vereinbart.

Die von den Mitgliedsstaaten geschaffene komplexe Struktur der Union spiegelt deren Vorsicht gegenüber allzu weit gehende Integration wider. Innen-, Justiz- und Außenpolitik betreffen Kernkompetenzen des souveränen Staates; sie gelten als die Vorrechte staatlicher Gewalt. Diese Befugnisse in den supranationalen Rahmen zu überführen, kam für die meisten der Mitgliedstaaten zu dieser Zeit nicht in Frage. Vorschläge, einen einheitlichen gemeinschaftlichen Rahmen für die Union zu schaffen, wie sie im Vorfeld der Konferenz von Maastricht von der Europäischen Kommission ausgearbeitet wurden, hatten dann auch vorerst keine Chance auf Verwirklichung. Dies war letztlich eine Konsequenz der unterschiedlichen Auffassungen über die zukünftige Gestalt der Union aber auch unzureichender politischer Strategien angesichts der sich abzeichnenden Herausforderungen in der Welt von heute und morgen.

Während der Maastrichter Vertrag die Entscheidungsbefugnis bei der Außen- sowie der Innen- und Justizpolitik weitgehend dem Ministerrat übertrug, sind zwei Veränderungen, die die Europäischen Gemeinschaft betreffen hervorzuheben: die Festlegung des Zeitplans zur Vollendung der Währungsunion und die Rolle des Europäischen Parlaments.

Die Kompetenzen des Europäischen Parlaments wurden erheblich erweitert, insbesondere mit der Einführung des neuen Verfahrens der Mitentscheidung für die Bereiche Binnenmarkt, Verbraucherschutz, Umwelt und gesamteuropäische Verkehrsnetze. Zudem muss eine neu eingesetzte Kommission durch das Parlament bestätigt werden; die Wahlperioden von Parlament und Kommission wurden angeglichen; das Parlament erhielt Untersuchungs- und Petitionsrechte.

Der Unionsvertrag von Maastricht enthielt auch zwei weitere Neuerungen, das Prinzip der Subsidiarität und des „opting out“. Mit dem Prinzip der „Subsidiarität“ wurde ein allgemeiner Grundsatz für die Aufteilung von Zuständigkeiten zwischen der Gemeinschaft und den Mitgliedsstaaten formuliert. Danach sollen Aufgaben, die von Gemeinden, Regionen oder Staaten selbst am besten bewältigt werden können, auch bei ihnen bleiben und nicht an die Gemeinschaft übertragen werden. Damit wurden Bedenken einiger Mitgliedsstaaten berücksichtigt, dass die Kommission im Rahmen einer fortschreitenden Integration weitere Zuständigkeiten im Bereich von Ländern und Kommunen erhalten könnte. Der Vertrag sieht auch vor, dass Ländern (Regionen) und Kommunen sich stärker an Europa beteiligen. Die Regionen, Städte und Gemeinden werden über die neue Institution des „Ausschusses der Regionen“ in den Prozess einer breiter aufgestellten gemeinschaftlichen Willensbildung direkt mit einbezogen.

Mit dem „opting out“ ist den Staaten die Möglichkeit der Freistellung von der Umsetzung von einigen Vertragsbestimmungen gegeben; d.h. diese Mitgliedsstaaten stimmen einer Entscheidung der Gemeinschaft grundsätzlich zu, können ihre Durchführung aber aussetzen. Großbritannien und Dänemark haben davon bei der Einführung der gemeinsamen Währung Gebrauch gemacht.

Nach einem langwierigen Ratifizierungsprozess, einschließlich einer zurückgewiesenen Verfassungsklage in Deutschland und zweier Volksabstimmungen in Dänemark konnte der Unionsvertrag von Maastricht erst im November 1993 in Kraft treten. Die Kluft zwischen der Notwendigkeit auf die unvergleichliche Dynamik von Vertiefung und Erweiterung der Union einzugehen und den binnenstaatlichen Verhaltensweisen der Politik, oft als „Europamüdigkeit“ der Bürger bezeichnet, ist aber im Grunde nichts anderes als ein erhebliches Defizit der politischen Akteure: nämlich, Europa als Teil der nationalen Politik zu betrachten und als solches verständlich zu machen.

Die Integration von europäischer Politik mit nationalen, binnenstaatlichen Vorstellungen ist zwar stückweise vorangekommen, wird aber immer noch nicht von allen politischen Parteien und ihren Politikern als grundlegend und selbstverständlich angesehen. Die Entscheidungen auf europäischer Ebene wurden lange Zeit als Bevormundung von außen, als gegen das eigene Interesse gerichtet angesehen, obwohl alle Mitgliedstaaten an den Entscheidungen mitgewirkt und diesen auch zugestimmt haben. So muss Europa oftmals als eine Art „Sündenbock“ herhalten zur Ablenkung von den Defiziten einer nationalstaatlichen Politik. Es ist daher nicht verwunderlich, dass europäische Politik wenig verstanden wird und die Wahlen zum Europaparlament nur eine geringe Beteiligung zeigen. Das wichtigste materielle Vertragsziel des Maastrichter Unionsvertrags war zweifellos, bis zu einem festgelegten Datum, spätestens dem 1. Januar 1999, unwiderruflich eine Währungsunion, eine Europäische Zentralbank und eine europäische Währung zu etablieren. Zur Erreichung dieser Vorgaben akzeptierten die Teilnehmerstaaten harte, wenn nicht sogar drakonische Regeln und Grundsätze einer nach deutschen Vorstellungen formulierten stabilitätsorientierten Wirtschafts-, Geld- und Haushaltspolitik. Auch die stabilitätspolitischen „Konvergenzkriterien" für die Einführung der Gemeinschaftswährung (stabiles Preisniveau, gesunde Staatsfinanzen, stabile Wechselkurse, niedriges Zinsniveau) entsprachen den Vorgaben von der Deutschen Bundesregierung und der Bundesbank. Wie sich gezeigt hat ist die einseitige Orientierung der „Maastricht-Kriterien" am Stabilitätsbedarf der fortgeschrittenen Volkswirtschaften in der Union, nicht aber an den Wachstumsnotwendigkeiten der südlichen Mitglieder, ein lange Zeit unterschätztes strukturelles Problem.

Ein fester Zeitplan und klare Bedingungen für die Einführung der gemeinsamen Währung waren aber noch keine Garantie für das Erreichen des Zieles. Dieses schien in den neunziger Jahren mehrmals in Frage gestellt zu sein wegen der ungünstigen weltwirtschaftlichen Rahmenbedingungen, der anhaltenden internen Streitigkeiten (Umgang mit dem früheren Jugoslawien) und wegen einer unkoordinierten Währungspolitik. Das Projekt einer gemeinsamen Währung musste sich durchsetzen gegen massive Spekulationen gegen schwache europäische Währungen (Lira, Pfund, Peseten), gegen die Turbulenzen der mexikanischen Währungskrise und gegen wiederholte Versuche die Konvergenzkriterien und die strikte Einhaltung der Haushaltsdisziplin aufzuweichen. Dennoch wurde der Zeitplan eingehalten, dank eines funktionierenden Tandems Berlin-Paris und eines von Europa überzeugten deutschen Kanzlers Helmut Kohl. Dessen klares Festhalten an einer konsequenten Stabilitätspolitik erzwang eine Rückführung der Neuverschuldung von elf Ländern, einschließlich Griechenlands (mit gefälschten Zahlen wie man jetzt weiß).

1.5.3 Die Vertragsreformen von Amsterdam und Nizza

Der Druck von außen auf die Europäische Union und die nur mäßigen Ergebnisse von schwierig ausgehandelten Verträgen, machten weitere Revisionen unumgänglich. Dem Vertrag von Amsterdam von 1997 folgte nur drei Jahre später in Nizza ein weiterer Reformvertrag. Während die Römischen Verträge, geschaffen für eine Gemeinschaft von sechs Mitgliedsstaaten mit kleineren Ergänzungen von 1958 bis 1986 beinahe dreißig Jahre Bestand hatten, erforderten die Umbrüche der Zeitenwende von 1986 bis 2001, also in der Hälfte der Zeit, vier substantielle Vertragsreformen. Der Druck auf Veränderungen sollte aber mit der Erweiterung der Union auf 27 Mitglieder noch weiter zunehmen. Trotz der anhaltenden nationalstaatlichen Widerstände war der Zwang für ein gemeinsames aktionsfähiges Europa der Antrieb für Reformen in zentralen Bereichen.

Die Zusammenarbeit in der Justiz- und Innenpolitik wurde vertieft; die Mehrheitsentscheidungen im Rat wurden ausgeweitet und das Parlament erhielt weitere Kompetenzen. Neben einem größeren Mitspracherecht bei der Auswahl des Kommissionspräsidenten wurde das Mitentscheidungsrecht des Parlaments auf etwa drei Viertel der EU- Gesetzgebung ausgedehnt. Die Einführung von allgemeinen Flexibilitätsklauseln in das Vertragswerk ermöglicht es Mitgliedsstaaten sich enger zusammenzuschließen und zu integrieren; eine kreative Entscheidung für eine zukünftige flexible Integration.

Wesentliche institutionelle Änderungen wie Größe und Zusammensetzung der Kommission, Stimmengewichtung im Ministerrat, Ausweitung von Mehrheitsentscheidungen im Ministerrat, die auch im Vertrag von Amsterdam nicht zufriedenstellend erreicht werden konnten, waren die zentralen Themen der nächsten Vertragsrevision.

Wenige Monate nach in Kraft Treten des Vertrags von Amsterdam im Mai 1999 begann zur Jahrtausendwende die Regierungskonferenz von Nizza. Die sich bereits zu diesem Zeitpunkt abzeichnende Erweiterung um bis zu zwölf Staaten verstärkte die Notwendigkeit, diese ungelösten Fragen von Macht und Einfluss zu beantworten. Aber mit dem Druck Lösungen zu finden stieg auch die Intensität der Auseinandersetzungen zwischen großen und kleinen, alten und neuen, armen und reichen Mitgliedstaaten. Das Ergebnis blieb dementsprechend hinter den Erwartungen zurück. So wurde die angestrebte Verkleinerung der Kommission vertagt; Mehrheitsentscheidungen im Rat der EU wurden durch das Prinzip der „dreifachen Mehrheit“ (Mehrheit der Stimmen, der Staaten und der Bevölkerung) weiter verkompliziert.

Als 2001 das Amt des „Hohen Vertreters für die Gemeinsame Außen- und Sicherheitspolitik“ geschaffen wurde, um der europäischen Außenpolitik ein Gesicht zu verleihen, wurde dieses bewusst nicht in der Kommission angesiedelt, sondern an die Funktion des Generalsekretärs des Rates gekoppelt. Die Mitgliedstaaten waren weiterhin sehr darauf bedacht, ihre Souveränitätsrechte zu bewahren auch wenn diese zunehmend eher von symbolischem denn substantiellem Charakter sind.

Der wichtigste Beschluss von Nizza dürfte die Bereitschaft gewesen sein, einen breit angelegten Dialog über Zukunft der EU zu führen, mit den Schwerpunkten einer EU-Grundrechtecharta; über institutionelle Zuständigkeiten; die Rolle der nationalen Parlamente im Einigungsprozess und die Vereinfachung der Verträge. Dieser sogenannte „Post-Nizza-Prozess“ entwickelte sich sehr dynamisch und schaffte die Grundlagen für die Politik „des Europas von heute“.

1.6 Die Einigung des Kontinents

Die Erweiterung der Europäischen Union ist eines ihrer erfolgreichsten außenpolitischen Mittel. Seit der Gründung der Montanunion gehört die Aufnahme neuer Mitglieder zu den in den europäischen Verträgen vorgesehenen Handlungsoptionen. Als 1989 die alte Ordnung im Osten Europas zusammenbrach, verkündete die Gemeinschaft auf dem Straßburger Gipfeltreffen sogleich ihren Anspruch, als das politische und wirtschaftliche Gravitationszentrum auf dem Kontinent zu wirken: ein starkes Europa der Integration im Westen gegenüber einem Europa der Desintegration im Osten. Dieser gesamteuropäische Ordnungsanspruch ging jedoch nicht unmittelbar einher mit der Entscheidung für die Erweiterung.

Die internen Schwierigkeiten einen gemeinsamen Weg zu mehr Integration zu finden minderte nicht die Attraktivität der Union, denn ohne die Existenz einer Europäischen Gemeinschaft und die Bereitschaft der osteuropäischen Staaten, ihr System von Grund auf zu reformieren, wäre der Prozess der Annäherung wohl kaum in Gang gekommen. Der kritische Vergleich von Zustand, Leistungsvermögen und Zukunftsaussichten des Sowjetsystems mit der wachsenden Union stärkten den Ruf nach Reformen, erst in Polen und Ungarn, die seit langem um Reformen kämpften und schließlich auch in den anderen Ostblock-Staaten. Beide Entwicklungen, Westeuropas Einigung und Osteuropas Emanzipation, beschleunigten Wandel, Neudenken und Annäherung. Innerhalb einer unglaublich kurzen Zeitspanne von weniger als einem Jahr, die im Dezember 1991 mit der Auflösung der Sowjetunion ihren Höhepunkt erreichte, wurde die Liquidation eines in seinen militärischen Strukturen und Ideologien überholten Nachkriegseuropas besiegelt und zugleich der Aufbruch zu einem Neuen Europa in Demokratie und Freiheit signalisiert.

Mit dem großen Umbruch in Europa stieg die Zahl der Beitrittsanträge zunächst von Länder aus der bisherigen westlichen Hemisphäre gefolgt von mittel-und osteuropäischen Ländern; die traditionelle Neutralität Österreichs, Schwedens und Finnlands waren kein Hindernis mehr. Mit dem Abkommen von 1992 zwischen der Europäischen Gemeinschaft und den nordischen Staaten und Österreich zur Schaffung eines „Europäischen Wirtschaftsraums" waren viele der handelspolitischen Vorteile einer EU Mitgliedschaft bereits erreicht; aber die über die wirtschaftlichen Gemeinsamkeiten hinausgehenden Aspekte der Gemeinschaft veranlassten die Staaten, der Union beizutreten. Umgekehrt stärkten diese Staaten mit demokratischer Tradition, guter wirtschaftlicher Entwicklung und finanzieller Ausstattung mit ihrem Beitritt im Jahre 1995 die Gemeinschaft.

Parallel zu dieser zweiten Norderweiterung musste die EU den Vorwürfen aus den Reihen der Reformländer, der USA, einiger Mitgliedstaaten und der Öffentlichkeit begegnen, mit den als Europaabkommen etikettierten Assoziierungsverträgen zu zögerlich zu reagieren, ja sogar ein „ökonomisches Jalta" und einen neuen Eisernen Vorhang aufzubauen. Mit dem Kopenhagener Beitrittsversprechen von 1993 eröffnete die Union allen assoziierten europäischen Staaten, die die politischen und wirtschaftlichen Kriterien erfüllen, die Möglichkeit des Beitritts; ein historisch wohl einmaliger Prozess in Hinblick auf Größe und Vielfalt. Die EU wollte insbesondere die Kritik zurückweisen, ein geschlossener Club der Reichen Westeuropäer zu sein, der nur die EFTA-Nettozahler (wie 1995 vollzogen) aufnimmt und die armen Vettern draußen vor der Tür stehen lässt. Dies widersprach dem Selbstbild der EU als einer offenen Gemeinschaft für alle Demokratien in Europa. Die EU akzeptierte darüber hinaus auch den moralisch-politischen Anspruch der Mittel- und Osteuropäer auf eine Mitgliedschaft in der EU und interpretierte die Osterweiterung als ein Gebot historischer Gerechtigkeit, als politische Notwendigkeit und als eine historische Chance.

Trotz den Erfahrungen mit einigen langwierigen und vielfältigen Erweiterungserfahrungen stellt sich die Aufnahme neuer Mitglieder in jedem Einzelfall als eine enorme Herausforderung heraus, zumal wenn sie in der Perspektive der Wiedervereinigung des Kontinents gesehen wird. Für diese Situation und Herausforderung hat die EU keine spezielle Erweiterungs- oder Beitrittspolitik parat, etwa im Sinne anderer Gemeinschaftspolitiken oder auch als Teil der Gemeinsamen Außen- und Sicherheitspolitik. Vielmehr war die Erweiterung eine horizontale, also nicht nach bestimmten Sektoren abgrenzbare Anforderung, die alle Bereiche und Ebenen des EU-Systems betrifft.

In der Rückschau auf die neunziger Jahre wird deutlich, dass für die EU nicht die wirtschaftlichen Interessen im Zentrum der Entscheidung für die Erweiterung standen. Zwar konnten die erwarteten positiven gesamtwirtschaftlichen Effekte für alte wie neue Mitglieder als Argumente für die Erweiterung genutzt werden. In erster Linie stützte die EU ihre Bereitschaft zur Erweiterung aber auf politisch-moralische und zunehmend auch stabilitätspolitische Motive.

Die politische motivierte Argumentation leitete die EU auf einen Pfad, von dem sie nur mehr schwer abgehen konnte. Auch jene Regierungen, wie die spanische oder französische, die deutliche Skepsis gegenüber dem Tempo und Sorgen wegen der Folgen der Erweiterung hatten, sahen keine Möglichkeit sich offiziell diesem Erweiterungskurs der EU zu widersetzen. Der Kopenhagener Formelkompromiss von 1993 war ein politisches Versprechen ohne Programm und Strategie und vor allem ohne einen ausformulierten Konsens über die interne Lastenteilung oder die notwendige Tiefe von Politikreformen im Zuge der Erweiterung. Das Erweiterungsprojekt wirkte also nicht als Hebel für fundamentale Neuerungen. Nicht zuletzt die Erweiterungsbefürworter schreckten davor zurück, Reformen zur Vorbedingung der Erweiterung zu machen und kein Mitgliedstaat machte von seinem Vetorecht Gebrauch. Die EU ging in die große Erweiterungsrunde ohne ausreichende Reform der Institutionen, Politiken und Finanzen.

Die Erfüllung der Kopenhagener Beitrittskriterien war die Voraussetzung für die Aufnahme von Verhandlungen; die Erfüllung der wirtschaftlichen Kriterien zum Beitrittsdatum (funktionsfähige Marktwirtschaft und Wettbewerbsfähigkeit) war die Bedingung für deren Abschluss. Die gemeinschaftliche Gesetzgebung war zum Beitrittszeitpunkt oft nur teilweise übernommen worden, wie die große Zahl der Übergangsregelungen zeigt. Zwar konnte die Union die Durchführung von freien Wahlen und den reibungslosen Wechsel zwischen Regierung und Opposition in den Kandidatenländern beobachten; sie konnte makroökonomische Eckdaten der Kandidaten heranziehen und sie vergleichen, die Rechtsharmonisierung überprüfen und stichprobenweise auch die Umsetzung von EG-Recht kontrollieren. Letztlich wurde jedoch eine politische Entscheidung über die Beitrittsreife jedes einzelnen Kandidaten getroffen und damit eine Prognose zur politischen und wirtschaftlichen Konsolidierung der künftigen Mitglieder abgegeben.

Der Schritt zur Beitrittsofferte war vor allem dem Druck der jungen Demokratien aus Mittel- und Osteuropa zuzuschreiben, die effektvoll an die Gründungsmotive der Union appellierten: Damals wie heute gehe es darum, die integrationswilligen Demokratien in einem gemeinsamen Markt und einer politischen Gemeinschaft, die über eigene supranationale Institutionen verfügt, dauerhaft zusammen zuführen, um die Sicherung von Frieden, Freiheit und Wohlstand und darum, sich als eigenständige politische Kraft in der internationalen Politik zu behaupten. Durch den raschen EU-Beitritt wollten die Reformländer die Zieltriade von Demokratie, Marktwirtschaft und Rückkehr nach Europa international absichern und zugleich ihre Souveränität als demokratischer Staat zurückgewinnen.

Die Osterweiterung der Europäischen Union ist ein Programm, das auf die Schaffung eines friedlichen und prosperierenden Gesamteuropas zielt, indem es zur Stabilisierung von Demokratie und Marktwirtschaft in den Staaten Mittel- und Osteuropas beiträgt. Damit wurde nicht nur ein Prozess nachholender Modernisierung in den postkommunistischen Transformationsgesellschaften an der Peripherie Westeuropas eröffnet, sondern auch eine sicherheitspolitische Aufgabe ersten Ranges erfüllt: die Ausdehnung der nach dem Zweiten Weltkrieg in Westeuropa entstandenen Sicherheitsgemeinschaft nach Osten.

Die Entscheidung für die Öffnung der Europäischen Union ist somit eine Konsequenz aus der Zeitenwende der Jahre 1989/90. Denn mit der Auflösung des Ost-West-Konfliktes haben sich auch der Bezugsrahmen und die Bedeutung dessen verwandelt, was „Einigung Europas“ heißt. Konnte man im Westen Europa mit Westeuropa gleichsetzen solange der Eiserne Vorhang die Grenze zwischen dem Raum freiwilliger Integration und dem sowjetischen Imperium markierte, mahnten nun die politischen Eliten der östlichen Reformstaaten im Zeichen der Rückkehr nach Europa die Einlösung des Versprechens an, dass die Europäische Gemeinschaft grundsätzlich allen europäischen Staaten offen stehe. Hierfür war nicht nur das Interesse am Zugang zum Binnenmarkt und den Finanzhilfen der EU maßgebend, sondern auch die Überzeugung, dass die Mitgliedschaft die kulturelle Reintegration Mittel- und Osteuropas vorantreibt und, dass sie zusammen mit der NATO-Mitgliedschaft für Sicherheit verbürgt. Für die EU wurde die Osterweiterung zu einer Herausforderung, die ihr Selbstverständnis sowie ihre kollektive Handlungsfähigkeit und Gestaltungskraft auf die Probe stellt.

Es liegt auf der Hand, dass die Aufnahme von acht und dann zehn assoziierten mittel-und osteuropäischen Staaten sowie Maltas und Zyperns im Jahr 2004 die Struktur der Gemeinschaft tief greifend verändern würde. Die Heterogenität der EU stieg sprunghaft an. Es treten Staaten der Gemeinschaft bei, die eine grundlegend andere Systemvergangenheit haben als die bisherigen Altmitglieder, ein Vorgang der zu einem wesentlichen Bestandteil des Integrationsprozesses der EU wurde.

Die Süderweiterung um die ehemals autoritären Regime Griechenland, Portugal und Spanien war ebenso wie die Osterweiterung durch das Nebeneinander von Integration und Transformation gekennzeichnet. Sie erfolgte jedoch gestuft und die Anzahl der Neumitglieder, Griechenland 1981, Spanien und Portugal 1986, waren überschaubar. Den drei Ländern standen damals neun Mitglieder der „alten" EG gegenüber. Mit der Osterweiterung hat die EU Neuland betreten: den zehn Transformationsstaaten aus Mittel- und Osteuropa standen fünfzehn Altmitglieder gegenüber.

Die Heterogenität nahm auch dadurch zu, dass die neuen Mitglieder eine politische Kultur des Nationalismus mitbringen. Sie wollten die mit der Mitgliedschaft verbundenen weitreichenden Beschränkungen ihrer neu gewonnenen Souveränität nur widerwillig und unter innenpolitischen Konflikten hinnehmen. Die Struktur der Europäischen Union wurde durch die Osterweiterung stark verändert; es kam zu Gewichtsverschiebungen und zur Bildung neuer Koalitionen; der Verteilungskampf um die knappen Finanzmittel zwischen alter und neuer Peripherie verschärfte sich erheblich.

Die Aufnahme einer großen Anzahl von neuen Mitgliedern wirft auch Fragen nach Werten und Ideen auf, mithin nach der politischen Identität der Union. Diese hat verschiedene Ausprägungen. Die Union ist primär eine Friedensgemeinschaft. Kern des gesamten Integrationsprojektes, wenn auch nicht explizit in den Verträgen erwähnt, ist die Herstellung und Gewährleistung von Frieden zwischen ihren Mitgliedern. Damit einher geht das Prinzip der Offenheit des Prozesses. Der Beitritt in die Integrationsgemeinschaft gilt nach wie vor als dasjenige Instrument, mit dem Konflikte befriedet werden können. Erweiterungspolitik wird vor allem mit der Zielsetzung begründet, Stabilität in dem unmittelbaren Nachbarschaftsraum zu gewährleisten.

Die Entscheidung der EU, acht ehemals kommunistische Länder Zentraleuropas aufzunehmen, war weniger historisch als sicherheitspolitisch motiviert. Die Kriege in Jugoslawien und im Kaukasus hatten und haben wieder drastisch vor Augen geführt, welches Konfliktpotenzial in den östlichen Transformationsländern schlummern kann.

Mit der Integration der ex-kommunistischen Länder Zentraleuropas brachte die Union ihr stärkstes außenpolitisches Instrument zur Anwendung, um dieses Konfliktpotenzial in ihrer unmittelbaren Nachbarschaft zu entschärfen. Die Union stabilisierte ihren östlichen Grenzraum, indem sie den Konflikt in sich aufnahm und die Länder sich institutionell anglichen. Die zugrunde liegende Annahme war, dass die Integration Zentraleuropas für Prosperität sorgen und vielfältige wirtschaftliche, politische und administrative Verflechtungen schaffen werde, so dass künftige gewaltsame inner- wie zwischenstaatliche Konflikte unwahrscheinlich würden. Im Grunde wiederholte die EU mit ihrer Osterweiterung die Schritte, die ihre eigene Gründung ausgemacht hatte.

Die Europäische Union ist auch eine Gemeinschaft von Werten. In der Präambel des Vertrags über die Europäische Union bekennen sich die Mitgliedstaaten zu den Grundsätzen der Freiheit, der Demokratie, der Achtung der Menschenrechte und Grundfreiheiten sowie der Rechtsstaatlichkeit. Programmatisch gebündelt finden sich diese inneren Werte erstmals in den „Kopenhagener Kriterien“, deren Erfüllung als Grundvoraussetzung jeglichen Beitritts in die Gemeinschaft verstanden wird. Wie manifest diese Werte als Ausdruck von Identität der EU geworden sind, zeigt sich beispielsweise daran, dass mit dem Vertrag von Amsterdam die Möglichkeit festgeschrieben wurde, ein Verfahren wegen einer Vertragsverletzung gegen einen Mitgliedsland einzuleiten, das die Grundsätze der Gemeinschaft, ihre Werte und Normen „schwerwiegend“ und „andauernd“ beschädigt .

Die EU ist natürlich auch eine Wirtschaftsgemeinschaft. Die Mitgliedstaaten unterstreichen die Existenz und Akzeptanz gemeinsam geteilter sozialer Grundrechte und betonen den Grundsatz der nachhaltigen Entwicklung für den wirtschaftlichen und sozialen Fortschritt. Dabei bilden Wachstum, Wohlstand und eine „ausgewogene Verteilung“ das Kernanliegen. Gerade im Bezug auf die „ausgewogene Verteilung“ von Wohlstand, also einer europäischen Wohlfahrts-, Wachstums- und Sozialpolitik ist die gemeinschaftliche Vorgehensweise jedoch am schwächsten ausgebildet. Unabhängig davon sind aber der freie Zugang zu den Märkten und das Prinzip der Wettbewerbsfreiheit Teil einer ökonomischen Identität der Europäischen Union.

Die Identität der EU bestimmt sich auch durch ihr Selbstverständnis nach außen. Durch die interne Instrumentarien und Organe wird nach außen eine bestimmte Haltung der EU sichtbar. Dazu gehört die Sicherung und Gewährleistung einer Unabhängigkeit der Union, um so Frieden, Sicherheit und Fortschritt nicht nur in Europa selbst, sondern in der ganzen

Welt zu fördern. Diese gestärkte eigene Identität der EU nach außen ist seit dem Maastrichter Vertrag und der Entstehung der Gemeinsamen Außen- und Sicherheitspolitik fester Bestandteil der Gemeinschaft.

Wie kommt die Erweiterung bei den Ländern selber an? Die Integration Zentraleuropas sollte eine Wirkungskette in Gang setzen. Die Angleichung ihrer institutionellen Rahmenbedingungen an die der EU senkt die Risiken für internationale Transaktionen, insbesondere für ausländische Investitionen; Ausländische Investitionen sorgen für die Modernisierung der nationalen Produktionsapparate und für deren Einbindung in die europäischen oder globalen Produktions- und Vermarktungsnetzwerke; die äußere Marktintegration, flankiert durch EU-Strukturmittel, schafft Prosperität und befördert durch das Angebot moderner Güter, Dienstleistungen und Arbeitsplätze die soziale Integration; die wirtschaftliche und soziale Integration stärkt die Zufriedenheit der Bevölkerung und sichert deren Zustimmung zur demokratischen und marktwirtschaftlichen Ordnung.

In welchem Umfang hat sich diese Wirkungskette aus europäischer Integration und innerer Transformation auch tatsächlich durchgesetzt? Die Antwort ist, wie erwartet zwiespältig. Zwar wurden weite Bereiche der lokalen Wirtschaft durch ausländische Investitionen modernisiert und auf einem vergleichsweise hohen technologischen Niveau in die internationalen Märkte eingebunden. Die Modernisierung hat aber kaum integrierte Volkswirtschaften geschaffen, sondern eher dualistische Strukturen gefördert. Aufgrund der niedrigen Beschäftigungsintensität des modernisierten Wirtschaftssegments profitierte nur eine Minderheit der Bevölkerung vom exportorientierten, von ausländischen Unternehmen getragenen Wachstum. Daher ist auch die erhoffte politische Dividende der statistisch zwar nachweisbaren, aber mehrheitlich nicht „gefühlten“ Prosperität ausgebleiben. Die Zustimmung der Bevölkerung zur eigenen Demokratie ist schwach, wie regelmäßige Umfragen und fast alle Indikatoren zur politischen Partizipation (Wahlbeteiligung, Mitgliedschaft in Parteien, Bürgerinitiativen, NGOs und Organisationen der sozialen Interessenvertretung) zeigen. Es ist also noch zu früh, um von einem erfolgreich abgeschlossenen Transformations- und Integrationsprozess zu sprechen.

Auch in der alten EU wird die Osterweiterung als im besten Falle gemischter Erfolg angesehen. Unter anderem wird die geringe Popularität der Union, die bei den Referenden zur EU-Verfassung in Frankreich und den Niederlanden sichtbar wurde, den neuen Mitgliedern angelastet. Zunehmende soziale Spannungen in den alten Mitgliedsstaaten werden auch auf die Erweiterung zurückgeführt, als sei eine einst idyllische Gemeinschaft in ihrer Harmonie durch polnische Klempner und ungarische Schlachthausarbeiter gestört worden.

Soziale Spannungen ergeben sich jedoch nicht aus der Erweiterung, sondern aus der Tatsache, dass Volkswirtschaften mit unterschiedlichen Einkommensniveaus und Sozialstandards, in Europa und weltweit über Märkte miteinander verbunden sind. Die Einbindung von Ländern mit einem niedrigeren Einkommensniveau in eine gemeinsame Regulierungsgemeinschaft ist daher nicht das Problem, sondern ein wichtiger Schritt zur seiner Lösung. Sie erlaubt es, unerwünschte Konsequenzen der Marktintegration gemeinschaftlich und damit besser zu bewältigen als ohne gemeinsame Institutionen. Das Entwicklungsgefälle wurde mit der Osterweiterung steiler und die Anforderungen an ein gemeinschaftliches „Management der Vielfalt" sind aufgrund der höheren Zahl der Akteure und der damit verbundenen größeren Interessendifferenzen sicherlich gestiegen. Die Osterweiterung hat neue Erweiterungsrunden anspruchsvoller gemacht bzw. in weitere Ferne gerückt. Tatsächlich ist Politik in einer erweiterten Union schwieriger geworden.

Mit der Integration Zentraleuropas wurde die Ostgrenze der EU zu einer Art Systemgrenze. Das System jenseits dieser Grenze ist in erster Linie negativ definiert. Die Länder Ost- und Südosteuropas entsprechen nicht den Standards moderner marktwirtschaftlich orientierter Demokratien. Diese Länder sind aber auch keine typischen Drittwelt- oder Schwellenländer. Die Grenze zwischen der EU und der Dritten Welt ist nicht die Ostgrenze, sondern eher das Mittelmeer. Es ist nicht klar, ob die Länder Ost- und Südosteuropas die Transformation ihrer zentraleuropäischen Nachbarn überhaupt nachholen werden und in welchem Tempo. Ob sie in irgendeiner Phase des Übergangs stecken geblieben sind und stagnieren oder ob sich in ihnen eine neue und stabile Wirtschafts- und Sozialordnung, eine neue Konstellation zwischen Politik, Wirtschaft, Gesellschaft und Recht herauszubilden beginnt.

Die Wahrnehmung des postkommunistischen Raums in der EU ist Unsicherheit, wobei sich die Unsicherheit nicht nur auf den künftigen Entwicklungsweg der Region bezieht sondern auch auf aktuelle Gefährdungen, die von ihr ausgehen. Kaum war der Druck der Sowjetarmee geschwunden, da stellte Weißrussland Gebietsansprüche an Litauen, zerfiel die kleine Moldau-Republik in Auseinandersetzungen der Nationalitäten, kam es in Siebenbürgen zu blutigen Kämpfen zwischen Rumänen und Ungarn, zerbrach der jugoslawische Vielvölkerstaat im Krieg zwischen Serben, Kroaten, Slowenen und Albanern.

In der Unterschätzung der Stärke der Gefühle für Nation und Nationalbewusst scheint die verbreitete Annahme widerlegt zu sein, dass der dringende Bedarf an westlichem Kapital und westlichen Investitionen ausreichenden Druck auf osteuropäische Staaten ausüben werde, um nationalistische Ambitionen zu schwächen und sich auf friedliche Weise westlichen Demokratiemodellen anzunähern. Aber es darf nicht übersehen werden, dass die einigende und mobilisierende Kraft des Nationalismus in den osteuropäischen Ländern und ihr ausgeprägter Wille zur nationalen Selbstbestimmung ein ganz wesentliches Element in der Befreiung vom Kommunismus war.

Mit dem Wegfall einer unmittelbaren Bedrohung lockern sich die engen sicherheitspolitischen Verbindungen Westeuropas. Angesichts der deutschen Einheit und der unterschiedlichen nationalen Sicherheitsinteressen, wie sie bereits vor dem Hintergrund des Golf-Kriegs sichtbar wurden, wird wieder eher in intergouvernementalen Konstellationen und machtpolitischen Ausgleichen gedacht. Die sich aus einer Integration im gestärkten Europa ergebenden Einflussmöglichkeiten jenseits des eigenen Hoheitsbereichs werden von den Staaten weitgehend vernachlässigt. Die öffentlichen Reaktionen auf die Konferenzen von Maastricht und Nizza und auf die gescheiterten Referenden zur EU-Verfassung in Frankreich und den Niederlanden machen deutlich, dass die Eigeninteressen der beteiligten Staaten und die in den Gesellschaften verwurzelten nationalen und regionalen Traditionen und Vorstellungen immer noch von großer Bedeutung sind. Sie können den Prozess der europäischen Integration weiterhin erheblich verlangsamen.

Der Drang zu Nationalstaaten für alle noch so kleinen Nationalitäten, ihre unerfüllbaren Vorstellungen der Einheit von Nation, Sprache und Staatsgebiet in der geographischen Enge Europas zu verwirklichen, können unter dem gemeinsamen Dach der Europäischen Union ihre zerstörerische Kraft jedoch kaum entfalten. In der Unmöglichkeit dieser Vorstellungen, die sich nicht auf Institutionen und Verfassungen, auf Volkssouveränität und Menschenrechte berufen, sondern in der gemeinsame Geschichte, Sprache, Kultur und Blutsbande stärker sind als die einigende Kraft liberaler und demokratischer Überzeugungen, scheint die Lektion von zwei Weltkriegen vergessen zu sein.

So werden Kriege und Konflikte nach wie vor historisch und ethnisch legitimiert, ob es um die Unterdrückung der albanischen Bevölkerung im Kosovo geht, wo die Schicksalsschlacht auf dem Amselfeld von 1389 angeblich das unsterbliche serbische Rechte begründet hat oder um die Blockade Mazedoniens durch Griechenland, weil Griechenland das Erbe des makedonischen Reichs Philipps II. und Alexanders des Großen für sich allein beansprucht. Wie überholt die Fiktion einer unentrinnbaren Einheit von Volk, Nation, Geschichte, Sprache und Staat ist, zeigt ein Blick auf die Wirklichkeit. Von den Gegebenheiten globaler Wirtschafträume, über Fragen der Verteidigung und der Verbrechensbekämpfung, der Organisation der Verkehrs- und Kommunikationsnetze bis zu den Umweltproblemen haben sich nationalstaatliche Vorgehensweisen mittlerweile als zu begrenzt, wenn nicht gar als unerheblich erwiesen.

Die Bedeutung des Nationalstaats, der im vergangenen Jahrhundert das Fundament für die entstehende Industriegesellschaft darstellte und der den einzigen Rahmen für demokratische Institutionen und Verfassungen bildete, hat sich im europäischen Zusammenhang gewandelt. Er ist heute vor allem in seinen binnenstaatlichen Aufgaben unabdingbar, dazu gehören die politischen und rechtlichen Einrichtungen, Rechtsordnungen und Verwaltungsorganisationen aber kaum noch die traditionellen sicherheits- und verteidigungspolitische Aufgaben. Der Nationalstaat alleine kann den Herausforderungen der Welt von heute nicht erfolgreich begegnen und die Bedürfnisse von Wohlstand und Sicherheit seiner Bewohner zufrieden stellen; andere, weiträumigere Ordnungen sind erforderlich.

2. Europa in der Welt von heute

2.1 Von der gemeinsamen Geschichte zur gemeinsamen Gegenwart

Die Entstehung des gemeinsamen Europas war bestimmt durch die Rahmenbedingungen des Ost-West Konflikts und durch die Konfrontation der Staaten Europas mit ihrer eigenen Geschichte. Die verschiedenen Vorstellungen zum Teil idealistischer Natur über ein zukünftiges geeintes Europa konnten sich in der realen Politik nur schwer Gehör verschaffen. Das gemeinsame Europa entstand durch einen weitgehend von innen her bestimmten Prozess, geprägt von nationalen Interessen und geleitet von den nach und nach entstandenen Europäischen Institutionen. Die Europäische Union ist hervorgegangen aus der freiwilligen und gleichberechtigten Zusammenführung von Nationalstaaten.

Es war ein zunächst administrativer Prozess, der von dem Konzept einer technokratischen funktionalen Kooperation in Kohle und Stahl ausging und sich weiter verfestigte indem er zunehmend andere Bereiche aus Wirtschaft und Politik mit einbezog, ohne jedoch nach einem festen Fahrplan vorzugehen oder gar als Modell konstruiert zu werden. Aus diesem schrittweisen europäischen Einigungsprozess, der ohne eine Vorstellung für seinen Endzustand in den 1950er Jahren für die wirtschaftliche Zusammenarbeit einer begrenzten kleinen Ländergruppe entworfen worden war, entwickelte sich Europa als ein Garant für Frieden, Sicherheit und Stabilität.

Geradezu eine Umkehr der europäischen Geschichte innerhalb des 20. Jahrhunderts. Nach Gewalt, Zerstörung und ideologischer Verblendung in einem geographisch begrenzten Raum in der ersten Hälfte des vergangenen Jahrhunderts, war seine zweite Hälfte gekennzeichnet von Versöhnung, Frieden und Kooperation, beruhend auf zwei historischen Entscheidungen: das dauerhafte Engagement der Vereinigten Staaten in Europa und die enge deutsch-französische Zusammenarbeit.

Diese Interessenallianz hat den schrittweisen europäischen Einigungsprozess erst ermöglicht, von der Gründung der Europäischen Gemeinschaft für Kohle und Stahl bis hin zur Schaffung des Binnenmarktes, der gemeinsamen Währung und dem Vertrag von Lissabon. Dieser Erfolg beruht auf dem ursprünglichen Ansatz, die Gemeinschaft nicht mit den traditionellen staatlichen Aufgaben wie öffentliche Ordnung, Justiz oder Verteidigung zu betrauen, sondern sie zunächst über die wirtschaftlichen

Aspekte des Marktes zu entwickeln, die nicht zu den klassischen Kernbereichen staatlicher Aufgaben zählen.

Neben den ökonomischen Aspekten ist die wahrscheinlich größte Errungenschaft des Europäischen Integrationsprozesses, dass damit eine Kultur der Offenheit und der zwischenstaatlichen Kooperation in der Lösung von Konflikten entstanden ist; das, was als das spezifische Europäische Konfliktmanagement bezeichnet wird. Diese Kultur, der Art des offenen und direkten Umgangs miteinander stellt sicher, dass alle Konflikte zwischen den Mitgliedsstaaten der EU ohne Gewalt und Gewaltandrohung abgehandelt werden. Diese gemeinsame Kultur macht die Europäische Union zu einer Friedensgemeinschaft, in der Krieg zwischen den Mitgliedern nicht nur undenkbar sondern auch strukturell unmöglich geworden ist. Ihr Erfolgsgeheimnis besteht in dem permanenten institutionalisierten Verhandlungs- und Konsensfindungsprozess von Politikern, Beamten, Experten aus Wirtschaft und Wissenschaft, in dem nationale und gemeinschaftliche Interessen verhandelt und zusammengeführt werden. Die Union demonstriert wie Sicherheit und damit Frieden durch Offenheit entsteht und wie Transparenz durch gegenseitige Abhängigkeit geschaffen wird.

Durch die angestrebte Vollendung des Binnenmarktes und durch die Ost-Erweiterung haben sich auch die inneren Bedingungen der europäischen Politik grundsätzlich verändert. Die EU musste sich nach dem Ende des Ost-West- Konflikts nach Osten öffnen und Mittel-und Osteuropa in den europäischen Prozess mit einbeziehen, auch um eine Spaltung Europas in Räume mit unterschiedlichen Staatsauffassungen zu vermeiden. Dennoch ist die Denkweise im traditionellen System von Nationalstaatlichkeit und Balance von Macht und Einfluss nicht vollständig überwunden. Sie zeigt sich immer wieder, bestimmt von anhaltender nationaler Orientierung, Koalitionszwängen, klassischer Interessenpolitik und der permanenten Gefahr nationalistisch geprägter Ideologien und Konfrontationen. Denkweisen aus der unmittelbaren Vergangenheit, bei denen gerade Deutschland der große Verlierer war und es keine Sieger gibt.

Das Konzept der Stabilisierung und Transformation der mittel- und osteuropäischen Mitgliedsstaaten im europäischen Kontext war angesichts der geopolitischen Realitäten nach 1989 ohne ernsthafte Alternative und dies gilt erst recht im Zeitalter der Globalisierung. Durch die kooperative Struktur der Union werden die Mitgliedsstaaten gestärkt; mit Europäischer Union und NATO ist die Gefahr einer unmittelbaren Bedrohung ihrer nationalstaatlichen Funktionsweise und Sicherheit entfallen. Mit der Erweiterung des Bezugsrahmens durch die Mitgliedschaft in der Union verlieren interne, regionale oder ethnische Konflikte, z.B. Nordirland, Baskenland oder Belgien ihr Bedrohungspotential für den Staat. Die größere Union bietet Schutz und Rahmen, sozusagen eine breitere Sicht von Identität, die sich für die Lösung von Konflikten als sehr hilfreich erwiesen hat; eine Möglichkeit, die insbesondere kleinere Staaten aus sich heraus sonst kaum haben dürften.

Mit der Überwindung des nationalstaatlichen Gleichgewichts der Mächte kommt die durch den Westfälischen Frieden von 1648 geschaffene Ordnung in Europa zu ihrem Ende. Den Mitgliedsstaaten wird zunehmend deutlich, dass sie ihre Kapazitäten bündeln und konstruktiv zusammenarbeiten müssen, um einer Marginalisierung auf der internationalen Bühne zu entgehen und um den drohenden internationalen Herausforderungen zu begegnen, die sie durch nationale Alleingänge nicht bewältigen können.

Aber die Vergangenheit begleitet uns weiter in der Erfahrung des „Europa von gestern". Die Erfahrungen aus der erfolgreichen Überwindung der Teilung Europas sind Voraussetzung und Ausgangsbasis für die ein gemeinsames und starkes „Europa in der Welt von heute". Die Begründung für Europa ist heute nicht mehr in der erfolgreichen und anhaltenden Überwindung von nachbarschaftlichen Kriegen, Konflikten und Auseinandersetzungen zu sehen sondern darin, wie es Europa und seinen Mitgliedsstaaten gelingt in einer Welt zu überleben, die geprägt ist von asymmetrischen kriegerischen Auseinandersetzungen, von Terrorismus, weltweiter Migration, von dem Kampf um knapper werdende Ressourcen bei einer weiter wachsenden Weltbevölkerung. Und das alles ohne die gewohnten Allianzen und sicheren Rahmenbedingungen des „Kalten Krieges", sondern in einer sehr beweglich gewordenen offenen, multipolaren Welt. Europa muss seine gemeinsame Rolle und globale Verantwortung in einer sich schnell verändernden, beschleunigten Welt finden, allerdings ohne gleichzeitig den internen Transformationsprozess der Europäisierung mit der vollständigen Überwindung der Vergangenheit in „der Welt von gestern" abgeschlossen zu haben.

2.2 Das Gemeinsame Europa

2.2.1 Das grenzenlose Europa - der europäische Binnenmarkt

Das Kernstück des Gemeinsamen Europas ist der europäische Binnenmarkt; seine Schaffung ist eine der großen Leistungen in der Geschichte der Europäischen Union. Durch den gemeinsamen Binnenmarkt hat sich die Stärke Europas nach innen weiter verfestigt. Die Europäische Union ist einer der größten und kaufkräftigsten Wirtschaftsräume der Welt; darin wohnen über 500 Millionen Menschen, mehr als die Bevölkerung der Vereinigten Staaten von Amerika und Russlands zusammen, und er umfasst vier der sieben größten Volkswirtschaften weltweit.

In diesem „grenzenlosen" Europa können Menschen und Waren frei verkehren, Bürger der EU können ohne Visum, ja sogar ohne Reisepass in jedes andere Land der EU reisen. Es bedeutet auch, dass natürliche und juristische Personen Waren kaufen und verkaufen können wo sie wollen, ohne dass sie extra Zölle oder Steuern zahlen müssen.

Der europäische Binnenmarkt ist ein geographischer Raum ohne Binnengrenzen mit der Gewährleistung des freien Verkehrs der sogenannten vier Grundfreiheiten, nämlich von Waren, Personen, Dienstleistungen und Kapital. Neben den 27 Mitgliedern der Europäischen Union gehören zum europäischen Binnenmarkt über bilaterale Vereinbarungen auch Norwegen, die Schweiz, Lichtenstein und Island.

Der direkte Nutzen des Binnenmarktes ist für uns alle zur täglichen Selbstverständlichkeit geworden, wie eine bisher nicht gekannte Freizügigkeit, ein riesiges Angebot an Waren und Dienstleistungen sowie einen hohen Standard beim Schutz von Sicherheit und Gesundheit. Wir können in unterschiedlichen EU-Mitgliedstaat leben, arbeiten, studieren oder den Lebensabend verbringen. Wir genießen immer umfassendere Rechte als Bürger und Verbraucher.

Die Grundidee des Binnenmarktes ist einfach: Die Europäische Union ist ein offener Markt; dadurch werden Wettbewerb und Handel stimuliert und die Effizienz verbessert. Das größere Angebot an Waren und Dienstleistungen führt zu besserer Qualität und niedrigeren Preisen. Somit wird der Wohlstand für alle vermehrt.

Beim Binnenmarkt geht es jedoch nicht nur um Wirtschaft. Die Bürger verfügen über die Niederlassungsfreiheit in jedem EU-Land ihrer Wahl. Sie können Waren zum Eigenverbrauch dort erwerben, wo die Preise günstiger sind als zuhause. Ihre Rechte als Verbraucher werden im gesamten Binnenmarkt geschützt. Dies ist insbesondere beim grenzüberschreitenden Warenkauf von Vorteil. Die Union hilft dem Bürger auch, sich gegen unseriöse Unternehmen und Betrüger zu wehren.

Der Binnenmarkt verlangt hohe Standards für Nahrungsmittel und andere Erzeugnisse. Er zielt jedoch nicht darauf ab, einheitliche Produkte zu schaffen, die in der ganzen EU identisch sind, sondern er fördert und bewahrt die gerade für Europa einzigartige Vielfalt. So sind durch die Union Originalprodukte und regionale Spezialitäten und Erzeugnisse gegen Nachahmer oder Imitate geschützt.

Den Unternehmen nützt der offene Zugang zu anderen nationalen Märkten, indem sie einen größeren Umsatz erzielen, durch Größenvorteile Einsparungen vornehmen und zusätzliches Geld für Investitionen und Innovationen zur Verfügung haben. Indem die europäischen Unternehmen auf dem Binnenmarkt wettbewerbsfähiger werden, verschaffen sie sich Vorteile gegenüber der Konkurrenz auf den Weltmärkten.

Der freie Warenverkehr ist das wesentliche Element des Binnenmarktes. Bei der Abschaffung unmittelbarer Handelshemmnisse innerhalb der Union zeigte sich aber, dass es noch viele weitere bisher nicht erkennbare Hindernisse gab, die nach wie vor den freien Waren- und Dienstleistungsverkehr behinderten. Hierbei handelte es sich um sogenannte nichttarifäre Beschränkungen, z.B. durch unterschiedliche technische Normen in den einzelnen Ländern; durch widersprüchliche Verwaltungsverfahren für den Warenversand, was zur Aufrechterhaltung von Grenzkontrollen führte; durch Unterschiede bei den nationalen Verbrauchsteuern und Zöllen; durch die Bevorzugung einheimischer Unternehmen durch die nationalen Regierungen, insbesondere bei der Vergabe öffentlicher Aufträge.

Darüber hinaus konnten in vielen EU-Mitgliedstaaten staatliche Telefon-, Strom- und Gasmonopole von den Verbrauchern zu hohe Preise verlangen. Durch den Binnenmarkt sind die Preise für Telekommunikationsdienste auf einen Bruchteil ihres früheren Niveaus gesunken, was zum Großteil auf eine Liberalisierung und neue Techniken zurückzuführen ist. Auch die Auswahlmöglichkeiten der Kunden haben sich erheblich verbessert. Zusätzlich zu ihrem Rundfunkangebot bieten Kabelunternehmen mittlerweile Internet- oder Telefondienste an, während Mobiltelefonunternehmen auch Fernseh- und Videoprogramme verbreiten.

Ein anderes Beispiel für europäische Regelungen ist die Festlegung gemeinsamer Standards für das mobile Telefon. Die sehr große Zahl nationaler Normen wurde im Rahmen des Binnenmarktes erheblich reduziert. Dadurch wurden Kosten gespart und neue Märkte eröffnet. Der Rechtsschutz von Computersoftwareprogrammen sichert das Copyright bis 50 Jahre nach dem Tod des Software-Urhebers.

In langen Verhandlungen und nach verschiedenen Übergangszeiten ist der freie Warenverkehr so gut wie erreicht; was noch fehlt für das Funktionieren des Binnenmarktes ist die Anpassung und Harmonisierung der Steuerbelastungen, um Wettbewerbsverzerrungen zu verhindern. Alle Mitgliedsländer haben die Mehrwertsteuer mit allerdings unterschiedlicher Belastung für die Wirtschaft. Dänemark zum Beispiel finanziert die Sozialkosten über die Mehrwertsteuer, Großbritannien belastet viele Grundnahrungsmittel, Energie und Wasser nicht mit dieser Steuer. Aber festgelegt wurde für die EU ein Mindestsatz für die Mehrwertsteuer von 15% und 4 - 9 % für die ermäßigte Mehrwertsteuer. Dennoch ist damit ein Steuerquotenwettbewerb nicht völlig ausgeschlossen.

Ein besonderes Problem des freien Warenverkehrs in der Gemeinschaft ist das öffentliche Auftragswesen. Hier waren durchgreifende Veränderungen erforderlich, um den Binnenmarkt zu verwirklichen. Bei Aufträgen über einem bestimmten Volumen ist jetzt eine europaweite Ausschreibung vorgeschrieben. Für die bisherigen national bevorzugten Lieferanten etwa für die nationalen Streitkräfte oder für die Bahn und die Post ergibt sich erstmalig eine wirkliche Konkurrenz und für die nationalen Auftraggeber die sicherlich nicht geringe Chance, Kosten zu sparen. Das Volumen der öffentlichen Aufträge dürfte in der EU bei € 1000 Milliarden jährlich liegen.

Der Binnenmarkt ist die augenfälligste wirtschaftliche Leistung der Europäischen Union und konkreter Ausdruck ihres Ziels, Stabilität und steigenden Wohlstand für alle Bürger zu schaffen. Die Union will die erreichten Standards sichern und weiter verbessern. Zu diesem Zweck ergreift die Europäische Union zahlreiche weitere politische Maßnahmen. Hierzu gehören der Strukturfond zur wirtschaftlichen und sozialen Entwicklung weniger wohlhabender Länder und Regionen; die starke Wettbewerbspolitik, die die Verbraucher schützt, indem sie Preisabsprachen oder die Aufteilung von Märkten durch Unternehmen verhindert und das Verhalten von ehemaligen Staatsmonopolen kontrolliert; die Verkehrspolitik, einschließlich der so genannten transeuropäischen Netze (TEN) zur Stärkung der grenzüberschreitenden Verbindungen im Bereich Verkehr, Kommunikation und Energieversorgung; eine koordinierte europäische Umweltschutzpolitik, auch um der grenzüberschreitenden Umweltverschmutzung zu begegnen; das Forschungs- und Entwicklungsprogramm der Union, das auch für grenzüberschreitende Partnerschaften eingesetzt wird; die Schaffung und Verwaltung eines einheitlichen Raums der Freiheit, der Sicherheit und des Rechts für alle.

Die Freiheit und das Recht eines jeden, in einem anderen EU-Mitgliedstaat zu arbeiten, zu studieren, dort seinen Ruhestand zu verbringen oder es zu besuchen, gehört zum unmittelbaren Nutzen des Binnenmarktes. 2004 hat die Union eine europäische Krankenversicherungskarte eingeführt, damit die medizinische Versorgung von Privat- oder Geschäftsreisenden einfacher wird. Das EU-Recht schützt auch Ferienreisende vor skrupellosen Verkäufern von Timesharing-Verträgen für Ferienwohnungen. Ferner hat der Kunde Anspruch auf Entschädigung, wenn der Reiseveranstalter Insolvenz anmeldet oder die Leistungen nicht den Ankündigungen in den Reisekatalogen entsprechen. Dank des Binnenmarktes verfügen Flugreisende mittlerweile über zahlreiche Rechte gegenüber Fluggesellschaften bei Verspätungen, Flugstornierungen oder der Überbuchung von Flügen.

Der europäische Binnenmarkt stellt sicher, dass Arbeitnehmer ihre Sozialversicherungs- und Rentenansprüche behalten, wenn sie in einem anderen Mitgliedstaat arbeiten. Dies gilt auch für den Kranken- und Mutterschutz, die Unfall- und Berufsunfähigkeitsversicherung, Familienzulagen sowie die Arbeitslosen- und Rentenversicherung. Die Anerkennung der Berufsqualifikationen, die sie in einem anderen EU-Land erworben haben ist schrittweise vereinfacht worden.

Zur Verbesserung und Erleichterung der Mobilität unterstütz die Union ein Kooperationsnetz, das Dienstleistungen anbietet für Arbeitskräfte und Arbeitgeber. Für diejenigen, die vom Recht auf Freizügigkeit innerhalb der Europäischen Union sowie in Norwegen, Island, Liechtenstein und der Schweiz Gebrauch machen möchten, gibt das elektronische Netzwerk Eures, Hinweise für Arbeitsplätze oder für Aus- und Fortbildung.

Jeder Bürger ist auch Verbraucher. Die Europäische Union achtet sehr darauf, die Gesundheit, die Sicherheit und das wirtschaftliche Wohlergehen der Verbraucher zu schützen. Da durch den Binnenmarkt die Beschränkungen des grenzüberschreitenden Handels gefallen sind, sich der Dienstleistungssektor ausweitet und der Internethandel zunimmt, genießen alle Bürger der Mitgliedstaaten einen gleich hohen Verbraucherschutzstandard. Die Sicherheit von Nahrungsmitteln ist zwar im allgemeinen Lebensmittelrecht der EU in den letzten Jahren weiter verbessert worden aber immer noch nicht ausreichend, wie die sich häufenden Skandale um Lebensmittel zeigen.

Es reicht nicht immer aus, dass die Nahrungsmittel sicher sind: Die Käufer müssen wissen, was sie kaufen. Die EU-Vorschriften für die Nahrungsmittelkennzeichnung werden ständig aktualisiert, damit die Verbraucher die Nahrungsmittel, sachkundig auswählen können. Anzugeben sind die Grundstoffe, die zugelassenen Zusatzstoffe und das Vorhandensein von genetisch veränderten Organismen und die Haltbarkeit. Allerdings ist die Selbstverpflichtung der Hersteller zu ihrer Einhaltung kein ausreichender Garant für dauerhafte Qualität, da Verantwortung nicht überall gleich hoch ist.

Auch alle vertriebenen Konsumgüter müssen sicher sein. Neben allgemeinen Vorschriften für alle Erzeugnisse gibt es zusätzliche Sicherheitsbestimmungen beispielsweise für Spielzeug, Strom- und Gasgeräte, Kosmetika, Arzneimittel, Maschinen und Sportboote. Es gelten hohe Standards. Fehlerhafte Produkte müssen vom Markt entfernt werden. Da die Konsumenten die Möglichkeit haben sollen, dort einzukaufen wo sie es wünschen, sorgt die Europäische Union dafür, dass die Verbraucher sowohl im Laden an der Ecke als auch bei einem Internethändler aus einem anderen EU-Mitgliedstaat den gleichen Schutz z.B. gegen unseriöse Geschäftspraktiken genießen.

Nur ein wirksamer Wettbewerb zwischen Lieferanten und Anbietern von Dienstleistungen führt zu niedrigen Preisen, hoher Qualität und einer großen Auswahl für den Verbraucher. Damit die Wettbewerbsvorschriften dem Bürger unmittelbar zu Gute kommen haben die Mitgliedsstaaten der Union umfassende Befugnisse der Kommission als Kartellbehörde übertragen. Die Europäische Kommission überwacht den Wettbewerb, um Preisabsprachen oder Marktaufteilung zu verhindern. Sie führt regelmäßig Untersuchungen durch und erlässt Strafen für Unternehmen, die wettbewerbswidrige Kartelle bilden, um überhöhte Preise zu erzielen.

So ist die Kommission beispielsweise gegen Fahrzeughersteller vorgegangen, die ihre Kunden daran hindern wollten, ihr Fahrzeug in dem EU-Land zu kaufen, in dem es billiger angeboten wurde. Ein anderes Beispiel ist das Vorgehen gegen eine Begrenzung der Sportberichterstattung. Die EU-Wettbewerbshüter haben dafür gesorgt, dass die Fernsehübertragung von Fußballspielen der englischen Premier League und der deutschen Bundesliga vollständig dem Wettbewerb unterliegt und die Zuschauer Zugang zu einer größeren Vielzahl von Diensten und Anbietern von Dienstleistungen haben. Die Europäische Union sorgt auch dafür, dass sportliche Großereignisse wie die Olympischen Spiele und Fußballweltmeisterschaften den Zuschauern in allen EU-Ländern im freien Fernsehen zur Verfügung stehen und nicht nur für die Abonnenten von Bezahlsendern reserviert sind.

Der Wettbewerb soll verhindern, dass Großunternehmen eine marktbeherrschende Stellung erreichen. Ansonsten würden sie von ihren Kunden überhöhte Preise verlangen und kleinere Wettbewerber ausschalten. Auch das Verhalten von Unternehmen aus Drittländern auf den europäischen Märkten wird beobachtet. So hat die Europäische Kommission Verfahren gegen amerikanische Unternehmen wie Microsoft oder IBM eingeleitet. Ein weiterer Aufgabenbereich ist die Überprüfung von Zusammenschlüssen zwischen Großunternehmen mit grenzüberschreitenden Auswirkungen. Diese sind zulässig, sofern der Wettbewerb oder die Wahl des Verbrauchers nicht wesentlich eingeschränkt wird. Die Übernahme der niederländischen Luftfahrtgesellschaft KLM durch Air France wurde nur gegen Auflagen genehmigt, um einen ausreichenden Wettbewerb zu gewährleisten.

Der Binnenmarkt sorgt für Wettbewerb in der Versorgungswirtschaft (Telekommunikation, Strom- und Gasversorgung), die früher von Staatsmonopolen beherrscht wurde und der verhindert werden soll, dass die ehemaligen Staatsunternehmen ihre starke Marktstellung ausnutzen könnten. Eine erschwingliche Grundversorgung soll auch für weniger Wohlhabende, für Behinderte oder für Kunden in entlegenen Regionen sichergestellt werden.

Die Europäische Kommission kann bei staatlichen Beihilfen eingreifen, da diese zu einer Wettbewerbsverzerrung zwischen den Unternehmen führen und den Handel zwischen den EU-Ländern beeinträchtigen können. Deshalb sind in der Union staatliche Beihilfen in der Regel nicht zulässig. Es kann jedoch Ausnahmen geben u. a. für Unternehmen in benachteiligten Regionen, Kleinunternehmen und gewisse Maßnahmen zur Förderung der Forschung und Entwicklung, des Umweltschutzes, der Ausbildung, der Beschäftigung oder der Kultur.

2.2.2 Schengen: ein europäischer Erfolg

Die Beneluxländer, Frankreich und Deutschland, vereinbarten 1985 im luxemburgischen Moseldorf Schengen, die Personenkontrollen an ihren Grenzen sofort zu erleichtern mit der Absicht, diese bis 1990 ganz abzuschaffen. Das Schengener Abkommen ist der Eckpunkt der Europäischen Union ohne Grenzen, in dem EU- Bürger und Besucher mit einem entsprechenden Visum ohne Passkontrollen frei reisen können. Mit der Errichtung des europäischen Binnenmarkts wurden die Grenzkontrollen im Personenverkehr zwischen den beteiligten EU-Ländern abgebaut. Gegen die zu erwartenden Bedenken von Polizei, Sicherheitsexperten und einigen Politikern wurde eine der vier Freiheiten der Europäischen Akte, die Freizügigkeit von Personen verwirklicht.

Mit dem Schengener Abkommen wurden die früher zwischen den Mitgliedsstaaten bestehenden „Außengrenzen“ formell und materiell zu „Binnengrenzen“. Die Umsetzung der Begleitmaßnahmen wie Intensivierung der polizeilichen Zusammenarbeit, die Aufstellung einheitlicher Regelungen für die Einreise und die Kontrolle an den Außengrenzen, Angleichungen in der Visumspolitik, gemeinsame Maßnahmen zur Bekämpfung des illegalen Drogenhandels sind nur mit einer engen grenzüberschreitenden Kooperation möglich.

Durch das Schengener Abkommen werden die Kontrollen an den Außengrenzen harmonisiert und eine gemeinsame Visapolitik für Besucher festgelegt. Zur Bekämpfung von Kriminalität und Terrorismus wurde die Zusammenarbeit zwischen den nationalen Polizei- und Justizbehörden eingeführt und ein Informationsnetz, das Schengen-Informationssystem (SIS), geschaffen. Mit der Inbetriebnahme des gemeinsamen Informationssystems und der Einrichtung von genauen Sicherheitsmaßnahmen wurden ab 1995 Grenzkontrollen völlig aufgehoben. Ende der neunziger Jahre war den Autofahrern kaum noch bewusst, dass sie durch einst sensible Kontrollzonen fuhren.

Der „Schengen-Besitzstand“, also das Schengener Abkommen, das Durchführungsabkommen und das darauf aufbauende Recht, wurde mit einem Protokoll zum Vertrag von Amsterdam von 1997 in das allgemeine Recht der Europäischen Union, dem sogenannten gemeinschaftlichen Besitzstand, integriert. Dem Schengener Abkommen kann auf unterschiedliche Weise beigetreten werden: anfangs durch Unterzeichnung und Ratifizierung der Schengener Verträge; seit dem Inkrafttreten des Vertrages von Amsterdam erfolgt der Beitritt zum Schengener Abkommen automatisch mit dem Beitritt zur Europäischen Union. Zu den fünf Gründerstaaten kamen Österreich, die Mittelmeerländer der Union und die drei Nordischen Staaten hinzu. Da die Staaten der Europäischen Freihandelszone faktisch zum gemeinsamen Binnenmarkt gehören, liegt auch deren Assoziation mit dem Schengen-Recht im beiderseitigen Interesse. Inzwischen sind somit 28 Länder dem Schengener Abkommen beigetreten, alle Mitgliedstaaten der EU (außer Großbritannien und Irland), sowie die assoziierten Staaten Norwegen, Island und die Schweiz.

Das Schengener Abkommen ist das Musterbeispiel für das Konzept der „abgestuften Integration“ mit dem eine Avantgarde von Ländern durch die überzeugenden Ergebnisse ihres gemeinsamen Vorgehens andere Länder für eine vertiefte Integration gewinnen kann. Wenn irgendwo das Vereinigte Europa real und symbolisch sichtbar geworden ist, so an den

Grenzen, die keine mehr sind. Der „Schengen-Raum ohne Binnengrenzen“ ist ein europäisches Erfolgsmodell.

2.2.3 Schutz der Bürger und ihrer Freiheiten

Um das Recht, überall in der Europäischen Union zu reisen, zu arbeiten oder zu leben, frei ausüben zu können, muss die Sicherheit der Menschen gewährleistet sein. Sie müssen vor Verbrechen und Terroranschlägen geschützt sein, den gleichen Zugang zur Gerichtsbarkeit haben und auf die Wahrung ihrer Grundrechte in der Union vertrauen können. Nach der Abschaffung der Binnengrenzen zwischen den EU-Mitgliedstaaten finden die Grenz- und Zollkontrollen nunmehr an den Außengrenzen der Union statt. Deshalb müssen die nationalen Polizei- und Justizbehörden enger miteinander kooperieren. Verbrecher nutzen die Freiheit und Mobilität des Binnenmarktes ebenso wie gesetzestreue Bürger. Um dieser Situation Rechnung zu tragen, hat die EU die Reise- und Niederlassungsfreiheiten der Bürger ausgeweitet. Gleichzeitig hat sie klare Ziele und Vorschriften ausgearbeitet für die Einhaltung der Grundrechte, die EU-Bürgerschaft, die persönliche Mobilität, für Asyl und Einwanderung, die Visapolitik, externe Grenzkontrollen. Darüber hinaus wurden die Vorgehensweisen bei einer grenzüberschreitenden Zusammenarbeit zur Bekämpfung von Verbrechen zwischen den jeweiligen nationalen Polizei-, Justiz- und Zollbehörden festgelegt.

Die Kooperation im Justizwesen ist wichtig, weil hierdurch gemeinsame Definitionen für bestimmte Schwerverbrechen festgelegt, unterschiedliche nationale Rechtsvorschriften aneinander angepasst und abschreckende Mindeststrafen vereinbart werden. Das Aufspüren und Aburteilen von Verbrechern ist eine Sache. In einem europäischen Raum des Rechts ist es ebenfalls notwendig, dass die Rechte der Angeklagten einen umfassenden Schutz genießen. Dies bedeutet beispielsweise den Zugang zur Rechtsberatung und gegebenenfalls einen Dolmetscher überall in der EU.

Im Hinblick auf die Durchsetzung von Strafen und anderen Gerichtsurteilen wurden Maßnahmen ergriffen, damit Gerichtsurteile in einem Mitgliedstaat (wie die Zahlung von Geldstrafen, die Beschlagnahme von Vermögensgegenständen oder die Aberkennung bestimmter Bürgerrechte) innerhalb der gesamten EU umgesetzt werden können. Diese Zusammenarbeit erstreckt sich auch auf das Zivil- und Handelsrecht.

Entsprechend dem EU-Recht müssen Gerichtsentscheidungen, die in Zivil- oder Strafrechtssachen in einem EU-Mitgliedstaat ergangen sind, von allen Behörden innerhalb der Europäischen Union anerkannt werden. Dieser Grundsatz der gegenseitigen Anerkennung ist wichtig, wenn grenzüberschreitende Probleme des Privatlebens wie Scheidung, Sorgerecht, Unterhaltsansprüche oder finanzielle Angelegenheiten wie bei Insolvenz oder wenn unbezahlte Rechnungen geregelt werden müssen.

Die im Jahr 2000 verabschiedete EU-Charta der Grundrechte legt die Grundsätze fest, die die EU-Organe und die Mitgliedstaaten zu wahren und zu fördern haben. Hierzu gehören die Gleichheit, die Nichtdiskriminierung, die Solidarität und die Gerechtigkeit. Die EU soll zu einem Raum der Freiheit, der Sicherheit und des Rechts werden. Dabei sollen das Recht auf ein Leben in Sicherheit, die bürgerlichen Freiheiten und die grenzüberschreitende Anerkennung von Gerichtsurteilen in Zivil- und Strafsachen gewährleistet sein.

Zuwanderer in die Europäische Union leisten seit langem einen wichtigen wirtschaftlichen und kulturellen Beitrag in ihren neuen Wohnsitzländern. Rechtmäßig ansässige Zuwanderer aus Drittländern erwerben viele der Rechte der Staatsangehörigen ihres Gastgeberlandes. Die EU-Mitgliedstaaten gewährleisten Flüchtlingen Asyl, allerdings noch nicht mit gleichen Standards. Der Europäische Gerichtshof für Menschenrechte in Straßburg hat die Europäische Kommission Anfang 2011 aufgefordert, das europäische Asylrecht zu vereinheitlichen. Die EU fördert die legale Zuwanderung und hat dazu Einzelheiten festgelegt für die Rechte von Staatsangehörigen aus Drittländern, für den Status von langfristig Aufenthaltsberechtigten, für das Recht auf Zusammenführung von Familien und für die Gewährung von Einreisegenehmigungen für Forscher.

Allerdings ist die EU zunehmend mit illegalen Zuwanderern oder Asylbewerbern befasst, die unbegründet Schutz suchen. Die Mitgliedstaaten haben gemeinsame Vorschriften für die Behandlung illegaler Einwanderer erlassen. Die Maßnahmen reichen von der Verfolgung von Menschenhändlern bis zum Abschluss von Rückführungsvereinbarungen mit den Herkunftsländern von illegalen Einwanderern und von sogenannten Scheinasylanten.

Obwohl der Bereich Sicherheit und Strafverfolgung in die Zuständigkeit der Mitgliedstaaten fällt, haben die Regierungen der EU ihre Kräfte gebündelt, um international agierende Terroristen und das organisierte Verbrechen zu bekämpfen. Wirksame Kontrollen an den Außengrenzen und der rasche Informationsaustausch sind Teil dieser Strategie, die insbesondere gegen den Menschenhandel, wie illegale Zuwanderer, sexuelle Ausbeutung von Frauen und Kindern, gegen Drogenschmuggel und Geldwäsche gerichtet sind.

Da nahezu jede Verbrecherorganisation oder Terroristengruppe Geldwäsche betreibt, hat die Union ihre Kontrollen ständig verschärft. Mittlerweile sind bei jeder Geldtransaktion über € 15000, an der Banken, Rechtsanwälte, Notare, Buchprüfer, Immobilienmakler oder Spielbankbetreiber beteiligt sind, der Auftraggeber, der Begünstigte und der Zahlungsgrund anzugeben.

Um die Zusammenarbeit zu verbessern, haben die EU und ihre Mitgliedstaaten verschiedene Instrumente eingesetzt, wie den Europäischen Haftbefehl, der gewährleistet, dass in einem Mitgliedstaat gesuchte Verbrecher rasch ausgeliefert werden können; eine engere polizeiliche Zusammenarbeit durch die Schaffung von Europol, eine Europäischen Polizeiakademie und die Einrichtung einer operativen Task-Force der europäischen Polizeichefs; Eurojust, eine Gruppe von Beamten und Staatsanwälten aus allen EU-Mitgliedstaaten, die die Verfolgung schwerer grenzüberschreitender Verbrechen koordinieren; eine Europäische Agentur für die operative Zusammenarbeit an den Außengrenzen (Frontex).

2.3 Die Handelspolitik der Union

2.3.1 Ein starkes Europa durch gemeinsames Handeln

Handel ist Europas wichtigster Kontakt mit der Welt über seine Grenzen hinweg. Tag für Tag werden von Europa Güter im Werte von Hunderten von Millionen Euros exportiert und importiert. Europa ist weltweit der größte Exporteur von Gütern und Dienstleistungen und ist für über 100 Länder der größte Exportmarkt. Die Europäische Union ist der größte Handelsblock der Welt; auf ihn entfallen ca. 20% des globalen Handels. Handel ist der Motor für Europas Wohlstand. Dank neuer Technologien, schneller Kommunikation und noch effizienterer Logistik und Transporten ist es möglich, Güter in der ganzen Welt zu produzieren, zu kaufen und zu verkaufen.

Die 27 Mitgliedsstaaten der Union haben eine gemeinsame Agrarpolitik, einen gemeinsamen Binnenmarkt, eine gemeinsame Außengrenze und eine gemeinsame Handelspolitik. Damit hat die Europäische Union über ihre Institutionen eine enorme Stärke und Wirksamkeit wenn es um Handelsfragen mit ihren Partnern geht. Das bedeutet, dass es auf der europäischen Seite nur einen Verhandlungspartner gibt, nämlich die Europäische Kommission – und am Ende der Verhandlungen gibt es nur ein

Abkommen, verbindlich für alle 27 Mitgliedsstaaten und nicht etwa 27 verschiedene Ergebnisse.

Die Europäische Kommission vertritt die Mitgliedsstaaten der Union auch bei der Welthandelsorganisation. Dadurch dass die Union dort mit einer Stimme spricht hat sie das Gewicht und die Autorität, das globale Handelssystem, bestimmt von offenen und fairen Regeln mit zu gestalten und sie kann dafür zu sorgen, dass diese Regeln auch eingehalten werden. Ein offenes und faires internationales Handelssystem ist eine der Grundlagen für Europas Wettbewerbsfähigkeit.

Europäische Staaten waren unter den Gründungsmitgliedern des modernen internationalen Systems zur Ausarbeitung von verbindlichen Regeln für einen fairen Handel. Dieses System, das aus einem weitverzweigten Geflecht von Verträgen und Verpflichtungen besteht ist wichtig dafür, dass internationaler Handel offen, zuverlässig und berechenbar ist. Die Internationale Welthandelsorganisation (World Trade Organisation-WTO) mit Sitz in Genf überwacht das internationale Handelssystem und ist das Forum in dem alle Mitglieder bei der Aufstellung und Verhandlung von Regeln für den Handel ein gleiches Mitspracherecht haben. Die WTO hat wesentlich dazu beigetragen, ein internationales Handelssystem aufzubauen, dass den Bedürfnissen der globalen Wirtschaft entspricht. Eine der zentralen Prioritäten der Europäischen Handelspolitik ist es, das System der WTO zu erhalten und gleichzeitig sicherzustellen, dass es sich entsprechend den Anforderungen einer sich schnell wandelnden Welt weiterentwickelt.

Die europäische Handelspolitik will durch Verbesserung der Handelsmöglichkeiten mit dem Rest der Welt Arbeitsplätze, Investitionsmöglichkeiten und Wachstum für europäische Unternehmen schaffen. Dank moderner Kommunikations- und Transportmittel können auch die kleineren europäischen Firmen außerhalb Europas Handel zu treiben. Europäische Handelspolitik hilft durch Handelsabkommen, die zum Abbau von Zollschranken oder anderen Handelshemmnissen führen, neue Märkte zu erschließen. Die Europäische Kommission ist auch zuständig dafür, dass Importe in die Union zu fairen Preisen gehandelt werden und nicht unfaire Nachteile für Firmen und deren Beschäftigte haben. Die Europäische Union setzt sich für weltweit transparente und faire Regeln und für deren volle Einhaltung ein.

Die hohen Wachstumsraten des Welthandels, die Ausweitung der Gemeinschaft auf 27 Staaten sowie die Vertiefung der Integration durch den Binnenmarkt haben die Bedeutung der Union im internationalen Handel erheblich verändert, gerade auch im Verhältnis zur Handelsmacht USA.

Diese globale Rolle kann die Union im Rahmen der Handelsdiplomatie effektiv vertreten, in den Internationalen Handelsrunden und gegenüber wichtigen Verhandlungspartnern wie den USA oder China.

2.3.2 Die Bedeutung der EU in der Weltwirtschaft

Die europäische Handelspolitik findet auf drei Ebenen statt: In den multilateralen Verhandlungen im Rahmen des Allgemeinen Abkommens über Zölle und Handel (GATT) beziehungsweise ab 1995 im Rahmen der Welthandelsorganisation (WTO), auf bilateraler oder regionaler Ebene sowie durch unilaterale Handelspolitik. Alle drei Ebenen hängen direkt zusammen.

Multilaterale Handelspolitik
Die internationalen Rahmenbedingungen für den Welthandel werden in den multilateralen Verhandlungsrunden der WTO festgelegt. Die WTO hat 49 Mitgliedstaaten, die rund 90 Prozent des Welthandels ausmachen. Sie ist der organisatorischen Rahmen für die völkerrechtlichen Verträge der internationalen Handelsbeziehungen. Die Europäische Gemeinschaft war als solche nicht Mitglied in ihrem Vorläufer dem GATT. Da die Verhandlungen über Handelsfragen jedoch ausschließlich von der Kommission geführt werden, gibt es eine durch die Praxis erreichte Mitgliedschaft. Im Gründungsvertrag der WTO wurde festgelegt, dass die Europäische Union, neben den Mitgliedstaaten Vollmitglied der WTO ist.

Im Rahmen des GATT wurden die Zollsätze und in zahlreichen internationalen Verhandlungsrunden auch die nichttarifären Handelshemmnisse abgebaut. Insgesamt sanken die Zölle im Industriegüterbereich bis Mitte der 90er Jahre auf weniger als 4 Prozent. Die Uruguay-Runde war die letzte Verhandlungsrunde des GATT, in deren Rahmen die Gründung der WTO beschlossen wurde. Gleichzeitig wurde der Zuständigkeitsbereich erweitert. Die WTO befasst sich nicht mehr alleine mit dem Warenhandel (GATT), sondern gleichzeitig mit Dienstleistungen sowie dem Schutz geistigen Eigentums. Alle Abkommen der WTO unterliegen allgemeinen Regeln. Das wichtigste Prinzip ist die Allgemeine Meistbegünstigung wonach ein WTO-Mitglied alle Handelsvorteile, die es einem Handelspartner zugesteht, auch allen andern WTO-Mitgliedern zugestehen muss.

Bilaterale/Regionale Handelspolitik

Zusätzlich zu den multilateralen Abkommen hat die EU ein dichtes Netz von bilateralen und regionalen Handelsabkommen unterschiedlicher Integrationstiefe mit vielen Ländern und regionalen Organisationen abgeschlossen. Die meisten dieser Abkommen wurden in den 90er Jahren ausgehandelt. Da sie den beteiligten Ländern einen günstigeren Marktzugang gewähren als gegenüber Drittstaaten, stellen diese Abkommen die größte Ausnahme vom Prinzip der Meistbegünstigung der WTO dar.

Im Zentrum der Abkommen stehen die 27 Mitgliedstaaten mit einem weitgehend vollendeten Binnenmarkt. Abgestuft folgt der Europäische Wirtschaftsraum, der die Mitgliedstaaten, Island, Liechtenstein und Norwegen umfasst. Eine weitere Ebene ist die Zollunion mit der Türkei, Andorra und San Marino. Hinzu kommen zahlreiche Freihandelsabkommen, u.a. mit der Schweiz, Mexiko, Chile, Süd- Korea (2010). Diese Verträge sind teilweise sehr umfassend und beinhalten neben Liberalisierungen im Industriesektor auch den Agrarbereich, Dienstleistungen, das öffentliche Auftragswesen, Investitionen sowie den Schutz geistigen Eigentums.

Daneben hat die EU mit neun der zehn Euro-Med-Partnerländer (außer Libyen) regionale Assoziationsabkommen vereinbart, mit dem Ziel eine Euro-mediterranen Freihandelszone zu errichten, einschließlich der Liberalisierung des Waren- und Dienstleistungsverkehrs sowie den Aufbau verlässlicher Investitionsstrukturen. Mit den 78 AKP-Staaten (Entwicklungsländer aus Afrika, der Karibik und dem Pazifik) und ihren regionalen Organisationen bestehen verschiedene Partnerabkommen. Die einzige Region, die bislang kaum von Freihandelsabkommen beziehungsweise Zollunionen erfasst wird, ist das Wachstumszentrum Asien/Pazifik mit seinen alten und neuen Handelsmächten.

Unilaterale Handelspolitik

Bei der unilateralen Handelspolitik geht es um die einseitige Anwendung von Handelsinstrumenten. Dazu gehören die Schutzmaßnahmen, wie die Antidumping- oder Antisubventionsinstrumente, aber auch Strafzölle oder die vorübergehende Begrenzung von Importen. Bei Antidumping ist nachzuweisen, dass ausländische Unternehmen ihre Waren in der EU unterhalb der Herstellungskosten oder unterhalb des Preises des heimischen Marktes anbieten. Bei der Beschränkung von Importen muss nachgewiesen werden, dass die Wareneinfuhren innerhalb kurzer Zeit so erheblich angestiegen sind, dass die inländische Konkurrenz dadurch unmittelbare Nachteile hat. Zur unilateralen Handelspolitik gehört auch die einseitige Öffnung des Binnenmarkts für Entwicklungsländer. Im Rahmen des Allgemeinen Präferenzsystems wird durch die Gewährung von Zollpräferenzen ein Anreiz für Exportprodukte geschaffen. Die 178 Entwicklungsländer, die davon profitieren, dürfen ihre Waren und landwirtschaftlichen Erzeugnisse überwiegend zollfrei oder andernfalls mit niedrigeren Zöllen in den europäischen Markt exportieren.

2.3.3 Internationale Rahmenbedingungen und europäische Handelspolitik

In den Verhandlungsrunden über den internationalen Handel waren die USA und mit zunehmender Wirtschaftskraft die EU die dominanten Verhandlungspartner. Die Entwicklungsländer gehörten lange zur stillen Mehrheit, während die eigentlichen Kompromisse zwischen den großen Industrieländern ausgehandelt wurden.

Im Jahr 2001 wurde die Doha- Verhandlungsrunde in Katar mit dem Ziel eröffnet, die Marktöffnung auszuweiten, das Regelwerk zu verbessern und die Entwicklungsländer stärker in den Welthandel zu integrieren. Die WTO-Staaten haben von dieser Welthandelsrunde ein um bis zu US $ 100 Milliarden höheres Welthandelsvolumen größtenteils zu Gunsten der Entwicklungsländer erwartet. Ohne diese Aussichten hätten die Entwicklungs- und Schwellenländer dem Beginn einer neuen Verhandlungsrunde nicht zugestimmt. Damit stehen zum ersten Mal die ärmeren Länder im Zentrum der Handelsdiplomatie und dieses wurde bewusst in den Namen der Runde integriert. Zu einem Verhandlungsabschluss ist es aber aufgrund unterschiedlicher Ansichten der WTO-Mitglieder bisher nicht gekommen, da sich die Verhandlungspartner nicht über die Liberalisierung des Agrarhandels verständigen können. Angesichts der weltweiten Finanzkrise wurde vom Weltfinanzgipfel im November 2008 in Washington die beschleunigte Wiederaufnahme der Doha-Welthandelsrunde beschlossen, bisher allerdings ohne Ergebnis.

Die Position der Entwicklungs- und Schwellenländer verfestigte sich im August 2002 mit der Gründung der G20. Diese wurde geschaffen aus Protest gegen den unzureichenden Agrarkompromiss, den die EU und die USA vorgelegt hatten. Die Gruppe der G20 wurde schnell einflussreich und machte unter der Führung von Brasilien, Indien und China deutlich, dass ihre Forderungen nach einem vollständigem Abbau der Exportsubventionen und der Zölle im Agrarbereich durch die EU und die USA, den „alten" Handelsmächten, nicht weiter unbeachtet bleiben können. Im Verlauf der weiteren Verhandlungen wurde die neue Machtposition der Schwellenländer noch deutlicher. Inzwischen können Einigungen nur erreicht werden, wenn die großen Entwicklungs- und Schwellenländer dem ausgehandelten Kompromiss zustimmen.

Die Erfolglosigkeit der Doha-Runde und die neue Machtkonstellation, mit den Entwicklungs- und Schwellenländer der G20, als einen dritten Machtblock neben der EU und den USA, macht eine Neuausrichtung der europäischen Handelspolitik notwendig. Der Schlüssel dazu liegt in der Erhöhung der Wettbewerbsfähigkeit der EU sowohl intern wie extern. Die interne Dimension beinhaltet Reformen innerhalb der EU. Sie konzentriert sich auf Bereiche wie Bildung, Forschung und Innovationen sowie auf die Vollendung des Binnenmarkts.

Die gemeinsame Handelspolitik stellt ein Element der externen Dimension der Wettbewerbsfähigkeit dar. Um diese zu stärken, soll der europäische Binnenmarkt für Importe und Investitionen geöffnet und ein besserer Marktzugang für europäische Waren, Dienstleistungen und Investitionen in Drittländern erreicht werden. Ziel ist es, wettbewerbsfähigen europäischen Unternehmen einen freien Zugang zu anderen Märkten zu ermöglichen. Oberste Priorität hat dabei weiterhin der Abschluss der Doha-Runde. Die externe Wettbewerbsfähigkeit der EU soll aber auch durch bilaterale oder regionale Vorgehensweisen gestärkt werden, wie durch Freihandelsabkommen mit Indien, Südkorea und ASEAN (Verband Südostasiatischer Nationen). Diese Abkommen sollen sich nicht nur auf Zollsenkungen beschränken, sondern vor allem nichttarifäre Handelshemmnisse für Dienstleistungen und Investitionen abbauen, den Schutz geistigen Eigentums sicherstellen, unfaire staatliche Interventionen ausschließen und das öffentlichen Auftragswesens in Drittstaaten für EU-Firmen zugänglich machen.

Die bilaterale und die multilaterale Dimension der europäischen Handelspolitik sollen stärker als bisher komplementär angewendet werden. Diese Vorgehensweise ist auch eine Reaktion auf die sehr aktive Marktöffnungsstrategie anderer großer Handelsmächte wie der USA und Japans, die bereits seit einiger Zeit den bilateralen Ansatz, unter anderem in Asien, verfolgen. Deren bilateralen und regionalen Aktivitäten in Asien sind für die Union der Anlass, sich verstärkt um Abkommen mit asiatischen Ländern zu bemühen. Die europäische Industrie fürchtet, ihre Wettbewerbsfähigkeit in der dynamischen Wachstumsregion Asien zu verlieren und drängt auf bilaterale Abkommen.

Der Abschluss von präferenziellen bilateralen Abkommen wird zum zentralen Merkmal einer Neuorientierung in der Handelspolitik. Dieses birgt jedoch Gefahren für die multilaterale Handelspolitik. Die präferenziellen Abkommen überschneiden sich häufig und enthalten zum Teil nichtkompatible Regeln (zum Beispiel Ursprungsregeln). Dies führt zu Verzerrungen im internationalen Handel. Präferenzielle Abkommen sind wirtschaftlich und politisch umstritten, da sie bestimmten Mitgliedsländern Vergünstigungen einräumen, die andere nicht erhalten. Somit wird der Grundsatz der Meistbegünstigung, der einer der größten Vorteile der WTO ist in Frage gestellt. Mittlerweile ist die Meistbegünstigung nicht länger die Regel, sondern die Ausnahme.

In den letzten Jahren ist ein Wandel in der Haltung zum Freihandel nicht nur in der EU festzustellen, ausgelöst durch den Vormarsch der Schwellenländer China und Indien. Diese Länder haben einen großen Einfluss auf die Gestaltung und Entwicklung des Welthandels. Ihre Volkswirtschaften warten mit hohen Wachstumsraten auf; Industrien und Arbeitsplätze von Europa werden in diese Länder verlagert. Mit dem wachsenden Wettbewerbsdruck verstärkt sich innerhalb der EU der Ruf nach Schutzmechanismen, wie Importquoten für chinesische Textilien oder Strafzölle auf Schuhe aus China und Vietnam.

Die Wahrscheinlichkeit protektionistischer Maßnahmen hat durch den Stillstand der Doha-Runde deutlich zugenommen mit der Gefahr, dass diese Gegenreaktionen der Handelspartner hervorrufen und zu weiteren Verzerrungen im internationalen Handel führen können. Die EU sollte angesichts steigender und auch unfairer Konkurrenz aus den Schwellenländern mit protektionistischen Maßnahmen nur sehr gezielt umgehen. Die Abschottung im Billiglohnsektor bringt auf Dauer keinen Erfolg. Stattdessen müssen neue Bereiche mit hoher Wertschöpfung, komparativen Vorteile und Innovation erschlossen werden. Nur so können Leistungs- und Wettbewerbsfähigkeit im internationalen Vergleich erhalten oder sogar gesteigert werden.

2.4 Die Gemeinsame Agrarpolitik – Erfolg durch Wandel

Neben dem Außenhandel sind die Agrarpolitik sowie die Regional-bzw. Strukturpolitik wichtige Wirtschaftsbereiche mit einer gemeinsamen europäischen Politik. Die Gemeinsame Agrarpolitik (GAP) geht zurück auf das Westeuropa der Nachkriegsjahre mit der noch frischen Erinnerung an Hunger und Lebensmittelknappheit. Die Agrarpolitik wurde bestimmt durch den grundlegenden politischen Kompromiss zwischen Frankreich und Deutschland, der erst den Abschluss des EWG-Vertrags von 1957 ermöglichte. Deutschland bekam als hoch industrialisiertes Land Zugang zum Markt des agrarisch geprägten Frankreich; im Gegenzug erhielt Frankreich eine umfassende Agrar- und Strukturförderung. Diese Politik der gegenseitigen Zugeständnisse ist auch heute noch der prägende Faktor der Gemeinsamen Agrarpolitik. Sie muss immer wieder den schwierigen Balanceakt eines Ausgleichs der Interessen vollführen, mit einer wichtigen politischen Komponente: Landwirtschaftliche Interessenverbände sind in nahezu allen europäischen Staaten gut organisiert und verstehen es, sich als starke Lobby Gehör zu verschaffen.

Die damals gesetzten Ziele gelten grundsätzlich auch heute noch: Steigerung der Produktivität der Landwirtschaft; Gewährleistung einer angemessenen Lebenshaltung für die landwirtschaftliche Bevölkerung; Stabilisierung der Märkte; Sicherstellung der Versorgung zu bezahlbaren Preisen. Zur Erreichung dieser Ziele haben sich im Laufe der Jahre drei Grundsätze der Gemeinsamen Agrarpolitik herausgebildet. Nach dem Marktprinzip besteht ein einheitlicher und freier Markt für Agrarprodukte in der Union innerhalb dessen die Landwirte ihr Einkommen selbst erwirtschaften, allerdings eingeschränkt durch ein System von Lenkungsmaßnahmen. Das Prinzip der Gemeinschaftspräferenz schützt den Binnenmarkt für einheimische landwirtschaftliche Erzeugnisse gegenüber den meist billigeren Waren aus Drittländern. Das Prinzip der Gemeinschaftsfinanzierung gewährleistet finanzielle Solidarität innerhalb der Europäischen Union.

Die Agrarpolitik war sehr erfolgreich, die Selbstversorgung der EU sicherzustellen. Allerdings hatte die EU lange Zeit mit erheblichen Überschüssen bei den wichtigsten landwirtschaftlichen Erzeugnissen zu kämpfen, von denen einige, unterstützt von Subventionen ausgeführt wurden, während andere eingelagert oder innerhalb der EU abgesetzt werden mussten. Diese Maßnahmen waren sehr teuer, führten zu Handelsverzerrungen auf Weltmärkten, waren selten im Interesse der Landwirte und wurden weder von Verbrauchern noch von den Steuerzahlern verstanden. Gleichzeitig wuchs in der Gesellschaft die Sorge um eine ökologisch nachhaltige Landwirtschaft.

Die Agrarpolitik wurde nach und nach umorientiert, weg von dem Prinzip: wer viel produziert, bekommt viel Geld. Zunächst wurden die Überschüsse durch Produktionsobergrenzen (z.B. Milchquoten seit 1983) reduziert, später kamen Haushaltsbegrenzungen im Agrarbereich hinzu. Die Landwirte erhielten direkte Einkommensbeihilfen, sie mussten sich stärker am Markt orientieren und umweltverträgliche Bewirtschaftungsmethoden fanden mehr Anwendung.

Die eigentliche Reform besteht in dem Politikwechsel, nämlich weg von der begrenzten Ausrichtung auf die Produktion von Nahrungsmittel hin zu einer Politik der Entwicklung des ländlichen Raums. Damit wurde eine nachfrageorientierte Agrarproduktion eingeleitet, die die Interessen der Verbraucher und Steuerzahler berücksichtigt und den Landwirten gleichzeitig die Freiheit lässt sich marktorientiert aus zurichten. Die Landwirte bekommen Beihilfen zur Stabilisierung der Einkommen, unabhängig von ihrer Erzeugung.

Die Landwirte müssen bestimmte Standards in den Bereichen Umwelt, Lebensmittelsicherheit, Pflanzenschutz und Tierschutz erfüllen. Tun sie dies nicht werden ihnen die Direktzahlungen gekürzt. Die Entkoppelung der Subventionen von der Produktion bedeutet, dass die Landwirte in der EU marktorientierter wirtschaften können. Sie können erzeugen, was sich am besten verkauft, genießen aber gleichzeitig stabile Einkommen. Die Direktzahlungen werden schrittweise zu Gunsten von Maßnahmen zur ländlichen Entwicklung umgeschichtet; so wird die Milchquote bis 2015 auslaufen. Obwohl mit den verschiedenen Reformen die Agrarausgaben im Haushalt der Europäischen Union gesenkt wurden machen sie immer noch mit etwa zwei Fünftel der gesamten Ausgaben den größten Posten aus. Allerdings wird die Landwirtschaft als gemeinsame europäische Politik fast ausschließlich aus dem Haushalt der Union finanziert, so dass die direkten Ausgaben durch die Mitgliedsländer nicht sehr hoch sind und kaum ins Gewicht fallen.

Europa ist wegen seinen unterschiedlichen natürlichen Gegebenheiten und den über Jahrhunderte entwickelten Anbaumethoden bekannt für die Vielseitigkeit seiner Landwirtschaft und die Vielfalt seiner landwirtschaftlichen Erzeugnisse. Kombiniert mit kulinarischem Können sind Lebensmittel und Getränke ein wichtiger Bestandteil der kulturellen Identität einzelner Völker und Regionen Europas. Die hohe Qualität bei vielen ihrer Erzeugnisse ist das Hauptmerkmal der europäischen Landwirtschaft. Die Union spielt bei der Förderung dieser Qualität eine wichtige Rolle. Die EU sichert Lebensmittelqualität auf vielerlei Weise, etwa über Maßnahmen für bessere Lebensmittelsicherheit und -hygiene, über klare Etikettierungsvorschriften, über Verordnungen für Pflanzenschutz, Tiergesundheit und Tierschutz und über die Kontrolle von Rückständen von Pestiziden und Zusatzstoffen in Lebensmitteln sowie Informationen über den Nährwert von Lebensmitteln. Sie verfügt über umfangreiche Überwachungs- und Kontrollregelungen und gewährleistet gleichzeitig das Funktionieren des europäischen Binnenmarktes.

Allerdings zeigt sich, dass diese Regelungen angesichts der zunehmenden Industrialisierung der Landwirtschaft und der damit einhergehenden Massentierhaltung, insbesondere in Deutschland ihren Aufgaben kaum gerecht werden. Das Ergebnis ist nicht nur ein Sicherheitsrisiko für den Verbraucher in Form von Lebensmitteln zweifelhafter Qualität, sondern auch eine ethische Frage im Umgang mit der vom Menschen zum Teil rücksichtslos ausgebeuteten Natur und Tierwelt.

Der ökologische Landbau als ein stark wachsender Sektor könnte die Landwirtschaft in eine andere Richtung entwickeln. Er arbeitet mit Produktionsverfahren, bei denen Struktur und Fruchtbarkeit der Böden erhalten bleiben und dem Tierschutz ein hoher Stellenwert eingeräumt wird. Es werden keine synthetischen Pestizide, Herbizide, chemischen Düngemittel oder Wachstumsförderer wie Antibiotika verwendet; auch genetisch veränderte Organismen gehören nicht zum ökologischen Landbau. Die Ökolandwirte wenden vielmehr Verfahren an, die zur Erhaltung des ökologischen Gleichgewichts beitragen und die Umweltverschmutzung eindämmen. Bei der Verarbeitung dieser Erzeugnisse zu Lebensmitteln dürfen nur sehr wenige Zusatzstoffe und Verarbeitungshilfsstoffe verwendet werden.

Die EU-Vorschriften gewährleisten zum einen die Echtheit der Bioprodukte, unabhängig vom Ort der Erzeugung und zum anderen ihre richtige Kennzeichnung. Die Wörter „ökologisch" und „biologisch" dürfen in Zusammenhang mit Lebensmitteln nur für die Erzeugnisse des ökologischen Landbaus verwendet werden. Das gibt den Verbrauchern die Sicherheit, dass die Bioprodukte, die sie kaufen, hochwertig sind und sie tatsächlich aus ökologischem Landbau stammen.

Das EU-Biosiegel kann von ökologisch wirtschaftenden Landwirten und Lebensmittelproduzenten verwendet werden. Es besagt, dass das Erzeugnis zu mindestens 95% aus ökologischen erzeugten Inhaltsstoffen besteht. Mit der Unterstützung des ökologischen Landbaus hat die Union den ersten Schritt getan weg von der dominierenden industriellen Lebensmittelproduktion und der unwürdigen Massentierhaltung, hin zu einer nachhaltigen Landwirtschaft, die auf regionale Märkte setzt statt auf Wettbewerbsfähigkeit auf internationalen Märkten. Die Union sollte nicht zulassen, dass Umwelt und Tierwelt ausgebeutet werden, um im Export von landwirtschaftlichen Produkten nach Asien konkurrenzfähig zu sein. Mit einer regionalen Versorgung können auch faire Preise für die Produkte erzielt werden.

Fast 60% der Bevölkerung der 27 EU-Mitgliedstaaten leben in ländlichen Gebieten, die 90% der Fläche der EU ausmachen. Die ländliche

Entwicklung ist ein bedeutender Politikbereich. Land- und Forstwirtschaft sind die wichtigsten Formen der Landnutzung im ländlichen Raum. Sie spielen eine führende Rolle in den ländlichen Gemeinden und bilden die Grundlage für ein solides soziales Gefüge, für die wirtschaftliche Lebensfähigkeit des ländlichen Raums, für die Bewirtschaftung der natürlichen Ressourcen und für die Landschaftspflege.

Die Union hat die Politik zur Entwicklung des ländlichen Raums verstärkt, um nachhaltiges Wachstum zu fördern und Arbeitsplätze in diesen Gebieten zu schaffen mit den Schwerpunkten: Steigerung der Wettbewerbsfähigkeit der Landwirtschaft, Verbesserung der Umwelt und der Landschaft, sowie Verbesserung der Lebensqualität im ländlichen Raum und Förderung der Diversifizierung der Wirtschaft.

2.5 Die Regionalpolitik der Europäischen Union

Ähnlich wie die Agrarpolitik ist die Regionalpolitik ein wesentliches gemeinschaftliches Politikfeld der Union. Ziel der Regionalpolitik ist es, den wirtschaftlichen und sozialen Zusammenhalt - die sogenannte „Kohäsion"- in der Union zu stärken, zumal die wirtschaftliche Dynamik, die sich aus dem Integrationsprozess ergibt, die Regionen in unterschiedlichem Maße erfasst. Dabei sollen Wachstum und Beschäftigung vor allem in den weniger entwickelten Regionen, den strukturschwachen Gebieten in der gesamten Union gefördert werden. Schon in der Präambel des EWG-Vertrages bekräftigten die Unterzeichnerstaaten ihren Willen, „ihre Volkswirtschaften zu einigen und deren harmonische Entwicklung zu fördern, indem sie den Abstand zwischen einzelnen Gebieten und den Rückstand weniger begünstigter Gebiete verringern".

Kernelement der Regionalpolitik sind die Struktur- und Kohäsionsfonds. Mit dem Europäischen Fonds für regionale Entwicklung werden der Ausbau der Infrastruktur sowie produktive, beschäftigungswirksame Investitionen gefördert. Der Europäische Sozialfonds unterstützt gezielt die berufliche Eingliederung von Arbeitslosen und benachteiligten Bevölkerungsgruppen, z.B. durch Ausbildung. Alle Maßnahmen müssen zusätzlich zu nationalen Vorhaben sein, dürfen diese nicht ersetzten und werden grundsätzlich durch Mittel des betreffenden Landes mitfinanziert. Mit den Mitteln des Kohäsionsfonds der Union soll die wirtschaftliche, soziale und territoriale Konvergenz der Länder gefördert werden, deren Bruttoinlandsprodukt weniger als 90% des Durchschnitts der Union beträgt. Vom Kohäsionsfonds werden vor allem in den neuen 10 Mitgliedsstaaten Infrastrukturvorhaben in Verkehr und Umwelt finanziert.

Der Transfer von Mitteln über den Haushalt der Union in strukturschwache Regionen ist ein wichtiges Instrument, um wirtschaftliche Ungleichgewichte innerhalb der Union abzubauen. Angesichts der weiterhin bestehenden erheblichen strukturellen Unterschiede zwischen den Volkswirtschaften in der Union sollten diese Maßnahmen vorrangig ausgebaut und umfassend erweitert werden.

Die Europäische Union will mit der Förderung der Kooperation an seinen Innen-und Außengrenzen als Teil der Regionalpolitik dazu beitragen, Grenzen zu überwinden. Grenzen trennen in wirtschaftlicher, kultureller und sozialer Hinsicht. Grenzregionen werden von nationaler Politik häufig vernachlässigt. Deswegen und weil durch die Erweiterungen der Union die Binnengrenzen zugenommen haben und neue Außengrenzen entstanden sind, wird die grenzübergreifende Zusammenarbeit unterstützt. Ziel ist es, die Grenzlinie durch einen Grenzraum zu ersetzen. Die verbindende Funktion der Grenze soll mit Regionalisierung und Integration erreicht werden.

Mit der Europäischen Territorialen Zusammenarbeit zwischen europäischen Regionen innerhalb der Union und mit ihren Nachbarn sollen die räumliche Entwicklung gefördert und unter Beachtung der Nachhaltigkeit wirtschaftliche, soziale und kulturelle Strukturen durch grenzübergreifende, transnationale oder interregionale Zusammenarbeit geschaffen werden. Der dafür bestimmte Europäische Fonds für regionale Entwicklung unterstützt die Zusammenarbeit öffentlicher Versorgungsunternehmen, gemeinsame Aktionen von Unternehmen oder Kooperationen im Bereich des Umweltschutzes, der Bildung, der Raumplanung oder der Kultur.

Eine der ersten grenzüberschreitenden Kooperation in Europa ist die seit den 1960er Jahren bestehende Zusammenarbeit zwischen dem Saarland, Lothringen und Luxemburg. Die Großregion SaarLorLux umfasst heute die Bundesländer Saarland und Rheinland-Pfalz, die französische Region Lothringen, Luxemburg und die belgische Region Wallonien. Sie ist mit fast 12 Millionen Einwohnern die größte europäische Grenzregion. Andere anschauliche Beispiele grenzüberschreitender Kooperationen sind das Programm Alpenrhein-Bodensee-Hochrhein, das Alpenraumprogramm, das Programm Deutschland – Nederland entlang dem deutsch-niederländischen Grenzgebiet zwischen Nordseeküste und Niederrhein oder das gerade anlaufenden Programm der Donauregion.

2.6 Bevölkerungsentwicklung und Migration

Europa lange Ausgangspunkt von Migrationsbewegungen, ist heute aus wirtschaftlichen Gründen sowie aus sozialen und oftmals politischen Erwägungen selbst zu einer attraktive Zielregion geworden. Seit Beginn der 90er Jahre haben sich die Zuwanderungen in die EU erheblich verstärkt. Migranten in die Europäische Union sind temporäre Arbeitskräfte, nachziehende Familienangehörige, Asylbewerber oder irreguläre Zuwanderer aus anderen Weltregionen vor allem aus den östlichen und südlichen EU-Nachbarregionen. Besonders wichtig sind für die EU die Entwicklungen in Nordafrika als ein Gradmesser für das Wanderungspotential in die europäischen Staaten. Mit den dort zwar tendenziell sinkenden, aber immer noch hohen Geburtenzahlen kann die Schaffung neuer zusätzlicher Arbeitsplätze nicht Schritthalten und nur ein Teil der Menschen ist wirtschaftlich integriert. Der Kontakt zu bereits in der EU lebenden Verwandten oder Freunden ist für viele Jugendliche die einzige Chance, ihrer hoffnungslosen Situation zu entkommen. In allen Staaten Nordafrikas sind neben der wirtschaftlichen, die gesellschaftlichen und die innenpolitischen Entwicklungen bestimmende Faktoren für Migrationsabsichten nach Europa.

Ökologische Probleme und dadurch bedingte Konflikte werden weitere mögliche Auslöser für Migration für die gesamte Region sein, hier vor allem nachlassende Erträge in der Landwirtschaft und die Verschlechterung der Wasserversorgung. Zudem ist die gesamte Mittelmeerregion seit einigen Jahren zu einer Transitregion für Zuwanderer aus dem Gebiet der Subsahara Afrikas geworden. Menschen nehmen oft jahrelange Strapazen auf sich, um bessere Chancen für eine illegale Einreise in die EU zu bekommen. Seit der Verschärfung der Grenzkontrollen der südlichen EU-Staaten im Mittelmeer haben sich die Transitregionen in Afrika weiter nach Süden verlagert. In jüngster Zeit haben vor allem die lebensgefährlichen Überfahrten von Mauretanien und Senegal aus auf die Kanarischen Inseln zugenommen. Wenn der gegenwärtige Trend anhält ist 2025 weltweit mit 250 Millionen Migranten vor allem in den ärmeren Ländern zu rechnen, mit den Folgeerscheinungen wie Armut und soziale Instabilität.

Die EU wird auch künftig mit einem anhaltend großen Einwanderungsdruck umgehen müssen. Gleichzeitig wird der Bedarf an qualifizierten Einwanderern steigen. Viele Staaten haben Schwierigkeiten, die Zuwanderer wirtschaftlich und gesellschaftlich zu integrieren. Einige Staaten haben eine Tradition als Auswanderungsland (Finnland, Irland), andere Staaten waren über lange Phasen hauptsächlich Einwanderungsland (die Niederlande, Frankreich); andere haben Erfahrungen mit beiden Wanderungsformen (u. a. Griechenland, Italien, Spanien). Dementsprechend unterscheidet sich in den Mitgliedstaaten auch der Stellenwert der Migration für das nationale Selbstverständnis.

Deutschland fällt es bisher schwer, die Migration als einen Faktor einer sich ändernden Welt zu akzeptieren. Deutschland ist de facto seit Jahrzehnten ein Einwanderungsland, verhält sich aber ohne entsprechende Politik wie ein Zuwanderungsland. Klassische Einwanderungsländer, wie Kanada, Australien oder die USA bestimmen die Einwanderung nach Qualifikation, nach nationalen Interessen und wirtschaftlichen Bedürfnissen. In Deutschland genügt für die Zuwanderung immer noch wie seit 1973, vor bald 40 Jahren, ein Trauschein.

Für die nationale Politik wie auch für die Öffentlichkeit ist Migration ein besonders heikles Thema. Es gibt Besorgnisse wegen der kulturellen und sozialen Auswirkungen und wegen der Konkurrenz um Arbeitsplätze und der möglichen Folgen für die eigene Beschäftigung. Hinzukommt häufig die Überzeugung, dass eine durch weitere Einwanderung bedingte größere ethnische Heterogenität der Gesellschaft grundsätzlich abzulehnen sei. Diese Frage der Offenheit der Gesellschaften wird künftig in allen EU-Staaten ein wichtiger gesellschaftspolitischer Streitpunkt sein. Die Diskussion verläuft bereits quer zu den traditionellen parteipolitischen Vorstellungen. Es gibt in den meisten politischen Parteien sowohl Befürworter als auch Gegner einer größeren Vielfalt und einer ethnischen und kulturellen Heterogenität der Gesellschaft. Es wird anhaltende Auseinandersetzungen darüber geben, ob eine Diversifizierung der Gesellschaft durch Zuwanderung zugelassen oder gar gefordert werden soll.

Die Menschen und die Politik in den Mitgliedstaaten werden sich jedoch auf eine wachsende ethnische und kulturelle Vielfalt ihrer Gesellschaften einstellen müssen. Hiervon sind aber alle Staaten weit entfernt, sowohl hinsichtlich der praktischen Frage, wie die alten und neuen Einwanderer integriert werden sollen, als auch in Bezug auf die grundsätzliche Frage, wie in den zunehmend heterogenen Gesellschaften Zusammenhalt geschaffen werden soll. In einigen Ländern ist die Aufmerksamkeit für die Integrationsdefizite der in den vergangenen Jahrzehnten zugewanderten Menschen gestiegen und es wird nach Konzepten gesucht wie die Integration von neuen Einwanderern verbessert werden kann. In solchen Überlegungen müssen die demografischen und wirtschaftlichen Bedürfnisse der Aufnahmeländer ebenso berücksichtigt werden, wie deren humanitären und internationalen Verpflichtungen. Eine Begrenzung der Migration auf eine Frage der inneren Sicherheit wird die Schwierigkeiten lediglich auf Staaten verlagern, die damit ohnehin schon die allergrößten Schwierigkeiten haben.

Auch wenn eine Veränderung der Einstellungen zur Zuwanderung sich bemerkbar macht, dominiert in den meisten EU-Staaten noch die Auffassung, dass es angesichts der oft hohen einheimischen Arbeitslosigkeit keinen Bedarf an zusätzlicher Einwanderung gibt. Danach könnte das demografische Problem aus eigener Kraft gelöst werden und der Mangel an Arbeitskräften ohne Einwanderung durch das inländische Potential abgedeckt werden. Dies ist kurzsichtig denn die Realität sieht jetzt schon anders aus. Europa braucht Migranten; die Bevölkerung altert und die Bevölkerungszahlen sind rückläufig. Bis 2050 würde die österreichische Bevölkerung ohne Einwanderung um ein Viertel schrumpfen und ein Drittel der Italiener wären dann über 65 Jahre alt. Arbeitsplätze würden unbesetzt bleiben und die Wachstumsraten und Lebensstandards rapide sinken. Daher muss Europa Arbeitskräfte und Kompetenzen aus anderen Ländern anziehen. Eine wirksame Migrationssteuerung ist erforderlich auch, um einen direkten Einfluss auf die anderen Zuwanderungen, insbesondere die illegale Zuwanderung, haben zu können.

Die gemeinschaftliche Asyl- und Migrationspolitik hat sich schrittweise entwickelt und an Bedeutung gewonnen. Die Zielsetzungen und Instrumente der europäischen migrationspolitischen Zusammenarbeit haben sich in den vergangenen zehn Jahren verändert. Eine wichtige Wegmarke war dabei der Maastrichter Vertrag von 1992. Dieser enthält zahlreiche migrations- und asylpolitische Aufgaben, sah deren Umsetzung aber in erster Linie durch zwischenstaatliche Kooperationsverfahren vor. Der Umfang der Zusammenarbeit blieb daher weitgehend den Mitgliedstaaten überlassen. Die Regierungen verpflichteten sich aber lediglich zu besserer Absprache und zu regelmäßigen Konsultationen. Einige von der Migration besonders stark betroffene Mitgliedstaaten verlangten nach einer Europäisierung des Problems. Der Amsterdamer Vertrag (1997) mit seinen stärkeren gemeinschaftlichen Regelungen war in dieser Hinsicht auch eine Reaktion der EU-Mitglieder auf diese neuen Probleme; wesentliche Bereiche der Asyl- und Einwanderungspolitik wurden in den EU-Vertrag aufgenommen.

Die Umsetzung des Vertrags war schwierig, insbesondere die Übernahme des sogenannten Schengen-Besitzstandes brachte zahlreiche Probleme mit sich. Die Kontrolle der EU-Außengrenzen, die Visapolitik und die rechtliche und polizeiliche Zusammenarbeit führten zu erheblichem Regelungsbedarf. Die europäische Asylpolitik beruht seit dem Jahr 1999 auf der Genfer Flüchtlingskonvention.

Eine gemeinschaftliche europäische Politik ist in den Bereichen Migrations- bzw. Asylpolitik unterschiedlich entwickelt. Es gibt zwar eine europäische Rechtsetzungskompetenz, ihre rechtliche und politische Reichweite ist aber zum Teil immer noch umstritten. Die Mitgliedstaaten können die Zuwanderung noch weitgehend nach ihren Bedürfnissen gestalten. In der Asylpolitik bestehen trotz der inzwischen beschlossenen Mindeststandards noch immer erhebliche nationale Unterschiede, die sich in den Aufnahmezahlen und Unterbringungsstandards zeigen.

Gemeinschaftliche Lösungen im Rahmen der Europäischen Union werden bisher vor allem dort gefunden werden, wo Handlungsdruck besteht, wie bei der Kontrolle der Außengrenzen. Relativ leicht ist den Mitgliedstaaten die Einigung auf Maßnahmen zur Grenzkontrolle und zur Rückführung von illegalen Zuwanderern gefallen. Eine gemeinsame Politik hat sich in den vergangenen Jahren vor allem bei der Stärkung der inneren Sicherheit gezeigt, wie bei der Abwehr terroristischer Gefahren auch wegen der offensichtlichen Bedrohungslage und der unmittelbaren Notwendigkeit gemeinsamer Maßnahmen. In diesem Bereich war die Zusammenarbeit erfolgreicher als in anderen Politikfeldern.

Bei der Arbeitsmigration bestehen weiterhin Spannungen aus der Sorge mancher Mitgliedstaaten sie könnten Weiterwanderungen aus denjenigen EU-Staaten erhalten, die großzügigere Zuwanderungsregelungen für bestimmte Personengruppen haben oder die umfangreiche Legalisierungsaktionen durchführen wie es bei den südlichen EU-Mitgliedern regelmäßig passiert. Andere Länder beklagen die mangelnde Bereitschaft der Mitgliedstaaten, die mit der Aufnahme von Flüchtlingen verbundenen Lasten gerecht zu teilen. Hierfür wurde zwar mit dem Europäischen Flüchtlingsfonds ein finanzielles Ausgleichsinstrument geschaffen, was aber von einigen Regierungen als nicht ausreichend angesehen wird.

Die Europäische Politik macht die Migration ausdrücklich zum Gegenstand des Dialogs mit den Partnerländern. Die Nachbarn der EU waren einst Ausgangspunkt großer Migrationsströme, sind aber inzwischen häufiger Transitländer für Menschen aus weiter entfernten Regionen oder sogar selbst Bestimmungsländer. Um auf diese wichtige gemeinsame Herausforderung einzugehen, hat die EU den Dialog mit den Partnerländern über die Migration vertieft. Die EU bietet den Nachbarländern finanzielle Hilfe und Beratung bei der Bewältigung der legalen und illegalen Migration, z.B. durch den Aufbau der erforderlichen Institutionen, die Verbesserung der Grenzkontrollen, die Modernisierung der Aufnahmeeinrichtungen für die Asylbewerber und Flüchtlinge sowie bei Maßnahmen gegen illegale Einwanderung und Menschenhandel. Lösungen für die Flüchtlingsprobleme müssen im Einklang mit den internationalen Übereinkünften in allererster Linie in den Herkunftsregionen der Flüchtlinge selber gefunden werden.

Entsprechend dem Ziel europäischer Politik, neue Trennlinien in Europa zu vermeiden soll ein reibungsloser lokaler Grenzverkehr an den Außengrenzen der EU gewährleisten werden, bei gleichzeitig hoher Sicherheit gegenüber illegalen Verhaltensweisen. Problematisch ist, dass es in vielen Mitgliedstaaten zwar Erfahrungen mit der Steuerung von Wanderungsbewegungen gibt, aber, dass sie in der Regel über keine umfassenden Konzepte mit den dazu notwendigen Instrumenten verfügen. Erforderlich ist eine Zuwanderungspolitik, die auf der Grundlage eines breiten gesellschaftlichen Konsenses beruht.

Es ist offensichtlich, dass die Einwanderungen in die EU und in die europäischen Staaten künftig weiter zunehmen werden und dass der Bedarf an Einwanderern steigen wird, wenn die europäischen Staaten den erreichten Wohlstand sichern wollen. Eine problembezogene und realistische europäische Migrationspolitik muss den künftigen ökonomischen und demografischen Einwanderungsbedarf Rechnung tragen. Sie muss die Einwanderung sozialverträglich gestalten, die Verpflichtungen des humanitären Völkerrechts berücksichtigen und einen wesentlichen Beitrag zu Bekämpfung der Ursachen von erzwungener Migration leisten. Insgesamt ist eine Ausweitung und besseren Strukturierung der gemeinschaftlichen Politik unumgänglich.

Eine gemeinsame Einwanderungspolitik für die EU sollte darauf abstellen qualifizierte Einwanderer nach Europa zu holen. Dazu bedarf es eines Konzepts mit Kriterien für die Aufnahme von Einwanderern. Europa kann viel von Australien, Kanada und den Vereinigten Staaten lernen, mit denen es im direkten Wettbewerb um talentierte und qualifizierte Einwanderer steht. Ausgehend von den Erfahrungen in diesen Ländern muss die EU eine gemeinsame Einwanderungspolitik entwickeln, durch die Einwanderer gewonnen werden können, die am besten qualifiziert sind, die das meiste Talent haben und die wirklich motiviert sind, in Europa zu arbeiten. Vereinte Bemühungen sind erforderlich, um die EU zu einem attraktiven Ziel für Zuwanderer zu machen. Ohne Migration wird die EU nicht in der Lage sein, den Arbeitskräftemangel auszugleichen und die Qualitätsanforderungen der Zukunft zu erfüllen, wie die Verwirklichung einer wissensbasierten Gesellschaft.

Europa wird jedoch nur dann zu einem attraktiven Ziel für qualifizierte Einwanderer, wenn diese sich akzeptiert fühlen, uneingeschränkten Zugang zum Arbeitsmarkt haben, eigene Unternehmen gründen können und voll am europäischen Binnenmarkt teilhaben können. Dazu gehören auch klare Informationen über die Vorzüge, sich in Europa niederzulassen. Generell muss sich in Europa die Einstellung ändern und Einwanderung als Chance und Notwendigkeit betrachten. Es bedarf umfassender Integrationsinitiativen auf allen Ebenen der EU und der Mitgliedstaaten, insbesondere auf lokaler Ebene, wo die Bedürfnisse der eingewanderten und der einheimischen Bevölkerung oft am besten erkannt und berücksichtigt werden können.

2.7 Die Europäische Wirtschafts-und Währungsunion

Die wirtschaftliche Integration Europas, die zur Schaffung des gemeinsamen Binnenmarktes führte, hatte schon 1968 nach Vollendung der Zollunion die Notwendigkeit einer engeren Koordinierung der Währungspolitik erkennen lassen. Das angestrebte Ziel stabiler Wechselkurse ist notwendig, um zwischen stark miteinander vernetzten Volkswirtschaften einen für alle Seiten berechenbaren und zuverlässigen Warenaustausch zu ermöglichen. Die Zusammenarbeit der Staaten auf dem Gebiet der Währung und Wirtschaft ist sehr wichtig für eine erfolgreiche Wirtschaftspolitik. In den Anfangsjahren der Gemeinschaft waren die Bedingungen für den Abbau von Hindernissen im zwischenstaatlichen Warenverkehr günstig.

Durch das auf der Goldparität des Dollars basierende System von „Bretton Woods" hatte der amerikanische US-Dollar die Funktion einer Leitwährung. Jeder Dollar konnte bei der Notenbank der USA in Gold eingelöst werden. Alle an dem System beteiligten Währungen hatten untereinander feste Wechselkurse, so dass auch damit das Vertrauen in die Währungen verstärkt und der Warenaustausch erleichtert wurde. Das „Bretton-Woods-System" mit dem US Dollar als Welthandelswährung und der Golddeckung des Dollar setzte eine solide amerikanische Wirtschafts-, Währungs- und Handelspolitik voraus.

Die Handels- und Leistungsbilanz der USA wurde jedoch von Jahr zu Jahr unausgewogener mit der Folge, dass die USA Dollars an Stelle von Waren und Leistungen exportierten. Diese Dollar wurden von den Notenbanken als Währungsreserven angelegt. Solange das Vertrauen in die Stabilität des US Dollar dadurch nicht beeinträchtigt wurde, funktionierte der Welthandel. Das Vertrauen in den Dollar wurde durch die enormen Kosten des Vietnamkriegs (1965-1975) endgültig zerstört und führte zu einem schnell ansteigenden Umtausch von Dollar in Gold. Nach kurzer Zeit war der Goldvorrat der US-Notenbank erschöpft. 1971 wurde die Golddeckung des Dollar aufgehoben und es entstanden freie, schwankende Wechselkurse der Weltwährungen gegenüber dem Dollar.

Als ab Mitte der 60er Jahre die Spannungen im Weltwährungssystem sichtbar wurden, die Weltwährungsordnung der Nachkriegszeit aus den Fugen geriet und die gesamte währungspolitische Basis der Europäischen Gemeinschaften zusammenzubrechen drohte, erschien eine engere Zusammenarbeit in Europa in wirtschafts- und währungspolitischen Fragen immer dringlicher. Die Märkte wuchsen stetig enger zusammen, die Wirtschafts- und Währungspolitik war aber weiterhin allein Sache der Mitgliedstaaten. Für die Staaten der Europäischen Gemeinschaft, die bereits knapp die Hälfte ihres Außenhandels untereinander abwickelten, war eine engere währungspolitische Integration unumgänglich geworden.

Ein erster ambitionierter Plan von 1969, der „Werner-Plan", sah die stufenweise Errichtung einer Wirtschafts- und Währungsunion zur Eliminierung der Wechselkursschwankungen bis zum Jahr 1980 vor. Nach diesem Plan hätten neben der Einrichtung fester Wechselkurse auch zentrale wirtschafts- und währungspolitische Kompetenzen auf die Gemeinschaftsorgane übergehen sollen. Die Umsetzung der fertigen Verträge wurde zunichte gemacht durch die krisenhafte Entwicklung an den Währungsmärkten und durch das Beharren der Mitgliedstaaten auf einer eigenständigen Wirtschaftspolitik. Sie wurden bestärkt durch die aufkommenden wirtschaftlichen Probleme insbesondere die durch den Nahost-Konflikt ausgelöste Ölpreiskrise. Allerdings zeigten sich in den Maßnahmen der EG-Staaten zur Inflationsbekämpfung eine Annäherung ihrer Wirtschafts- und Währungspolitiken und, dass eine Überwindung der Krise nur durch gemeinsame Maßnahmen zu erreichen war.

Die Mitgliedstaaten versuchten 1972 die frei schwankenden Wechselkurse durch einen Währungsverbund, die sogenannte „Währungsschlange" innerhalb einer bestimmten Bandbreite zu halten. Gemeinsam bewegten sich, die so verbundenen Währungen gegenüber dem US Dollar. Die Folge war, dass die damals stabilste europäische Währung, die Deutsche Mark, die anderen Währungen dazu zwang, gegenüber dem US Dollar in ihrem Kurs zu steigen, obwohl dieser Wertzuwachs durch die wirtschaftlichen Fakten in diesen Ländern oft nicht gerechtfertigt war. Also mussten sie sich mit ihrer Wirtschafts- und Währungspolitik an die der DM anpassen. Das bedeutete Abbau von Haushaltsdefiziten und von Verschuldung und der Verzicht auf eine Inflationspolitik. Daher verließen einige schwache Währungen den Währungsverbund, um diesem Zwang zu entgehen. Frankreich beispielsweise trat zwischen 1974 und 1978 mehrfach aus dem Währungsverbund aus und dann wieder ein. Großbritannien, Irland, Italien sowie Schweden und Norwegen als assoziierte Staaten, zogen sich nacheinander ganz aus dem Verbund zurück. Es war schwierig, die beteiligten Währungen zusammenzuhalten, da der Kurs des US Dollar nach dem Ende des „Bretton-Woods-Systems" noch viel stärker schwankte als vorher.

Der europäische Währungsverbund reichte aber nicht aus, um angesichts der weltweiten Turbulenzen der 70er Jahre die Wirtschaftsentwicklung in der Gemeinschaftstabil zu halten. Die explodierenden Ölpreise und die zunehmende Dollarschwäche erforderten eine neue Währungspolitik. In einer beispiellosen deutsch-französischen Initiative (Helmut Schmidt und Valery Giscard d'Estaing) wurde 1979 das Europäische Währungssystem (EWS) eingeführt. Das EWS hatte vier Grundelemente: ein Wechselkurs- und Interventionssystem der Zentralbanken der Mitgliedstaaten; einen Kredit- und Transaktionsmechanismen für den Zahlungsverkehr innerhalb des EWS-Raums; die Koordinierung der Wechselkurspolitik gegenüber Drittsaaten sowie die Schaffung einer abstrakten Referenzwährung, der European Currency Unit (ECU). Damit waren die Voraussetzungen gegeben für die weitergehenden währungspolitischen Schritte wie die für den Binnenmarkt sehr wichtige Liberalisierung des Kapitalverkehrs.

Bis zur Einführung des Euro war der ECU die Recheneinheit für den Haushalt und alle finanziellen Transaktionen der Gemeinschaft. Das EWS, war ein wichtiger Baustein für die Gemeinschaft, im Kampf gegen Inflation, zur Unterstützung des wirtschaftlichen Wachstums und zur Stabilisierung des gemeinsamen Marktes. Das EWS erwies sich als eine bedeutsame Grundlage für das große Programm des Binnenmarkts und eine notwendige Voraussetzung für die Errichtung einer Währungsunion durch den Vertrag von Maastricht.

Dieser Wechselkursmechanismus des EWS machte die DM zur Basis- und Ankerwährung und zog andere Währungen zu deren Vorteil mit. Die festen Kurse zwangen die beteiligten Staaten, ihre Währungs-, Geldmengen-, Haushalts- und Zinspolitik an der Politik der Ankerwährung zu orientieren oder aber ihre Währungen ständig, mit Zustimmung der anderen Staaten, abzuwerten. Mit der Zeit schaffte das auch Probleme für die DM und zwar wegen der gestiegenen umlaufenden Geldmenge. Damals flossen große Dollarbeträge vor allem nach Deutschland, um mit der stabilen DM dem Kursverfall des Dollar zu entgehen. Am Ende wurden 14 % der Währungsreserven der Welt in DM gehalten. Dieses führte zu einer ständigen Kurssteigerung für die DM und damit zu einer Verteuerung der deutschen Exportprodukte. Zudem ist das deutsche Wirtschaftsgebiet zu klein, um dem währungs- und wirtschaftspolitischen Druck auszuhalten, der entstehen würde, wenn größere Summen, aus welchen Gründen auch immer, zurückfließen sollten.

Die Kaufkraft der beteiligten Währungen lief immer stärker auseinander als Folge der wachsenden Überbewertungen der schwachen Währungen. Dies führte zu stärkeren Inflationsraten und damit zu einem Rückgang der Exporte dieser Länder. Eine Bindung der Wechselkurse aneinander, wie es das EWS vorsah, erforderte, bei nach wie vor unterschiedlicher Geld- und Haushaltspolitik der einzelnen Staaten, mehr oder weniger zwingend die regelmäßige Anpassung der Wechselkurse durch Auf- oder Abwertung. Diese Situation begünstigte die Währungsspekulation. Spekulanten kauften mehr und mehr DM gegen Francs, Lira und britisches Pfund. Dies wiederum bedingte einen wachsenden Interventionsbedarf durch die harten Währungen.

Zu den Schwierigkeiten im europäischen Währungsraum kamen ab 1990 die Anforderungen durch die deutsche Wiedervereinigung hinzu, mit einem sehr hohen Kapitalbedarf in Deutschland. Die Kosten der Wiedervereinigung und vor allem der Integration der ehemaligen DDR in den europäischen Binnenmarkt durch erhöhte Steuern zu finanzieren, stand politisch außer Frage. Mit dem enormen Kapitalbedarf Deutschlands stiegen die Zinsen in Europa und dies trotz der damals herrschenden wirtschaftlichen Rezession. Die Folge war ein verstärkter Trend auf dem Kapitalmarkt in DM-Anlagen. Andere europäische Länder mussten für ihre Anleihen mit höheren Zinsen nachziehen, um ihren eigenen Kapitalbedarf zu decken.

Abgesehen davon, dass die Mitgliedsstaaten es nicht hinnehmen wollten, die Geldpolitik de facto der Deutschen Bundesbank in Frankfurt auf Dauer allein zu überlassen, hatten diese Entwicklungen auch die Grenzen einer koordinierten Währungspolitik bei gleichzeitigem Fortbestand der nationalen Währungen und der nationalen Geld- und Haushaltspolitik aufgezeigt. Ein gemeinsamer europäischer Binnenmarkt erforderte entweder auf Dauer im festen Wechselkurs aneinander gebundene Währungen und damit letztlich eine einheitliche Währung oder aber voll flexible Wechselkurse mit einem ständigen Ausgleich unterschiedlicher wirtschaftlicher Entwicklungen. Eine Rückkehr zu einer vollen Flexibilität der einzelnen Währungen in der Europäischen Gemeinschaft war jedoch nicht angezeigt, weil dadurch der bereits weit fortgeschrittene Aufbau des Binnenmarktes mit erheblichen Nachteilen für alle erheblich gestört worden wäre. Eine europäische Währungsunion mit einer stabilen gemeinsamen Währung war daher die einzige gangbare Lösung.

Zudem wollte der französische Präsident Mitterand der Gefahr begegnen, dass mit der Wiedervereinigung Deutschlands die Deutsche Mark den europäischen Wirtschaftsraum vollständig beherrschen könnte. Aus Pariser Sicht war deshalb die schnelle Bildung einer europäischen Wirtschafts-und Währungsunion geboten. Demgegenüber wollte Kanzler Kohl eine europäische Währung erst im Rahmen einer tatsächlichen Politischen Union; eine Position, die angesichts der Widerstände der größeren europäischen Nationalstaaten aber nicht durchzuhalten war. Die Währungsunion und die Politische Union wurden voneinander getrennt: das war das Zugeständnis der deutschen Seite für die Zustimmung Frankreichs zur deutschen Einheit. Ein politischer Preis, der heute, angesichts der teilweise sehr emotional geführten Debatten über den Euro schnell in Vergessenheit zu geraten scheint.

Die Europäische Wirtschafts- und Währungsunion (EWWU) war die notwendige Ergänzung des Europäischen Binnenmarkts durch eine gemeinsame Währung mit hoher Stabilität des Preisniveaus und einer unabhängigen Europäischen Zentralbank. In der Diskussion über den Vertrag von Maastricht 1992 war die Frage nach der Unabhängigkeit der Europäischen Zentralbank ein wichtiger Punkt. Während in Deutschland die Bundesbank von jedem politischen Zugriff ferngehalten wurde und lediglich dem Ziel der Preisstabilität verpflichtet war, unterstanden in Frankreich und anderen europäischen Ländern die Notenbanken der Kontrolle der Regierung und wurden auch zu deren wirtschaftspolitischen Zielen herangezogen. In den Verhandlungen über die Grundsätze einer Wirtschafts- und Währungsunion, wie sie im Vertrag von Maastricht verankert sind, setzte sich der stabilitätsorientierte deutsche Ansatz durch.

Die im Vertrag von Maastricht festgelegten Konvergenzkriterien, die sogenannten Maastricht-Kriterien, waren der politische und wirtschaftliche Hebel, um das gemeinsame Ziel zu erreichen. Die Kriterien sorgten gemeinsam mit dem von allen Mitgliedstaaten akzeptierten verbindlichen Zeitplan für einen hohen Druck auf die Mitgliedsländer, ihre nationalen Wirtschafts- und Währungspolitiken, den Vereinbarungen entsprechend, stabilitätsgerecht auszurichten. Mit Ausnahme von zwei Staaten, nämlich Dänemark und Großbritannien verpflichteten sich alle EU - Mitgliedstaaten mit der Erfüllung der Konvergenzkriterien die gemeinsame Währung einzuführen.

Die Konvergenzkriterien für den Beitritt zur Wirtschafts- und Währungsunion sind:

- Preisstabilität. Die Inflationsrate eines Staates darf die durchschnittliche Inflationsrate der drei preisstabilsten Mitgliedstaaten nicht um mehr als 1,5 Prozentpunkte übersteigen.
- Solide Staatsfinanzen: Die jährliche Neuverschuldung darf nicht über drei Prozent, die Gesamtverschuldung nicht über 60 Prozent des Bruttoinlandsprodukts liegen.
- Wechselkursstabilität: Die im Rahmen des Wechselkursmechanismus des EWS vorgesehenen normalen Bandbreiten müssen zumindest in den letzten zwei Jahren vor der Prüfung ohne starke Spannungen eingehalten worden sein.
- Dauerhaftigkeit der erreichten Konvergenz: Dieses Kriterium wird an den nominalen langfristigen Zinssätzen geprüft, die den Durchschnitt der langfristigen Zinssätze in den drei preisstabilsten Mitgliedstaaten nicht um mehr als zwei Prozent übersteigen dürfen.

Ergänzt werden die Konvergenzkriterien vom Stabilitäts- und Wachstumspakt, der die Haushaltsdisziplin der Mitgliedstaaten auch nach Einführung der einheitlichen Währung sicherstellen soll. Der Stabilitäts- und Wachstumspakt (kurz: Euro-Stabilitätspakt, 1997 in Amsterdam beschlossen) soll im Rahmen der Wirtschafts- und Währungsunion für einen stabilen Euro sorgen, vor allem durch die Begrenzung der Neuverschuldung der Mitgliedstaaten. Der Stabilitäts- und Wachstumspakt verlangt von den Euroländern in wirtschaftlich normalen Zeiten einen annähernd ausgeglichenen Staatshaushalt, damit in wirtschaftlich ungünstigen Zeiten Spielraum besteht, durch eine Erhöhung der Staatsausgaben die Wirtschaft zu stabilisieren. Dazu müssen die nationalen Regierungen jährlich aktualisierte Stabilitätsprogramme vorlegen.

Außerdem wurden ein Frühwarnsystem sowie ein Sanktionsverfahren eingeführt. Demnach können Mitgliedstaaten, deren Haushaltsdefizite über drei Prozent des Bruttoinlandprodukts liegen mit Sanktionen belegt werden. In einer vor allem von Deutschland und Frankreich geforderten Revision wurde 2005 das Kriterium der Verschuldungsgrenze modifiziert. Danach werden vor der Einleitung eines Defizitverfahrens bei der Bewertung des Haushalts eines Landes die besonderen Umstände und nationalen Reformvorhaben berücksichtigt, wie die Lasten der deutschen Einheit, Reformen der Sozialsysteme und (staatliche) Programme zur Förderung der Wirtschaftsentwicklung.

Die Voraussetzungen für eine Währungsunion wurden gemäß dem „Delors-Plan" mit der Schaffung der Wirtschafts- und Währungsunion (EWWU) zum 1. Januar 1999 erfüllt. Die reibungslose Einführung des Euro-Bargeldes als Zahlungsmittel für die 300 Millionen Europäer zum 1. Januar 2002 war für die Europäische Union ein historischer Schritt. Die Währungshoheit ging von den Mitgliedstaaten auf die EU über. Fortan war die Gemeinschaft für die Geld- und Finanzpolitik zuständig. Nur sie war befugt, durch die Änderung der Wechselkurse gegenüber nichteuropäischen Währungen, insbesondere dem US Dollar, die Wirtschaftsbeziehungen zu beeinflussen.

Die Mitgliedstaaten der Währungsunion haben ihre geldpolitische Kompetenz auf das Europäische System der Zentralbanken (ESZB) übertragen. Diesem gehören alle Zentralbanken der EU-Mitgliedstaaten an, wobei aber bei entscheidenden Fragen nur die Zentralbanken der Mitgliedstaaten der Eurozone (die auch als Eurosystem bezeichnet werden) ein Mitspracherecht haben. An der Spitze des ESZB steht die Europäische Zentralbank (EZB), die für die Mitgliedstaaten der Eurozone die Verantwortung für eine zentral gesteuerte Geld- und Währungspolitik übernimmt.

Mit der Einführung des Euro in Estland zum 1. Januar 2011 hat die Währungsunion jetzt 17 Teilnehmer. Über bilaterale Währungsabkommen wurde der Euro außerdem zum gesetzlichen Zahlungsmittel in San Marino, dem Vatikan und Monaco. Ohne die Zustimmung der EU haben mittlerweile auch Montenegro und Kosovo den Euro zu ihrer offiziellen Wahrung erklärt. Die Ländergruppe, die den Euro als gesetzliches Zahlungsmittel verwendet, wird als Eurozone bezeichnet. Ihre Mitglieder haben sich zur Koordinierung ihrer Wirtschafts- und vor allem ihrer Haushaltspolitik in der Eurogruppe zusammengeschlossen. Dieses anfangs informelle Gremium, das immer mehr an Bedeutung gewonnen hatte, wurde mit dem Vertrag von Lissabon rechtlich verankert und aufgewertet.

Einige Mitgliedstaaten der EU haben den Euro noch nicht eingeführt, weil sie die Maastricht-Kriterien bisher nicht erfüllen können. Großbritannien beabsichtigt auf absehbare Zeit nicht sich anzuschließen, um die währungspolitische Unabhängigkeit im Interesse des starken Finanzplatzes London zu bewahren, gepaart von einer grundsätzlich kritischen Haltung gegenüber europäischer Integration. Eine Einstellung, die auch für Dänemark und in gewisser Weise für Schweden zutrifft. Dennoch nehmen diese Länder insofern auch an der EWWU teil, als sie bestimmte grundsätzliche Vorschriften, etwa die Unabhängigkeit ihrer nationalen

Zentralbanken, umsetzen und bestimmte Bereiche ihrer Wirtschafts- und Währungspolitik mit den übrigen EU-Staaten abstimmen müssen.

Im Gegensatz zur supranationalen Geldpolitik sind die Mitgliedsstaaten weiterhin für die Wirtschaftspolitik verantwortlich, allerdings angesichts der weltweiten Finanz-und Wirtschaftskrise mit zunehmender Bereitschaft der Koordinierung und Harmonisierung auf EU Ebene in einer noch immer unvollendeten Wirtschaftsunion. Die Koordinierung der Wirtschaftspolitik erfolgt im Wesentlichen durch die sogenannte „multilaterale Überwachung". Neben den Grundzügen der Wirtschaftspolitik, die für die EU als Ganzes gelten, erarbeiten die Institutionen der Union innerhalb der Euro-Gruppe auch Grundzüge der Wirtschaftspolitik speziell für die Staaten, die den Euro als Währung eingeführt haben. Sie orientieren sich dabei an langfristigen, von ihnen gemeinsam beschlossenen Wirtschaftsstrategien, wie die „Strategie Europa 2020" für den zehn Jahres - Zeitraum 2010-2020.

Die Europäische Kommission erstellt regelmäßige Berichte über die Umsetzung dieser Empfehlungen basierend auf Angaben der Mitgliedstaaten. Allerdings gibt es nur recht schwache Sanktionsmechanismen falls Mitgliedstaaten die Empfehlungen nicht einhalten: Die Kommission kann in diesem Fall nur eine „Verwarnung" aussprechen. Der Ministerrat kann Empfehlungen formulieren und diese gegebenenfalls veröffentlichen. Die multilaterale Überwachung wirkt daher eher über politischen Druck und nicht über tatsächliche Zwangsmechanismen der Union. Das Europäische Parlament ist in die multilaterale Überwachung nur wenig eingebunden. Es wird vom Ministerrat und der Kommission über die wirtschaftspolitischen Empfehlungen und die Ergebnisse der Überwachung informiert ohne jedoch daran mitzuwirken.

Die Diskussion um eine „europäischen Wirtschaftsregierung", die traditionell vor allem von der französischen Regierung gefordert von Deutschland dagegen abgelehnt wird, hat an Bedeutung gewonnen als in der Finanzkrise ab 2007 alle Mitgliedstaaten jeweils nationale Konjunkturprogramme aufstellten, die von der Europäischen Kommission lediglich koordiniert wurden. Auch wenn im Europäischen Binnenmarkt eine direkte Benachteiligung von Teilnehmern anderer Mitgliedstaaten nicht zulässig ist, haben diese unterschiedlichen konjunkturpolitischen Ansätze dennoch zu Ungleichgewichten zwischen den einzelnen EU-Staaten geführt und im Falle Griechenlands zu seiner Schuldenkrise beigetragen.

Allerdings handelt es sich bei der „europäischen Wirtschaftsregierung" um einen politischen Begriff mit unterschiedlichen Bedeutungen. Deutschland wurde vor allem von französischer Seite vorgeworfen, mehrere Jahre lang durch allzu niedrige Lohnerhöhungen seine Produktivität stärker als die übrigen EU-Staaten gesteigert und dadurch zu Ungleichgewichten beigetragen zu haben. Irland setzte 2008 mit der Garantie für seine nationalen Banken die übrigen Mitgliedstaaten unter Druck, mit ähnlichen Mitteln nachzuziehen. Diese Zusicherung hat, wie sich im Nachhinein feststellen lässt, zu einer erheblichen Belastung des irischen Haushalts und zu einem wirtschaftlichen Abschwung geführt hat. Spanien hat mit einer Überschuldung der privaten Haushalte als Folge des Immobilienbooms zu kämpfen und im Allgemeinen müssen alle Mitgliedsstaaten, die Verschuldung ihrer Haushalte und Sozialkassen reduzieren, um politisch wieder agieren zu können.

In dem Zusammenhang mit den Überlegungen zu einer europäischen Wirtschaftsregierung stellt sich auch die Frage nach einer gemeinsamen Fiskal- und Konjunkturpolitik in der Union. Die EU kann bisher selbst keine Steuern erheben, und die von der Europäischen Kommission verwalteten Eigenmittel der Europäischen Union sind so gering, dass sie kaum zur Konjunkturpolitik eingesetzt werden können. Dieses bleibt eine Angelegenheit der einzelnen Mitgliedstaaten, die sich lediglich auf freiwilliger Grundlage miteinander koordinieren können. Ähnliches gilt für die Lohnpolitik, da Tarifregelungen und Tarifautonomie meist national begrenzt sind. Frankreich forderte immer wieder eine stärkere Bündelung solcher Maßnahmen. Allerdings verband sich diese französische Position auch mit der Idee einer aktiveren EU-Industriepolitik, die in Deutschland als Schritt zu einem ordnungspolitisch falschen Staatsinterventionismus derzeit allgemein abgelehnt wird.

Während der Euro-Krise 2010 vermehrten sich die Forderungen nach einer europäischen Wirtschaftsregierung, die auch vom Präsidenten der Europäischen Zentralbank aufgegriffen wurden. Infolge der griechischen Finanzkrise war deutlich geworden, dass der stabilitätsorientierte Vertragsrahmen der EWWU nur darauf abzielt, eine übermäßige Verschuldung der Mitgliedstaaten zu vermeiden, jedoch ohne klare Mechanismen im Falle einer dennoch eintretenden Schuldenkrise einzelner Staaten. Auch dieses Problem wird mit der Forderung nach einer europäischen Wirtschaftsregierung verbunden. Angesichts des entstandenen Handlungsdrucks erklärte sich schließlich auch die deutsche Regierung unter Angela Merkel zur Einrichtung einer europäischen Wirtschaftsregierung bereit. Diese sollte nicht nur die Eurozone sondern alle Mitgliedstaaten einschließen. Sie sollte vom Europäischen Rat und nicht von der Europäischen Kommission oder von etwa neu zu schaffenden Institutionen geleitet werden. Für wirtschaftspolitische Beschlüsse wäre damit weiterhin ein

Konsens aller Mitgliedstaaten erforderlich. Diese intergouvernementale Vorgehensweise dürfte als politischer Kompromiss kaum den Erwartungen und Notwendigkeiten der wirtschaftlichen Realität gerecht werden.

In der Diskussion über eine Lösung der griechischen Krise wurde vorgeschlagen einen „Europäischen Währungsfonds“ einzurichten, der nach dem Vorbild des Internationalen Währungsfonds überschuldeten Staaten beispringen und zugleich Strukturreformen in den Ländern vorantreiben sollte. Die Kritik an dieser weiterhin diskutierten Idee ist, dass ein solcher Fonds gegen das Prinzip verstößt, dass Schulden einzelner Länder nicht auf die Gemeinschaft übertragen werden dürfen (Nichtbeistands-Klausel). Durch diese Regelung, die den Stabilitätspakt ergänzt, soll sichergestellt werden, dass kein Mitgliedstaat seine Haushaltsautonomie nutzen kann, um sich zulasten anderer Mitgliedstaaten zu verschulden. Wechselseitige Wirtschaftshilfen der Mitgliedstaaten untereinander oder von der EU an die Mitgliedstaaten sind im Rahmen der EWWU nur in einem engen Rahmen vorgesehen.

Andere Bereiche, etwa die EU-Regionalpolitik, sehen dagegen Finanztransfers zwischen verschiedenen Teilen der EU ausdrücklich vor. Der Ministerrat kann in Notsituationen, insbesondere bei Versorgungsengpässen, entsprechende Maßnahmen ergreifen. Bei Naturkatastrophen und anderen „außergewöhnlichen Ereignissen, die sich seiner Kontrolle entziehen“, kann ein Mitgliedstaat auf Beschluss des Rates auch finanzielle Hilfen aus dem EU-Haushalt erhalten.

Nachdem die Turbulenzen an den Finanzmärkten im Zusammenhang mit der griechischen Schuldenkrise die Stabilität der Euro-Währung sowie der Wirtschaft der Mitgliedstaaten der Europäischen Union hohen Risiken ausgesetzt hatten, war ein zeitnahes, einheitlich koordiniertes und institutionell abgesichertes Vorgehen der Eurozone-Länder unumgänglich geworden. Die Länder der Eurozone beschlossen im Mai 2010 den „Europäischen Stabilisierungsmechanismus“ als ein Kreditfinanzierungsinstrument zu etablieren, um die finanzielle Stabilität der Eurozone und der gesamten Union zu gewährleisten. Danach können einzelne Mitgliedstaaten im Bedarfsfall mit Kreditgarantien bzw. Krediten unterstützt werden. Neben dem Finanzrahmen der EU-Staaten von bis zu 440 Milliarden stellt die Europäische Kommission hierfür 60 Milliarden Euro und der Internationale Währungsfonds (IWF) mit Kreditbürgschaften weitere 250 Milliarden Euro zur Verfügung. Zur Abwicklung wurde eine Zweckgesellschaft nach Luxemburger Rechtgegründet, die Europäische Finanzstabilisierungsfazilität (EFSF) gegründet, die formal nicht in den Rahmen des EU-Rechts eingebunden ist.

Nachdem zudem im Zuge der griechischen Finanzkrise 2009/10 bekannt wurde, dass Griechenland mehrere Jahre lang falsche Haushaltsdaten an die Europäische Kommission gemeldet hatte, mehrten sich die Forderungen nach einer besseren Durchsetzung des Stabilitäts- und Wachstumspakts und wirksameren Sanktionen. Es hat sich gezeigt, dass der europäische Finanzraum ohne eine starke unabhängige Aufsicht nur unzureichend funktioniert. Als Reaktion auf die Finanzkrise wurden neue Einrichtungen zur Überwachung der Banken und des Wertpapierhandels geschaffen: die Europäische Bankenaufsicht mit Sitz in London, die Europäische Wertpapieraufsicht mit Sitz in Paris und die Europäische Versicherungsaufsicht mit Sitz in Frankfurt. Sie sind Teil der europäischen Architektur der Finanzaufsicht mit der Europäischen Zentralbank an ihrer Spitze unterstützt vom Europäischen Ausschuss für Systemrisiken.

Der Vorschlag der Europäischen Kommission eines „europäischen Semesters", bei dem die Mitgliedstaaten ihre Haushaltspläne bereits ein halbes Jahr, bevor die nationalen Parlamente darüber abstimmen, der Kommission und den übrigen Mitgliedstaaten vorlegen müssen wurde im September 2010 von den Mitgliedsstaaten beschlossen. Dadurch soll der Kommission die Möglichkeit gegeben werden, schon im Voraus bei Verstößen gegen den Pakt einschreiten zu können. Da diese Vorgehensweise zu einer fiskalpolitischen Angleichung der EU-Mitgliedstaaten führen könnte, wird auch diese Vorab-Haushaltskontrolle oft unter dem Begriff der „europäischen Wirtschaftsregierung" gefasst.

Darüber hinaus wird intensiv über ein verändertes Sanktionsregime diskutiert, wobei die Vorschläge bis hin zum Entzug des Stimmrechts im Rat der EU und dem Ausschluss aus der Eurozone reichen. Diese Pläne, die insbesondere Deutschland unterstützt werden jedoch weitgehend abgelehnt. Größere Akzeptanz findet hingegen der Vorschlag der Europäischen Kommission, Ländern mit zu hohen Defiziten gegebenenfalls Agrar- und Strukturfondsmittel zu kürzen Diese Kürzung würde zunächst „automatisch", d.h. durch die Kommission selbst erfolgen und könnte vom Rat für Wirtschaft und Finanzen nur durch einen Mehrheitsbeschluss rückgängig gemacht werden. Die Kommission würde gegenüber dem bisherigen Verfahren, bei dem Sanktionen erst nach einem Beschluss des Rates greifen, gestärkt werden. Auf seinem Gipfeltreffen Ende 2010 hat der Europäische Rat beschlossen, den Euro Rettungsschirm auch im Vertrag über die Arbeitsweise der Europäischen Union zu verankern.

2.8 Die Europäische Energiepolitik

Europa ist aus der Energiepolitik hervorgegangen: Als sechs Europäische Staaten (Italien, Deutschland, Frankreich, Belgien, die Niederlande und Luxemburg) sich 1951 entschlossen, zwei Schlüsselbereiche ihrer Volkswirtschaften zu integrieren war das Ziel, Konflikte durch Kooperation und Feindseligkeiten durch Wohlstand zu ersetzen. Einer dieser Schlüsselsektoren war Energie. Das Ziel einer sicheren Energieversorgung stand ganz am Beginn des europäischen Weges, mit der Schaffung der Europäischen Gemeinschaft für Kohle und Stahl (EGKS) 1952 sowie der Europäischen Atomgemeinschaft 1957. Zu der Zeit lag der Anteil der Kohle in der Primärenergieversorgung der beteiligten Staaten bei rund 90%. Mit der Gründung eines gemeinsamen Marktes für Kohle und durch eine gemeinsame Verwaltung der für die Rüstungsindustrie grundlegenden Sektoren Kohle und Stahl war ein erster ambitionierter Versuch gestartet worden, Energiepolitik gemeinschaftlich zu gestalten.

Die energiepolitischen Möglichkeiten dieser Gemeinschaft kamen jedoch nie voll zum Tragen. Mit der schnellen Entwicklung des Erdölsektors und den zunehmenden Importen von deutlich billigerer Kohle aus Übersee verlor der Kohlesektor seine führende strategische Bedeutung. Kohle hatte 1967 nur noch einen Anteil von 35 % an der gesamten Energieversorgung.

Die politische Motivation der europäischen Integration durch gemeinsame Anstrengungen, wirtschaftliche Ziele wie eine sichere Energieversorgung schneller und besser zu erreichen als durch einzelstaatliches Handeln, war auch bei Gründung der zweiten energiepolitischen Gemeinschaft, der Europäischen Atomgemeinschaft (EURATOM) ausschlaggebend. Durch die Entwicklung der Kernindustrie sollte die Energieerzeugung erweitert und eine größere Unabhängigkeit von Importen in der Energieversorgung erreicht werden. Da die Kosten für die Entwicklung der Nuklearindustrie als zu hoch eingeschätzt wurden, um von einem einzelnen Staat alleine getragen werden zu können, wurde der gemeinsame Weg eingeschlagen. Aber auch hier spielte der Aspekt der gemeinsamen Kontrolle über eine potenzielle Rüstungstechnologie, die nun friedlich genutzt werden sollte, eine wichtige Rolle. Die Hauptaufgabe von EURATOM besteht weiterhin neben der gemeinschaftlichen Überwachung der Nutzung von Kernbrennstoffen und der Einhaltung einheitlicher Sicherheitsnormen darin, die Entwicklung der Atomindustrie durch gemeinsame Forschung zu fördern.

Zwar hatte auch EURATOM eine starke integrationspolitische Wirkung, energiepolitisch bleibt sie allerdings fragwürdig. So ist die sichere langfristige Entsorgung der nuklearen Abfälle völlig ungelöst; Europa ist weiterhin abhängig von Importen, diesmal von Uran. Mit der Verbreitung der Kerntechnologie sind die Sicherheitsrisiken weltweit immer weiter angestiegen, nicht nur in Bezug auf die einzelnen Anlagen, wie sich in der Atomkatastrophe in Japan gezeigt hat, sondern vor allem wegen ihrer möglichen Nutzung für die Entwicklung von Atomwaffen, wie die Auseinandersetzungen mit Nord-Korea und dem Iran nur allzu sehr verdeutlichen.

Obwohl Energie ein zentrales Thema am Beginn der europäischen Integration und Gegenstand von zwei der drei Gründungsverträge der Europäischen Gemeinschaft war, wurde Energie in den nachfolgenden Verträgen nicht auf eine gemeinsame Rechtsgrundlage gestellt. Mit dem Ablauf des Vertrags über die Gemeinschaft für Kohle und Stahl im Jahr 2002 bleibt nur noch der EURATOM- Vertrag als Basis für eine gemeinsame Energiepolitik, begrenzt auf den Bereich der Kernenergie. Unter den EG- Verträgen konnten Maßnahmen zur Energiepolitik somit nur über Bestimmungen für den Binnenmarkt entwickelt werden.

Der Lissabon-Vertrag legt zum ersten Mal die Ziele der Union im Energiesektor dar, nämlich Sicherstellung eines funktionierenden Energiemarktes; Gewährleistung der Versorgungssicherheit mit Energie; Förderung der Energieeffizienz und der Energieeinsparung sowie die Entwicklung neuer und erneuerbarer Energiequellen; und Förderung eines europäischen Verbunds der nationalen Energienetze. Die vier Ziele sollen im Geiste der Solidarität zwischen den Mitgliedsstaaten und im Rahmen des Binnenmarktes verfolgt werden. Diese Maßnahmen dürfen allerdings das Recht des einzelnen Mitgliedsstaates nicht berühren, die Nutzung und die Wahl der Energieressourcen sowie deren Struktur selbst bestimmen zu können, einschließlich der nuklearen Stromerzeugung mit einem nicht fassbaren, unbekannten Restrisiko.

Die großen Unterschiede zwischen den Mitgliedsstaaten bleiben damit bestehen, da energiereiche Länder nur sehr ungern bereit sein dürften, ihre Energie- Ressourcen zu teilen. Mit dem weiterhin geltenden Vorrecht den Energiemix im jeweiligen Land selbst festlegen zu können, reagiert in Krisenzeiten jeder Staat anders, mit dem Ergebnis, dass eher außerhalb der Union auf internationalem Niveau als innerhalb mit den Partnern kooperiert wird.

Der Lissabon-Vertrag führt zwar die energiepolitischen Zielsetzungen der Union aus, enthält aber gegenüber den EG-Verträgen keine wesentlichen Änderungen in Bezug auf deren Umsetzung. Der Vertrag ist vielmehr ein Paket von einem fein ausgehandelten Kompromiss zwischen der

Bewahrung nationaler Souveränität über natürliche Ressourcen und einer begrenzten gemeinsamen Kompetenz durch die Union. Im Ergebnis kann die Union durch ihre Institutionen keine konkreten Maßnahmen ergreifen oder Mitgliedsstaaten Vorgaben machen, in bestimmte Arten von Energie(z.B. erneuerbare Energien) zu investieren oder auch nicht. Sie kann keine Richtlinien erlassen über die Erzeugungsmengen an eigener Energie sei es zum allgemeinen Nutzen der Mitgliedsstaaten oder im Interesse einer unionsweiten Sicherstellung der Versorgung mit Energie. Und so kann die Union im Falle einer tatsächlichen Energiekrise auch keine führende Rolle übernehmen.

Die Energiefrage ist heute mehr denn je eines der wichtigsten Themen auf der internationalen politischen und wirtschaftlichen Tagesordnung. In der modernen Gesellschaft ist Energie die Voraussetzung für wirtschaftliche und soziale Aktivitäten. Ohne Energie gibt es keine Industrie, keinen Verkehr, keine elektronische Kommunikation oder Medien, weniger landwirtschaftliche Produktion und keine angemessene Gesundheitsfürsorge. Ohne Energie gibt es keinen gemeinsamen Markt in Europa. Eine Gesellschaft, d.h. ein Europa ohne eine Energiepolitik handelt ganz einfach kurzsichtig und unverantwortlich.

Es ist geradezu widersprüchlich, dass ausgerechnet der Energiesektor während der 60- jährigen Geschichte der Europäischen Gemeinschaften wohl der einzige Bereich ist, in dem der Grad der europäischen Integration von einem sehr hohen auf ein niedrigeres Niveau abgesunken ist. Dem Energiesektor fehlt bislang eine Politik mit der Vision und dem Mut zur Integration, wie sie am Anfang des europäischen Weges bestand, allerdings vor einem anderen Hintergrund.

Es geht nicht mehr um den gleichberechtigten Zugang aller Mitgliedsstaaten zu einem gemeinsamen Energierohstoff sondern darum, eine wirkliche gemeinsame Politik zu verfolgen mit den drei Zielsetzungen, die heute für eine Energiepolitik aller Mitgliedsstaaten unabdingbar sind: wirtschaftlicher Zugang zu Energie; nachhaltige Entwicklung von Produktion, von Transport und Verbrauch von Energie sowie Gewährleistung der Versorgungssicherheit mit Energie.

Diese als divergierend erscheinenden Zielvorgaben sind nicht unvereinbar, vorausgesetzt sie stehen im richtigen Verhältnis zueinander und vorausgesetzt technologische Erneuerungen werden effektiv und effizient eingesetzt. Die Umsetzung einer solchen Politik wird weiterhin erschwert durch die anderen zu bewältigenden Krisen, wie Finanz-und Wirtschaftskrise. Bei denen wie auch bei der Energiefrage ist es eine Illusion und geradezu gefährlich anzunehmen, diese Herausforderungen könnten durch eine unternehmerische Vorgehensweise auf nationaler oder regionaler Ebene gelöst werden oder, dass lose kooperative Strukturen der Mitgliedsstaaten in der Lage wären, die wirklich anstehenden schwierigen Entscheidungen anzugehen.

Von den drei Zielen hat wirtschaftlicher Zugang zu Energie bisher die größte Aufmerksamkeit erhalten. Es bedeutet, dass alle Einwohner der Union Energie zu akzeptablen und stabile Preisen haben können. Die Schaffung eines großen und offenen Marktes für ganz Europa ist das dafür geeignete Mittel. Dazu gehören tatsächlicher Wettbewerb zwischen den verschiedenen Bezugsmöglichkeiten, um Druck auf die Energiepreise ausüben zu können. Mit ihrer Vorgehensweise der Öffnung der Märkte und Sicherstellung von Wettbewerb hat die Europäische Union genau diese Politik verfolgt. In dieser Politik sind die Infrastruktur und das Netz von Energieverbindungen von ganz entscheidender Bedeutung für einen effizienten europäischen Energiemarkt. Die miteinander verbundenen Märkte der Mitgliedsstaaten schaffen die Voraussetzungen für grenzüberschreitenden Handel und ermöglichen dadurch eine europäische Solidarität. Allerdings sind dazu erhebliche Investitionen in der Union erforderlich, die Schätzungen zufolge sich für einen Zeitraum von 5 Jahren auf etwa € 20 Milliarden für Gaspipelines und auf etwa € 6 Milliarden für Überlandleitungen belaufen sollen.

Während Nachhaltigkeit im Energiesektor eine gewisse Bedeutung erhalten hat durch Europas führende Rolle im Umweltschutz ist die Frage der Versorgungssicherheit abgesehen von Studien und Politikvorschlägen bislang politisch kaum umgesetzt worden. Mit dem Ergebnis, dass Europa einfach nicht in der Lage ist, geschlossen auf Versorgungsengpässe zu reagieren oder eigene Vorstellungen auf internationaler Ebene zu entwickeln. Die bestehende Fragmentierung ist auch das Ergebnis fehlender politischer Unterstützung durch die führenden Mitgliedsländer für die von der Europäischen Kommission unterbreiteten Vorschläge.

Der Zugang zu fossiler Energie wird heute von Knappheit und Unsicherheit bestimmt. Ein Großteil von Angebot und auch der Nachfrage fossiler Energien wird von autoritären Staaten kontrolliert, die sich weitaus mehr von anderen strategischen Zielen leiten lassen und als von friedlichen Überlegungen wie freier Handel und Warenaustausch. Fossile Energieträger sind zudem ein wesentlicher Verursacher von Umweltproblemen. Aber diese Tatsachen sind nicht nur eine Herausforderung sondern bieten auch völlig neue Handlungsmöglichkeiten. Die Entwicklung neuer Energiequellen ist eine der großen bevorstehenden industriellen Revolutionen wahrscheinlich bedeutender als die Veränderungen, die durch die neuen Kommunikationstechnologien ausgelöst wurden. Diese neuen Herausforderungen und Chancen verlangen geradezu nach entschlossenem und zügigem Handeln; da führt kein Weg drum herum.

Die Klimakrise verlangt nach neuen Prioritäten und verengt zugleich den Handlungsspielraum. Europas sogenannten „20-20-20“ Ziele umfassen die Reduktionen der Emissionen bis zum Jahre 2020 um 20 Prozent, der Erhöhung des Anteils erneuerbarer Energien an der Energieversorgung auf 20 Prozent, zudem soll die Energieeffizienz deutlich verbessert werden. Während damit ein wichtiger Schritt in Richtung auf eine gemeinsame Energiepolitik für Europa gemacht wurde, bleibt die Umsetzung zur Erreichung der vereinbarten Ziele der wohl wichtigste und auch schwierigste Teil. Zur Erreichung dieser Verpflichtungen sind neue Politikansätze erforderlich zusammen mit der Fähigkeit, Entscheidungen zu treffen und diese auch tatsächlich durchzusetzen.

Im Rahmen der bestehenden Möglichkeiten des einheitlichen europäischen Binnenmarktes wurden mehrere Maßnahmen ergriffen zur Liberalisierung zunächst des internen Strom- und Gasmarktes bis hin zur Entwicklung eines Binnenmarktes für Energie ohne jedoch zu einer echten Energiepolitik zu führen. Die Schaffung eines funktionsfähigen europäischen Binnenmarktes für Strom und Gas wird nur zögerlich erreicht; öffentliche Beachtung fand dabei vor allem der Vorschlag einer Entflechtung von Netzbetrieb und anderen Prozessen in der Versorgungskette von Energiekonzernen, wie der Produktion, Übertragung und Verteilung von Elektrizität.

Das Ziel der Sicherstellung der Versorgungssicherheit durch Marktliberalisierung gibt keine Garantie für die notwendige Preisstabilität, die für Produzenten und langfristige Investitionen von großer Wichtigkeit sind. Das übergeordnete Ziel der Nachhaltigkeit wird nicht als ein energiebezogenes Problem sondern als eine Umweltangelegenheit im Kampf gegen die Klimakrise angesehen. Das Handelssystem von Zertifikaten für Treibhausgase ist ein Instrument der Umweltpolitik und nicht Teil der Energiepolitik.

Europas derzeitigen Regeln und Politikmaßnahmen weisen erhebliche strukturelle Defizite auf. Die Union hat keine echte Zuständigkeit, um Richtlinien für Forschung und Entwicklung im Energiesektor aufzustellen. Sie hat auch keine Möglichkeit, über Besteuerung, effizientere alternative Energien zu fördern. Die vorgeschlagenen Maßnahmen sind allgemein gehalten, ohne ihre Anwendung durchsetzen zu können.

In internationalen Energiefragen ist die Union bis auf einige Kooperationen und Dialogforen wie die mit der OPEC nicht vertreten. Die europäische Energiepolitik hat keine internationale Komponente. Die Vorstellung, dass der europäische Binnenmarkt die Lösungen für die Energieproblematik hat wird kaum von den Hauptakteuren geteilt, sei es auf der Angebotsseite wie Russland, die OPEC oder auf der Nachfrageseite wie China oder Indien. Die Union ist auch nicht stark vertreten wenn es um strategische Fragen des Imports von Energie nach Europa geht.

Europa ist ein leichtes Ziel, um von Lieferinteressen ausgehebelt zu werden. Es gibt verschieden Gründe warum Europa keine effektive Energiepolitik hat. Ein wesentlicher Grund für die strukturellen Schwächen liegt bei den Mitgliedsstaaten selber. Energie wird von den Mitgliedsstaaten als eine strategische Angelegenheit angesehen, die eine Frage der nationalen Politik und nationaler Unternehmen ist. Mitgliedsstaaten ziehen es vor auf Regierungsebene, eher mit internationalen Organisationen wie der Internationalen Energieagentur zusammenzuarbeiten als gemeinsam innerhalb der europäischen Institutionen. Energie ist sicherlich eine Angelegenheit von strategischer Bedeutung für alle Mitgliedsstaaten aber ohne ein gemeinsames Vorgehen auf europäischer Ebene dürften die gesteckten Ziele kaum erreicht werden.

Der Kern des europäischen Integrationsprozesses und der damit geschaffenen Wohlfahrt und Stabilität ist die Errichtung eines funktionierenden Binnenmarktes in der Union. Dieser große offene Raum mit einer ungehinderten freien Beweglichkeit von Personen, Kapital, Gütern und Dienstleistungen hat zu einer starken gegenseitigen wirtschaftlichen Vernetzung und Abhängigkeit geführt, was zunehmend auch für Strom und Gas zutrifft. Die sich abzeichnende Entwicklung unterschiedlicher nationaler Vorgehensweise im Energiesektor kann sich schnell zu einer Behinderung für den europäischen Binnenmarkt herausstellen. Zudem widerspricht es einem der Grundsätze europäischer Politik, nämlich der in den Verträgen festgelegten Absicht, zwischen den Staaten Zusammenhalt und Solidarität zu fördern. Der von allen Mitgliedsstaaten angestrebte Übergang zu einer kohlenstoffarmen Wirtschaft kann nur gemeinsam gelingen, sei es in der dazu notwendigen Forschung oder in der Bereitstellung von Infrastruktur, Überlandverbindungen und Verteilungsnetzen.

Der Zugang zu Energieressourcen außerhalb Europas bleibt für die Union von strategischer Bedeutung; Europa ist mehr denn je von Drittstaaten abhängig. Die sichere Versorgung mit Energie ist für alle Staaten von höchster politischer Wichtigkeit und wird zunehmend als möglicher Auslöser für internationale Konflikte angesehen. Die Europäische Union und noch viel mehr einzelne Mitgliedsstaaten können leicht zum Spielball in der Hand von Lieferinteressen werden, wie sich in den Gaskrisen der vergangenen Jahre schon gezeigt hat. Europa kann die große wirtschaftliche Gestaltungskraft seines enormen Binnenmarktes nur nutzen wenn die Union sich zu gemeinsamen Antworten auf die externen Herausforderungen durchringen kann. Es führt also zu nichts wenn die Mitgliedsstaaten sich bei den Liefer- oder Transitländern gegenseitig Konkurrenz machen; und die Union kann aus ihrer Verpflichtung zur Solidarität nicht zulassen, dass einige Länder dabei zu kurz kommen.

Ein gemeinsames Vorgehen der Union ist die einzige Strategie angesichts der Blockbildung und der weltweiten Konkurrenz auf den Energiemärkten für Gas und Strom. Die Union kann den Lieferländern die gewünschte langfristige Perspektive in Bezug auf Nachfrage und Preisgestaltung geben, wichtige Faktoren für die erforderlichen langfristigen Investitionen. Es reicht nicht aus sich auf die Kräfte der Märkte und unternehmerische Fähigkeiten zu verlassen. Die herausragende Bedeutung der Energie erfordert politische Vorgaben auf europäischer Ebene, um eine nachhaltige und sichere Energieversorgung in Europa zu gewährleisten.

2.9 Das Globale Europa

2.9.1 Die Europäische Union in der Welt

Die Europäische Union ist allein durch ihre Größe und wirtschaftliche Stärke ein Faktor in der Weltpolitik. Ihre eindrucksvollen Erfolge waren daher zunächst auch ökonomischer Art, angefangen mit der Europäischen Gemeinschaft für Kohle und Stahl über die Europäische Wirtschaftsgemeinschaft und die Europäische Atomgemeinschaft bis hin zum gemeinsamen europäischen Binnenmarkt als Kernstück der Union und der Wirtschafts- und Währungsunion mit dem Euro als ihr Symbol. Die Entstehung eines wirtschaftlich integrierten Europas hat jedoch aus sich heraus auch eine außenpolitische Dimension, wie sich auch in der Veränderung von internationalen Handelsströmen zeigte.

Die wirtschaftliche Dynamik, die sich in Westeuropa nach dem Zweiten Weltkrieg entfaltete, war in nicht unerheblichem Maße durch außenwirtschaftliche Verflechtung über die Grenzen des Kontinents hinaus gestützt. Die Idee der wirtschaftlichen Liberalisierung und Kooperation, die das europäische Binnenverhältnis prägt, wird von der Europäischen Union daher auch nach außen vertreten. Aufgrund ihrer weltweiten wirtschaftlichen Beziehungen ist die EU in sehr stark darauf angewiesen, dass in einer globalisierten Welt offene Märkte für Güter- und Dienstleistungen sowie die Mobilität von Kapital und Investitionen gewährleistet sind.

Ein wesentliches Ziel europäischer Außenpolitik ist es, neben einer Senkung von Zöllen und dem Abbau von Kapitalkontrollen, den notwendigen politischen Rahmen auszubauen, um offene Grenzen und funktionierende Märkte sicherzustellen. Zur Verwirklichung dieser Zielsetzung verfolgt die EU einen kooperativen Ansatz, in dem gemeinsam mit wichtigen Partnern und unter Rückgriff auf multilaterale Foren wie die internationalen Finanzinstitutionen, den Internationale Währungsfond (IWF) oder die Welthandelsorganisation (WTO), Regeln und Prozeduren für die Weiterentwicklung internationaler Handels- und Finanzregimes sowie die friedliche Beilegung von Streitfragen zu schaffen. Die schwerwiegenden Mängel einer hemmungslosen Liberalisierung, ohne das Konzept einer Europäischen Marktwirtschaft, zeigen sich in der von einem ungebremsten neo-Liberalismus ausgelösten weltweiten Wirtschaftskrise, jetzt in aller Deutlichkeit.

Außen- oder gar verteidigungspolitische Überlegungen, wie die Pläne der letztlich gescheiterten Europäischen Verteidigungsgemeinschaft konnten lange Zeit keine Zustimmung finden. Angesichts der Bedrohung durch die Sowjetunion orientierten sich die Mitglieder der Europäischen Gemeinschaft in ihren sicherheitspolitischen Ansätzen in erster Linie an der NATO und damit an den Vereinigten Staaten.

Erst nachdem sich die geopolitischen Bedingungen in Europa durch das Ende der Ost-West-Konfrontation wandelten und der europäische Prozess in Form der Europäischen Union eine politische Ausgestaltung erhielt, wurden auch klassische Fragen der Außenpolitik Thema gemeinsamer europäischer Politik.

In der praktischen Politik der EU hat eine Art Avantgardegruppe um Frankreich und Deutschland schrittweise und gegen hinhaltenden Widerstand eine eigenständige Außen- und Sicherheitspolitik angesteuert - nach dem Grundsatz, ihre EU-Partner „mitzuziehen", „ohne diesen etwas aufzuzwingen" (so die deutsch-französische Erklärung zum 40. Jahrestag des Elysee-Vertrags am 22.1.2003).

Im Maastrichter Vertrag (1992) wurde - anknüpfend an die „Europäische Politische Zusammenarbeit" - die Gemeinsame Außen- und Sicherheitspolitik (GASP) als sogenannte zweite Säule der EU vereinbart, „wozu auf längere Sicht auch die Formulierung einer gemeinsamen Verteidigungspolitik gehört, die zu gegebener Zeit zu einer gemeinsamen Verteidigung führen könnte".

Die Westeuropäische Union wurde „als integraler Bestandteil der Entwicklung der Europäischen Union“ aufgewertet und mit der Aufgabe betraut, die künftigen verteidigungspolitischen Entscheidungen und Aktionen der EU „auszuarbeiten und durchzuführen“. Noch in demselben Jahr übernahm die Westeuropäische Union (WEU) mit ihrer Petersberger Erklärung förmlich diese Aufgaben; und Frankreich und Deutschland beschlossen die Ausweitung der deutsch-französischen Brigade zum Eurokorps - mit der ausdrücklichen Zielsetzung, „die Europäische Union mit Möglichkeiten des eigenen militärischen Handelns auszustatten“.

Die rudimentären Strukturen und Prozesse, die dabei geschaffen wurden, erwiesen sich freilich bald als unzureichend zur Handhabung anstehender Probleme. Der Zerfall Jugoslawiens und die anschließenden blutigen Bürgerkriege auf dem Balkan, die „failing states“ im Kaukasus und Afrika, die Bedrohung durch den transnationalen Terrorismus und dem Risiko einer internationalen Verbreitung von Massenvernichtungswaffen zeigten schnell die Grenzen der GASP auf. Die Europäische Union und ihre Mitgliedsstaaten waren weder politisch und noch weniger militärisch in der Lage, den Entwicklungen in ihrer unmittelbaren Nachbarschaft Einhalt zu gebieten.

Angetrieben von diesen Ereignissen befindet sich die außenpolitische Komponente der EU seit Mitte der 1990er Jahre in einem kontinuierlichen Prozess der institutionellen und konzeptionellen Weiterentwicklung. Der Vertrag von Amsterdam (1997) schuf den Posten eines Hohen Repräsentanten der Außen- und Sicherheitspolitik, der zugleich Generalsekretär der in die EU integrierten WEU wurde.

Mit dem Amsterdamer Vertrag wurde die Grundsatzentscheidung für eine Europäische Sicherheits- und Verteidigungspolitik (ESVP) getroffen und mit dem Vertrag von Nizza (2001) auch formal als militärische Dimension der Gemeinsame Außen- und Sicherheitspolitik (GASP) aufgenommen. Die kooperative Abstimmung mit der NATO erfolgte nach dem Prinzip „separable but not separate“, d.h. die NATO-Streitkräfte wurden so strukturiert, dass die europäischen Truppenteile eigenständig, ohne die Beteiligung der USA, unter EU-Führung für Aktionen eingesetzt werden können - allerdings nur nach einem einstimmigen Beschluss des NATO-Rates, also gebunden an die Zustimmung der USA.

Die NATO bleibt zwar das Fundament der kollektiven Verteidigung aber für das breite Spektrum der Krisenverhütung und Krisenbewältigung (die sogenannten Petersberg-Aufgaben) wurden seither die „Fähigkeiten zu autonomem Handeln“ geschaffen, institutionell und materiell. Die Entscheidungs- und Kommandostrukturen bestehen aus dem Ständigen

Ausschuss für politische und Sicherheitsfragen, dem Militärausschuss und dem Militärstab mit einer zivilen und militärischen Planungs- und Führungszelle. Trotz Defiziten in den operativen Kapazitäten hat sich die EU schrittweise zu einem globalen politischen Akteur mit einer regionalen Fokussierung entwickelt. Dabei hat sie nicht nur ihren geographischen Aktionsradius, sondern auch ihr Instrumentarium für Krisenmanagement systematisch erweitert (humanitäre Hilfsaktionen und Rettungseinsatze, friedensstiftenden militärischen Einsätzen, Abrüstungsinitiativen und Anti-Terrormaßnahmen).

Im Kontext des 11. September 2001 samt den nachfolgenden Verwerfungen in den internationalen Beziehungen, entwickelte die Europäische Union in 2003 das konzeptionelle Fundament ihres außenpolitischen Handelns in Form der Europäischen Sicherheitsstrategie - ein qualitativer Fortschritt für die europäische Außenpolitik. Die EU hat damit erstmals ein Referenzdokument zur sicherheitspolitischen Ausrichtung ihrer Außenpolitik, einen strategischen Orientierungsrahmen

Sicherheit wird darin nicht verengt, sondern umfassend und global verstanden, d. h. der Zusammenhang aller ein Sicherheitsproblem betreffender Faktoren wird hergestellt. Dieser Ansatz basiert auf der Erkenntnis, dass beispielsweise das Armutsproblem oder Minderheitenfragen für die Ausgestaltung internationaler Sicherheit ebenso zu berücksichtigen sind wie Nichtverbreitungsregime oder militärische Konfliktlösungskonzepte.

Die strategischen Ziele der EU beziehen sich auf die Abwehr von Bedrohungen (Terrorismus, Massenvernichtungswaffen, regionale Konflikte), die Stärkung der Sicherheit der Nachbarschaftsregionen (östlich der EU und im Mittelmeerraum) sowie auf die Sicherheitsaspekte der Energieversorgung und der Klimakrise.

Die Europäische Sicherheitsstrategie wurde 2008 auf die Auswirkungen von Klimawandel und internationale Sicherheit erweitert. In dem Bericht an den Rat wird unterstrichen, dass globale Erwärmung und der Kampf um die natürlichen Ressourcen miteinander verknüpft sind. „Klimawandel ist ein Bedrohungsmultiplikator, der bestehende Tendenzen, Spannungen und Instabilität noch [verstärkt]“. Staaten und Regionen, die bereits schwach und konfliktanfällig sind können dadurch völlig überfordert werden. Die sich abzeichnenden Risiken sind nicht nur humanitärer Art sondern es geht auch um politische Risiken und Sicherheitsrisiken, die europäische Interessen unmittelbar berühren. Europas Sicherheit kann von globaler Sicherheit nicht abgekoppelt werden. Sicherheit ist in einem weiteren Sinne zu begreifen als dies in Zeiten des Nationalstaatsparadigmas der Fall war.

Europa muss handlungsfähig und -willig sein, um seinen sicherheitspolitischen Interessen gerecht werden zu können. Europas Verantwortung für eine „globale Sicherheit“ als Kernstück der erweiterten Europäischen Sicherheitsstrategie soll durch eine internationale Ordnung basierend auf einem effektiven Multilateralismus erreicht werden.

Multilateralismus steht für eine Umgangsform zwischen Staaten und/oder Institutionen. Durch die Einbeziehung aller betroffenen Parteien und auf der Basis von gemeinsam erarbeiteten Problemlösungen soll langfristig Stabilität erreicht werden. Multilateralismus als Prinzip der EU Außenpolitik basiert auf der geschichtlichen Erfahrung Europas. Die großen europäischen Kriege der Neuzeit waren meistens durch das Streben nach Vorherrschaft ausgelöst und mit dem Sieg der Koalition der Gegner beendet worden.

Das Geschichts- und Politikbewusstsein der Amerikaner ist dagegen völlig anders. Die Vereinigten Staaten haben in verschiedenen Perioden ihrer Geschichte bis auf wenige Ausnahmen wie dem Vietnam-Krieg mit Erfolg Hegemonialpolitik betrieben, von den Anfängen der kontinentalen Expansion bis zur heutigen globalen Machtposition. Diese Erfahrung prägt das amerikanische Geschichtsbild; und weil die positive Hegemonialerfahrung mit einem Werteuniversalismus verbunden ist, wird das Voranschreiten auf dem Weg des amerikanischen Empire damit gerechtfertigt, dass es im allgemeinen Interesse der Menschheit liege. Die USA sind zudem auch in der Lage, ihre globalen Interessen mit entsprechenden Mitteln durchzusetzen. Die Vereinigten Staaten sind auf Ideen und Werte gegründet, sie haben kein Gespür für historische Dimensionen. Die Länder Europas hingegen gründen sich auf ihrer gemeinsamen Geschichte und den Nationen.

Die Erfahrung des wiederholten Scheiterns imperialer Politik (auch der Kolonialpolitik) und die Erfahrung des Erfolgs der Europäischen Union mit einer integrativen Gleichgewichtspolitik bestimmen die außenpolitische Vorgehensweise der Union, nämlich gegenüber anderen Ländern, die Politik einer kooperativen Balance zu verfolgen: mit dem Ergebnis, dass sich gerade die anti-imperiale Politik des „alten Europa“ vorteilhaft auswirkt, und es den diplomatischen Handlungsspielraum und den Einfluss der EU in der Welt vergrößert hat.

In der erfolgreichen Umwandlung der früheren Militärdiktaturen in Griechenland, Spanien und Portugal und früherer kommunistischer Länder in Mittel-und Osteuropa in volle Mitglieder der Europäischen Union hat die Union ihre eigenen Prinzipien von Integration und gegenseitigen Verpflichtungen einmal mehr unter Beweis gestellt. Sie sind in abgewandelter Form Ausgangs-und Bezugspunkt für ihre globalen Beziehungen.

Multilateralismus ist aber weit mehr als das Zusammenwirken von einer Gruppe von Staaten. Im engeren Sinne könnten nahezu alle internationalen Initiativen als multilateral angesehen werden. Multilateralismus als politisches Konzept ist eng verknüpft mit Legitimität und hat drei grundsätzliche Aspekte:

Erstens, bedeutet Multilateralismus die Verpflichtung mit internationalen Institutionen mittels deren Verfahren zu arbeiten. Das heißt zuallererst ein Zusammenarbeiten innerhalb des UN Rahmens, es verlangt auch Aufgaben mit anderen regionalen Organisationen zu teilen insbesondere mit der NATO, dem Europarat, der OSZE und regionalen Organisationen in Afrika, in Asien und in Latein Amerika. Die Zusammenarbeit mit diesen Organisationen besagt aber nicht, dass diese als unantastbar angesehen werden; effektiver Multilateralismus zeigt sich auch in der Umsetzung von notwendigen Reformen.

Zweitens, Multilateralismus beinhaltet gemeinsame Normen und Regeln zu schaffen, Probleme und Krisen durch Regeln und Kooperation zu lösen. Die EU, die eher als ein Förderer internationaler Normen denn als eine Supermacht auftritt, ist für Nicht- Europäische Staaten weniger bedrohlich und bietet einen Bezug und Ansatzpunkt um den sich Unterstützung in multilateralen Foren bildet wie es sich bei den verschiedenen UN Organisationen zeigt.

Drittens, Multilateralismus äußert sich in Koordination und Kooperation im Gegensatz zu Duplizität und Rivalität, d.h. Aufbau und Nutzung von dezentralen Netzwerken. Eine wirksame internationale Politik sei es in Bezug auf Klimawandel oder wie jetzt in der Finanzmarkt-Krise erfordert eine Kooperation zwischen verschiedenen Politikfeldern (Außen-, Finanz-, Handels-, Entwicklungspolitik), mit dem IMF, der Weltbank und der Gruppe der zwanzig wichtigsten Industrie- und Schwellenländer.

Vorbeugende und pro- aktive Politikmaßnahmen können eben nicht effektiv sein wenn sie isoliert oder sogar widersprüchlich sind. Das ist nicht sehr neu oder originell, aber eine schlichte Einsicht, die sich allerdings nur allmählich in der tatsächlichen Politik durchsetzt. Die EU ist erfolgreich wenn sie geschlossen und mit einer Stimme auftritt; Beispiele sind der Internationale Gerichtshof und kürzlich die Beschlüsse zur Begrenzung der globalen Wirtschaftskrise.

Der multilaterale Ansatz durchzieht auch die europäische Strategie gegen die Verbreitung von Massenvernichtungswaffen. In ihr veranschaulicht sich das EU-typische Handlungsmuster, d. h. in einer ersten Phase werden präventive Maßnahmen wie multilaterale Verträge und Ausfuhrkontrollregime genutzt. Wenn diese sowie der politische Dialog und diplomatischer Druck keinen Erfolg nach sich ziehen sollten, sind Zwangsmaßnahmen im Rahmen der Charta der Vereinten Nationen sowie des internationalen Rechtes (von Sanktionen bis zur Anwendung von Gewalt) vorgesehen. Das strategische Konzept baut auf der bislang verfolgten außenpolitischen Ausrichtung der EU auf und ermöglicht es der Union, Schwerpunkte zu setzen.

Der Einsatz von Gewalt als Mittel zur Lösung internationaler Konflikte wird jedoch nicht grundsätzlich abgelehnt. Gewaltanwendung wird aber als allerletzte Maßnahme verstanden und bedarf der Legitimierung durch die Vereinten Nationen. In der Europäischen Sicherheitsstrategie wird die Notwendigkeit eines alle Instrumente und Politikbereiche umfassenden Ansatzes dargestellt: „Die Herausforderung besteht nun darin, die verschiedenen Instrumente und Fähigkeiten, darunter die europäischen Hilfsprogramme und den Europäischen Entwicklungsfonds, die militärischen und zivilen Fähigkeiten der Mitgliedstaaten und andere Instrumente zu bündeln. All diese Instrumente und Fähigkeiten können von Wirkungen für unsere Sicherheit und die Sicherheit von Drittländern sein. Sicherheit ist die wichtigste Voraussetzung für Entwicklung".

Das Instrumentarium der Union im Bereich der Außenbeziehungen umfasst vier Komponenten:

Die EU verfügt erstens über ein weitmaschiges Netz auswärtiger Beziehungen, bilateral wie multilateral. Sie unterhält mit mehr als 160 Staaten diplomatische Beziehungen und steht mit mehr als 30 Staaten oder regionalen Staatengruppen in institutionalisierten Dialogen. In zahlreichen internationalen Organisationen verhandelt in der Regel die Kommission im Rahmen ihres Mandats stellvertretend für die Union mit einer Stimme.

Die EU bietet zweitens einer Reihe von Drittstaaten und regionalen Staatengruppen abgestufte finanzielle Unterstützungs-, Förder- und Aufbauprogramme an, um entweder deren ökonomische und politische Entwicklung zu fördern (Kooperations- und Entwicklungshilfeprogramme) oder sie an die Union heranzuführen (Assoziierungsabkommen).

Eng mit diesen Programmen verbunden sind drittens die Bemühungen der Union nach dem eignen Model als externer Moderator weltweit, regionale Integration und intra-regionale Zusammenarbeit zu fördern. Zu diesem Zweck hat die Gemeinschaft früh eine Politik entwickelt, gezielt spezielle Abkommen mit asiatischen sowie lateinamerikanischen Ländern abzuschließen. Deren Ziel ist es, die ökonomische Interdependenz durch vertrauensbildende Maßnahmen zu fördern und zum Abbau politischer Spannungen in den Regionen beizutragen.

Viertens ist die EU mit einem Anteil von knapp 25 Prozent am Weltbruttosozialprodukt und rund 20 Prozent am Welthandel weltweit der größte Warenexporteur und Direktinvestor sowie wichtigster Importmarkt für die Schwellen-und Entwicklungsländer (55 Prozent aller Exporte aus diesen Ländern gehen nach Europa im Vergleich zu nur 38 Prozent in die USA sowie 6 Prozent nach Japan). Die EU hat damit unmittelbaren Einfluss auf die Entwicklung dieser Länder. Die Außenwirtschaftspolitik der Union ist somit nicht nur ein ökonomisches Instrument zur Aufrechterhaltung eines freien Welthandels sondern dient auch zur Verfolgung bestimmter politischer Interessen.

Die Vervollständigung des Binnenmarktes als Gegenstück zu einer externen Liberalisierung mit einer engeren Zusammenarbeit auf steuer- und wirtschaftpolitischem Gebiet erscheint heute dringender denn je. Das Krisenmanagement auf europäischer Ebene während der globalen Finanz- und Wirtschaftskrise der Jahre 2008 – 2010 war geschwächt durch den Mangel einer gemeinsamen politischen Willensbildung der Union und eher gekennzeichnet als eine durch die Krise erzwungene Koordinierung von nationalen Einzelmaßnahmen. Die sich dabei abzeichnende zwischenstaatliche Zusammenarbeit entspricht allerdings weniger dem europäischen Integrationskonzept sondern eher einem „Europa à la carte" bei dem sich je nach Interessenslage unterschiedliche Beteiligungsformen und Koalitionen der Mitgliedsstaaten ergeben können. Solche Allianzen und Vorgehensweisen haben erfahrungsgemäß nicht dasselbe Gewicht oder den nachhaltigen Einfluss wie eine gemeinsames Auftreten unter einer gemeinschaftlichen Politik im Rahmen der Europäischen Union.

Insgesamt hat sich die europäische Außen- und Sicherheitspolitik seit dem Vertrag von Maastricht konzeptionell und institutionell erheblich weiterentwickelt. In einer globalisierten Welt ist das europäische Friedensprojekt als ein fortschreitender Prozess und nicht als ein Endzustand zu begreifen. Die globale Vernetzung fordert die Leistungsfähigkeit der Europäischen Union auf dem Sektor der Sicherheit in besonderer Weise. Seine wirtschaftlichen und politischen Interessen reichen deutlich über den eigenen Gestaltungsraum hinaus; Europa ist durch Krisen und Konflikte, Störungen oder Blockaden im Handel wie in der Rohstoffversorgung unmittelbar stärker betroffen als andere Akteure in der Weltpolitik.

Die Union als Zivilmacht lässt sich von den Grundprinzipien leiten die auch im Inneren gelten. Das Konzept Europa basiert auf den Menschenrechten aufgenommen in der Grundrechte-Charta, in dem Vertrag von

Lissabon und in den Klauseln über Menschenrechte in den bilateralen Abkommen mit Drittstaaten. Die Mitgliedsstaaten haben sich somit zu bestimmten demokratischen und rechtlichen Standards verpflichtet (Demokratie und Menschenrechte, Rechtsstaatlichkeit, Verrechtlichung und ökonomische Liberalisierung).

Die Entwicklungen der vergangenen Jahre zeigt aber, dass die EU nicht länger bereit ist, diese Werte um jeden Preis einzufordern, sondern ihre Durchsetzung unter stärkerer Berücksichtigung eigener ökonomischer und ordnungspolitischer Belange stellt. Im Verhältnis zu China und Russland hat dieser neue Pragmatismus dazu geführt, dass die Union deren jeweiliges Demokratieverständnis nicht zum Anlass nimmt, ökonomische wie politische Interessen, eigenen Wertvorstellungen zu opfern.

Vor allem im Falle Chinas wächst in der Europäischen Union die Erkenntnis, daß ökonomischer Fortschritt nicht immer von politischem Fortschritt begleitet sein muss. Dazu gehört auch, dass die Union angesichts der sie unmittelbar betreffenden Herausforderungen und Bedrohungen, die eigenen, vor allem sicherheitspolitischen Interessen zunehmend stärker in den Vordergrund stellt und damit auch ihr bisher eher reaktives Verhalten zugunsten einer insgesamt pro-aktiveren Gestaltung ihrer Außenbeziehungen verändert.

Europa sieht sich mit außen- und sicherheitspolitischen sowie mit wirtschaftlichen Herausforderungen eines Charakters konfrontiert, der kollektive Antworten erforderlich macht: In diesen Fragen bringt eine europäische Außen- und Sicherheitspolitik Europas einen klaren Mehrwert gegenüber den gebündelten Außenpolitiken der einzelnen Mitgliedstaaten.

Eines der herausragenden globalen Probleme ist die Sicherstellung der wirtschaftlichen Errungenschaften der EU verbunden mit der Wahrung des globalen ökologischen Gleichgewichts. Die Implikationen des Treibhauseffekts sind bisher nicht absehbar, bedrohen aber potentiell die Stabilität von Ländern und Wirtschaften in verschiedenen Teilen der Erde. Europa muss hier zu einer gemeinsamen Politik gelangen und diese gegenüber anderen globalen Akteuren vertreten.

Eine weitere Herausforderung ist die Energieaußenpolitik. Europa wird nur gemeinsam die Versorgung mit fossilen Brennstoffen sicherstellen können und nur gemeinsam in einem sich abzeichnenden Wettbewerb um knapper werdende Rohstoffe seine Interessen gegenüber anderen Verbrauchern und den Produzentenländern vertreten können. Es ist dringend notwendig, daß aus der Koordinierung von Energiepolitik eine gemeinsame Energiepolitik auf europäischer Ebene entsteht.

Eine verstärkte europäische Außenpolitik setzt Kohärenz voraus. Die Koordination zwischen den europäischen Institutionen, die im weitesten Sinne außen- und sicherheitspolitisch aktiv sind, ist ebenso unzureichend wie die Koordination mit den Mitgliedstaaten. Eine höhere vertikale und horizontale Kohärenz ist in Europa notwendig allerdings unter Einbeziehung des Prinzips der Subsidiarität.

Der 2009 in Kraft getretene Vertrag von Lissabon berücksichtigt die neuen Herausforderungen durch eine Verstärkung der Effizienz und Verbesserung der Kohärenz der europäischen GASP/ESVP (Außenminister, Europäischer Diplomatischer Dienst, Europäische Verteidigungsagentur) und durch eine Verbesserung der Handlungsfähigkeit der Union im Sinne einer permanenten, strukturierten Zusammenarbeit in Koalitionen von Handlungswilligen.

Das Konzept Europa, als friedensstiftendes kooperatives Modell erzeugt hohe Erwartungen bezüglich seiner operativen Möglichkeiten und Ergebnisse. Bislang hat es als dezentrales Netzwerk in Krisenzeiten seine Stärken zeigen können. Es ist jedoch an der Zeit, den Fortschritt europäischer Integration nicht überwiegend von Schwierigkeiten bestimmen zu lassen; eine so geartete von Problemen und deren kurzfristigen Lösungen bestimmte Politik kann nur reaktiv sein. Eine glaubwürdige Außen-und Sicherheitspolitik der Union muss aber vorbeugend und pro-aktiv langfristig gestaltet werden.

Dazu bedarf es allerdings den politischen Willen aller Mitgliedsstaaten und deren politischen Führung in Europa wirklich anzukommen und Brüssel nicht nur als den Knoten eines Finanzierungsmechanismus von Struktur-, Kohäsionsfonds oder sonstiger finanzieller Möglichkeiten zu begreifen. Eine auf kurzfristige Effekte angelegte Politik im Sinne einer traditionellen Nationalstaatlichkeit unterstützt bestehende Fragmentierung und Partikularinteressen; sie kann aber nicht den langfristigen Erwartungen an die Europäische Union gerecht werden, sondern wirkt denen entgegen und beeinträchtigt insgesamt die Sicherheitsinteressen aller Mitgliedstaaten.

2.9.2 Die Europäische Union und ihre Nachbarn

Geopolitisch gesehen liegt Europa in sensibler und unruhiger Nachbarschaft, deren Entwicklung, Politik und Perspektive zugleich besondere Interessen der anderen heutigen und potentiellen Weltmächte berühren. Die Europäische Union grenzt im Osten von der Barentssee im hohen

Norden bis zum Schwarzen Meer an den Raum der früheren Sowjetunion, im Südosten an den Nahen und Mittleren Osten und im Süden an die Staaten Nordafrikas. Über ihre Mitgliedstaaten bestehen besondere politische, wirtschaftliche und gesellschaftliche Beziehungen, zum Teil auch Sicherheitsbindungen und Militärpräsenz in Staaten Schwarzafrikas, in Asien und Lateinamerika.

Die Notwendigkeit, den in der Union geschaffenen Raum von Sicherheit und Stabilität, von Wohlstand und Rechtstaatlichkeit nach außen abzusichern, bestimmt die Politik der Union zu ihren Nachbarn. Mit der Erweiterung auf 27 Staaten haben sich die Beziehungen der Europäischen Union zu Russland, zu der Ukraine, Moldawien und Belarus sowie zu den Anrainerstaaten des Mittelmeerraumes verändert. Die Mitgliedsstaaten der Union haben ein starkes Interesse an den Außengrenzen der Union, d.h. im Osten und im Mittelmeerraum, einen Bereich mit verantwortungsvoll regierten Staaten zu haben.

Krisen oder instabile politische und wirtschaftliche Situationen in der europäischen Nachbarschaft haben unweigerlich Folgewirkungen innerhalb der EU, beispielsweise durch organisierte Kriminalität oder unkoordinierte Zuwanderungen. Die Mitgliedsstaaten haben dies erkannt und über die Europäische Union eine Vielzahl von Kooperationsmöglichkeiten mit ihrer Nachbarstaaten entwickelt. Die entsprechenden Politikfelder umfassen das konkrete Angebot einer Beitrittsperspektive für die Westbalkanstaaten und die Türkei, intensive Zusammenarbeit in der Europäischen Nachbarschaftspolitik mit regionalen Kooperationsformen wie die Zusammenarbeit um das Mittelmeer oder die östliche Partnerschaft.

In der regionalen Betrachtungsweise versteht sich die Union als ein großer Stabilitätsraum für die eigenen Mitglieder und die Nachbarregionen. Die Union hat ein sehr starkes Interesse an der Stabilisierung Europas und seines Umfelds. Erweiterungspolitik wird heutzutage vor allem mit der Zielsetzung begründet, Stabilität und Wohlstand in dem unmittelbaren Nachbarschaftsraum zu gewährleisten. Eine Aufgabe, die nicht allein sicherheitspolitisch zu betrachten ist und somit durch einen Beitritt zur NATO alleine bewältigt wäre.

Das Angebot der EU Mitgliedschaft erweist sich als ein bedeutsames außenpolitisches Instrument. Die Erweiterung hat sich als ein zentrales Element für die Sicherheit und die Stabilität Europas erwiesen. Und die neuen EU-Mitglieder setzen sich für den Beitritt ihrer jeweiligen Nachbarstaaten ein, weil sie nicht Grenzstaaten der EU bleiben wollen. Aber die Dynamik der Erweiterung wird weit stärker durch den dringenden Beitrittswunsch der betreffenden Staaten angetrieben. Nicht ein Diktat oder ein imperiales Ansinnen der EU, sondern das freiwillige Begehren dieser Staaten und ihr interner Reformbedarf bestimmen den Erweiterungsprozess; und ausgeweitet wird die nicht-hegemoniale Integrationsordnung der Europäischen Union.

2.9.3 Sicherheit und Stabilität im westlichen Balkan

Das Stabilitätsargument hatte angesichts des Kosovo-Kriegs von 1999 an breiter Zustimmung in der Union gewonnen und lag den Entscheidungen von Helsinki (1999) zugrunde, sechs weitere Länder in die Beitrittsverhandlungen einzubeziehen, der Türkei den Kandidatenstatus zu erteilen und auch den Ländern des westlichen Balkans eine Beitrittsperspektive zu eröffnen.

Mit dem Stabilisierungs- und Assoziierungsprozess für den Westlichen Balkan sollen die Staaten dieser Region an die EU herangeführt werden. Dieser Prozess einer Beitrittsperspektive mit Bedingungen richtet sich an Kroatien, die Ehemalige Jugoslawische Republik Mazedonien, Albanien, Bosnien und Herzegowina, Montenegro und Serbien sowie schließlich auch an das unabhängige Kosovo.

Der Stabilisierungs- und Assoziierungsprozess umfasst eine fortschreitende Partnerschaft. Im Gegenzug für Reformen und spezifische Verpflichtungen wie die schrittweise Übernahme des gemeinschaftlichen Besitzstandes der Union erhalten die Westbalkanstaaten von der Union die stufenweise Herstellung einer Freihandelszone sowie damit verbundene wirtschaftliche und finanzielle Unterstützung. Der Schwerpunkt der finanziellen Unterstützung der Union für die (möglichen) Beitrittskandidaten sind Wiederaufbau von Infrastruktur und Hilfen bei der Rückkehr und Wiedereingliederung von Flüchtlingen, der Aufbau von Institutionen und marktwirtschaftlichen Strukturen sowie die Angleichung der jeweiligen Rechtssysteme an den europäischen gemeinschaftlichen Besitzstand von Normen und Gesetzgebung.

Im Handelsbereich kommen dazu der Abbau von Handelsschranken gegenüber den Westbalkanstaaten und ihre Integration in das internationale Handelssystem, wie technische Unterstützung bei den Verhandlungen von Serbien, Bosnien und Herzegowina und Montenegro für einen Beitritt zur WTO. Ein einziges zentraleuropäisches Freihandelsabkommen soll dazu beitragen, Direktinvestitionen in der Region zu stimulieren, den Handel zwischen den Westbalkan-Staaten zu erhöhen und die Region für den globalen Markt „fit“ zu machen.

Ein weiterer wichtiger Schritt auf dem Weg in die EU ist die Entwicklung einer regionalen Zusammenarbeit auf dem westlichen Balkan, wie sie unter den EU-Mitgliedstaaten heute üblich ist. Der Stabilisierungs- und Assoziierungsprozess ist damit nicht nur ein bilateraler Prozess zwischen der EU und den Staaten des Westbalkans, sondern gleichzeitig einen Prozess der regionalen Zusammenarbeit im Westbalkan. Der Weg zur Stärkung der Eigenverantwortung der Staaten des westlichen Balkans wird unterstützt von einem Regionalen Kooperationsrat mit Sitz in Sarajewo mit fünf zentralen Aufgaben: Wirtschafts- und Sozialentwicklung, Infrastruktur, Justiz und Polizei, Sicherheitspolitik sowie die Förderung von Weiterbildung.

Der Europäische Binnenmarkt für Energie schließt über die Energiegemeinschaft Südosteuropa seit 2006 diese Staaten mit ein. Mit dem integrierten Energiemarkt wird ein stabiler Energiemarkt in der Region geschaffen, der zu Investitionen in die Produktion und Verteilung von Energie führt und somit allen Parteien gesicherten Energiezugang ermöglicht. Die südosteuropäischen Mitglieder verpflichteten sich, die europäischen Vorgaben in den Bereichen Energie, Umwelt und Wettbewerb zu übernehmen. Der Vertrag schafft einen einheitlichen Energiemarkt zwischen der Region und der Union. Zölle und technische Handelshemmnisse werden vertraglich ausgeschlossen; im Falle von Energieengpässen ist gegenseitige Hilfe vereinbart.

Der Weg zur EU-Mitgliedschaft über mehrere Etappen ist für die Westbalkanstaaten von klar bestimmten Bedingungen gekennzeichnet, begleitet von Anreizen zu ihrer Erfüllung bis hin zur Aufnahme von Beitrittsverhandlungen. Voraussetzung für den Fortschritt ist, dass der jeweilige Westbalkanstaat die bekannten, von der EU definierten Vorgaben erfüllt. Dabei wird jeder Westbalkanstaat von der EU einzeln betrachtet und der Fortschritte im Hinblick auf eine mögliche EU-Mitgliedschaft jährliche bewertet. Da die Länder jeweils unterschiedliche Fortschritte vorweisen stehen sie untereinander unweigerlich in einem gewissen (Reform-) Wettbewerb.

Die EU muss abwägen, ob sie auf der Einhaltung der von ihr vorgegebenen Kriterien bestehen soll, auch um ihrer Glaubwürdigkeit wegen oder sich im Einzelfall flexibel zeigt, um die Reformkräfte im Lande nicht zu überfordern oder wenn die Integration in die EU auf zu großen Widerstand stößt. Diese abgestufte und angepasste Vorgehensweise hat sich bislang als ein sehr erfolgreiches Instrument in der Unterstützung des Reformprozesses in den Westbalkanstaaten erwiesen. Für eine Vollmitgliedschaft besteht kein Automatismus sondern sie hängt vom jeweiligen

Fortschritt ab. Kroatien ist in dem gesamten Prozess am weitesten fortgeschritten und steht kurz vor der Erfüllung aller Bedingungen für eine volle Aufnahme in die Union.

2.9.4 Die Türkei unterwegs nach Europa

Während des Kalten Krieges war die Türkei ein wichtiger Eckpfeiler der NATO -Allianz, die mit ihren starken Landstreitkräften die Ostflanke der Allianz verteidigen und den Nahen Osten gegen sowjetischen Einfluss abschirmen sollte. Die USA waren stets sehr bestreb, die ökonomische Schwäche und politische Instabilität der Türkei zusätzlich zur NATO durch eine Aufnahme in die Europäische Gemeinschaft abzustützen. Sie versuchten wiederholt, die europäische Politik dahingehend zu beeinflussen. Demgegenüber beharrten die Europäer insbesondere auf der Einhaltung demokratischer, rechtsstaatlicher und menschenrechtlicher Standards und zeigten damit der Türkei die Bedingungen für eine Zusammenarbeit mit der Union auf.

Mit dem Ende des Ost-West-Konflikts und den Veränderungen von Bedrohungen und Konflikten hat sich auch die strategische und politische Bedeutung der Türkei gewandelt. Die Europa am nächsten liegenden Konfliktzonen dieser Welt, der Nahe und Mittlere Osten stellen für die langfristige Sicherheit Europas sehr ernst zu nehmende Bedrohungen dar. Für die Sicherheit Europas ist es von erheblicher Bedeutung den Regionalkonflikt zwischen Israel und den Palästinensern zu lösen und die sich aus der Region abzeichnenden nuklearen und terroristischen Bedrohungen zu überwinden. Die erstarkten demokratischen Prozesse in der Region, die langjährige autokratische Regime wanken und verschwinden lassen sind ein neues Element für die Sicherheitsarchitektur Europas. Die Union sollte die neuen demokratischen Strukturen umfassend in einer pro-aktiven Politik unterstützen und könnte damit einen stärkeren Einfluss in der Region zurückgewinnen.

Die Türkei ist nicht nur unmittelbarer Nachbar der Union sondern sie liegt auch an der Nahtstelle zur zentralasiatischen Region, zum Nahen und Mittleren Osten und ist durch Kultur und Religion die Verbindung zu dieser Region. Die Türkei ist wichtig für die Stabilität im östlichen Mittelmeer und hat erheblichen Einfluss auf dem Balkan; darüber hinaus bestehen enge Verflechtungen durch die türkischen Einwanderer in die Union. Die europäische Strategie um Europa herum, einen Raum von Sicherheit und die Stabilität zu schaffen muss die Türkei mit einschließen.

Der lange Weg der Türkei nach Europa begann bereits 1959 als die Regierung in Ankara einen Antrag auf Assoziierung mit der damaligen EWG stellte, nur zwei Jahre nach der Unterzeichnung der Römischen Verträge durch die sechs Gründungsstaaten der Gemeinschaft. Nach schwierigen Verhandlungen wurde das entsprechenden Abkommen Ende 1964 wirksam. Die Beziehungen zwischen der Gemeinschaft und der Türkei verliefen in den folgenden Jahren wechselhaft. Als sich der Beitritt Griechenlands zur EWG abzeichnete, entschloss sich auch die Türkei, einen Antrag auf Aufnahme in die Union als Vollmitglied zu stellen. Ein Militärputsch im September 1980 beendete dieses Vorhaben. Nach den ersten freien Parlamentswahlen der Türkei kam es erst 1987 zu einer Wiederannäherung, der zu einem erneuten Antrag der Türkei auf Mitgliedschaft führte. Die Gemeinschaft stellte zwar die „grundsätzliche Beitrittsfähigkeit“ der Türkei nicht in Frage lehnte aber diesen Antrag zunächst ab. Die Mitgliedsstaaten hatten angesichts der politischen, gesellschaftlichen und wirtschaftlichen Situation in der Türkei erhebliche Zweifel an ihrer Europafähigkeit. Die Gemeinschaft schlug stattdessen die Bildung einer Zollunion vor, die 1996 in Kraft trat. Die Ratifizierung durch das Europäische Parlament erfolgte trotz erheblicher Bedenken und unter der Vorgabe, dass die Türkei bei der Beachtung von Demokratie und Menschenrechten Fortschritte aufweisen muss.

Mit einer konzilianteren Haltung Griechenlands gegenüber der Türkei und der Beilegung des offenen türkisch-griechischen Konflikts wandelten sich die Beziehungen mit der Gemeinschaft. Dazu beigetragen haben auch sicherheitspolitische Interessen, die Türkei im Zentrum der Krisen in Zentralasien und Kaukasus, im östlichen Mittelmeer und dem Balkan als einen zuverlässigen Partner zu stabilisieren. Die Stärkung der Beziehungen mit der Türkei durch eine engere Bindung an die Gemeinschaft und die Überwindung von inneren Unsicherheiten standen im Mittelpunkt dieser Überlegungen. So erhielt die Türkei 1999 den Status eines Beitrittskandidaten und die lange angestrebte Beitrittsperspektive, entsprechend den Erwartungen, die die Gemeinschaft bereits 1963 bei der Unterzeichnung des Assoziationsabkommens mit der Türkei geweckt hatte.

Nach erheblichen internen Diskussionen in der Union wurden 2005 die Beitrittsverhandlungen mit der Türkei aufgenommen. Der Verhandlungsrahmen der Europäischen Union hat den Beitritt der Türkei zur Union zum Ziel. Er stellt aber auch klar, dass die Verhandlungen von den Fortschritten der tatsächlichen Reformen in der Türkei bestimmt werden. Das Abhalten von Verhandlungen über die Aufnahme in die Union setzt als solches keinen Automatismus in Richtung auf einen etwaigen tatsächlichen Beitritt in Bewegung.

Die Verhandlungen werden mit offenem Ende geführt, deren Ergebnisse sich nicht im Vorhinein festlegen lassen. Die Türkei wird aufgefordert, erkennbare Bemühen um gute Beziehungen zu den türkischen Nachbarn in der Region zu zeigen insbesondere zur Lösung des Zypern-Problems und zum EU-Mitgliedstaat Zypern; ausstehende Streitigkeiten sollen auf friedlichem Wege geregelt werden. Falls die Türkei in schwerwiegender und anhaltender Weise gegen Werte wie Freiheit, Demokratie, Wahrung der Menschenrechte sowie Rechtsstaatlichkeit verstößt, können die Beitrittsverhandlungen ausgesetzt werden.

Die Beitrittsverhandlungen machen allerdings nur sehr mühsam Fortschritte und gelten inzwischen als die schwierigsten Verhandlungen in der Erweiterungsgeschichte der EU. Die Türkei hat noch erheblichen internen Reformbedarf insbesondere hinsichtlich ihrer vollen Rechtsstaatlichkeit, bei Meinungs- und Pressefreiheit. Die Union hat die Türkei wiederholt aufgefordert ihre Reformbemühungen zu verstärken und zu überprüfbaren, nachhaltigen Ergebnissen zu kommen. Das Ziel der Verhandlungen bleibt weiterhin das einer europäischen Türkei und nicht einer Türkei in Europa.

Die langwierigen Verhandlungen werden begleitet von anhaltenden Diskussionen in der Union aber auch zunehmend in der Türkei über die endgültige Gestalt einer Mitgliedschaft der Türkei in der EU. Mehrere Mitgliedstaaten machen es inzwischen sehr deutlich, dass am Ende des Prozesses etwas anderes als eine türkische Vollmitgliedschaft in der EU stehen soll. Die Gegner eines Türkei-Beitritts sehen sich dabei im Einklang mit einer Mehrheit der europäischen Bevölkerung, die sich Umfragen zufolge gegen eine Mitgliedschaft ausspricht. Allerdings gibt es auch in der Türkei unterschiedliche Meinungen zum einem Beitritt zur Union.

Das zunehmende Selbstbewusstsein der türkischen Politik, gestärkt durch seinen wirtschaftlichen Aufschwung, auch durch die guten wirtschaftlichen Beziehungen gerade mit der Union, hat in den letzten Jahren zu einem Rückgang in der öffentlichen Zustimmung zu einem EU-Beitritt und auch zu den damit verbundenen zahlreichen Reformen geführt. Die positive binnenwirtschaftliche Entwicklung hat die Auffassung auch in den Kreisen des pro-westlich orientierten Bürgertums und der türkischen Wirtschaft gefördert, dass die Türkei eigentlich auf die EU nicht (mehr) angewiesen sei. Vor diesem Hintergrund und dem strategischen Sicherheitskonzept der Union werden mehr und mehr andere Möglichkeiten einer langfristigen Partnerschaft in Betracht gezogen.

So wird neben dem Konzept der privilegierten Partnerschaft eine Teilmitgliedschaft nach dem Vorbild Norwegens oder der Schweiz in der Diskussion aufgebracht. Andere Überlegungen, wie die einer erweiterten Assoziierten Mitgliedschaft oder einer abgestuften Integration sehen eine begrenzte Teilnahme an den politischen und wirtschaftlichen Strukturen der Union vor. Von entscheidender Bedeutung ist allerdings, dass insgesamt das sicherheitspolitische Interesse Europas an der Modernisierung der Türkei und ihrer Einbindung in die europäischen Sicherheitsstrukturen gewährleistet wird.

2.9.5 Die europäische Nachbarschaftspolitik

Im Zusammenhang mit der letzten Erweiterung der Union um 10 Mitgliedern (2004) und zwei weitere (2007) ist die parallel dazu entwickelte Europäische Nachbarschaftspolitik (ENP) zu sehen. Die Europäische Union hat ein Interesse an der Stabilisierung der Staaten in ihrer Nachbarschaft - doch nicht alle diese Staaten kann sie als Mitglied aufnehmen. Sie will diese Länder in die Peripherie der erweiterten Union einbinden und neue Trennlinien in Europa verhindern, ohne damit neue Erweiterungsrunden in Gang zu setzen. Die Vision der Nachbarschaftspolitik besteht darin, einen Raum aus gleichgesinnten Staaten zu haben, die die Werte und Ziele der Europäischen Union teilen und an einer zunehmend engeren Beziehung interessiert sind. Diese würde über die normale Zusammenarbeit hinausgehen und ein erhebliches Maß an wirtschaftlicher und politischer Integration beinhalten.

Die Nachbarschaftspolitik bildet den Rahmen für die Politik gegenüber den Nachbarn der Union im Osten und Süden. Ihr Konzept richtet sich an die Staaten in der Umgebung der Union in Osteuropa, im Südkaukasus, im Mittelmeerraum und im Nahen Osten. Sie erstreckt sich auf 16 Länder: im Osten und Südosten umfasst sie die Ukraine, Belarus, die Republik Moldau, Armenien, Aserbaidschan und Georgien; im Süden sind es Marokko, Tunesien, Algerien, Libyen, Ägypten, Libanon, Jordanien, Israel, die Palästinensische Autonomiebehörde und Syrien. Belarus und Libyen sind in das Konzept grundsätzlich einbezogen. Beide Staaten müssen aber für eine Teilnahme gewisse Vorbedingungen erfüllen. Von Belarus fordert die EU eine durch freie und demokratische Wahlen legitimierte demokratische Regierung, von Libyen die Teilnahme an der Zusammenarbeit im Mittelmeerraum.

Ziel der Europäischen Nachbarschaftspolitik ist die Vertiefung der wirtschaftlichen und politischen Beziehungen zwischen der EU und den

Partnerländern. Im Rahmen der politischen Vorgabe bieten die EU Staaten ihrer Nachbarschaft eine engere Zusammenarbeit an. Die Vorgehensweise ist an den Erweiterungsprozess angelehnt, jedoch mit abgeschwächten Vorgaben oder Bedingungen.

Die Europäische Nachbarschaftspolitik antwortet auf drei neue Sachverhalte: Erstens bedeutet die Aufnahme d.h. der Einschluss der neuen zentraleuropäischen Mitglieder in die Europäische Union auch einen deutlichen Ausschluss von deren Nachbarn. Mit der neuen EU-Außengrenze drohen die kooperativen Beziehungen gerade der neuen Mitglieder zu den Nachbarn beeinträchtigt zu werden.

Zweitens formieren sich die neuen Mitglieder als eine Lobby, die die Beziehungen zu den Nachbarn auf eine neue Grundlage stellen möchte. Hierfür bot das bisherige entwickelte Instrumentarium der Partnerschafts- und Kooperationsabkommen keine angemessene Grundlage mehr.

Drittens sieht sich die EU nicht in der Lage, den Ländern östlich und südlich der Außengrenzen eine Perspektive der Mitgliedschaft anzubieten, sondern sie will eine Vertiefung der wirtschaftlichen und politischen Beziehungen mit den Nachbarländern, um Ausgrenzungseffekte an der neuen Grenze abzuschwächen und instabilen Situationen vor den „Toren der Union“ vorzubeugen.

Die Europäische Nachbarschaftspolitik verfolgt im Wesentlichen drei Zielsetzungen: Erstens ist sie sicherheitspolitisch motiviert und soll dazu beitragen, dass die EU von einem „Ring von Freunden“ umgeben ist. Zweitens bietet sie den osteuropäischen und südlichen Mittelmeerländern Verbesserungen im Zugang zum Gemeinsamen Markt an. Die Nachbarschaftspolitik setzt Anreize für marktwirtschaftliche Reformen. Drittens soll die Nachbarschaftspolitik eine Annäherung der östlichen und südlichen Nachbarländer an die EU herbeiführen, ohne jedoch eine Beitrittsperspektive aufzuzeigen. Sie bietet „Partizipation ohne Inklusion“ aber auch „Teilhabe gegen Reform“. Im Kern geht es darum, den Bestand gemeinschaftlicher Errungenschaften der Union auszudehnen, ohne neue institutionelle Strukturen zu schaffen.

Für die EU ist die Unterstützung der politischen und wirtschaftlichen Entwicklung ihrer Nachbarn die beste Garantie für Frieden, Sicherheit und langfristigen Wohlstand. Mit der Europäischen Nachbarschaftspolitik möchte die EU durch engere Beziehungen mit entsprechenden Vorteilen einen entscheidenden Beitrag dazu leisten, politische und wirtschaftliche Reformziele in den angrenzenden Staaten zu erreichen.

Für die Nachbarländer liegt das Interesse darin, von den Errungenschaften der EU als „weltweite Wirtschaftsmacht“, von ihrer wirtschaftlichen Stabilität und den größeren Märkten sowie von den Erfahrungen im Umgang mit Reformen zu profitieren.

Die ENP wirkt durch Partnerschaft und gemeinsame Verantwortung für den Reformprozess. Dieser stützt sich auf Reformprioritäten festgelegt in den sogenannten Aktionspläne für ein breites Spektrum von Themen: politischer Dialog; wirtschaftliche und soziale Zusammenarbeit und Entwicklung; Handelsfragen, Markt- und Rechtsreform; Zusammenarbeit im Bereich Justiz, Freiheit und Sicherheit; sektorale Themen wie Verkehr, Energie, Informationsgesellschaft, Umwelt, Forschung und Entwicklung; sowie die Förderung von zwischenmenschlichen Beziehungen vor allem durch Kontakte der Bevölkerung, der Zivilgesellschaft, in Bildung und Gesundheit.

Die Europäische Nachbarschaftspolitik will vermeiden, dass entlang der Schengen-Außengrenze der erweiterten EU neue Trennlinien entstehen. Für die EU-Mitgliedstaaten sind Fragen der inneren Sicherheit und Justiz in hohem Maße sensible Bereiche an der Schnittstelle zwischen äußerer und innerer Sicherheit. Die Strategie der Nachbarschaftspolitik versucht beiden Anliegen durch ein effektives Grenz- und Visummanagement gerecht zu werden, auch mit Sonderbestimmungen für den sogenannten kleinen Grenzverkehr. Die Abkommen über Visaerleichterungen mit den Nachbarstaaten beinhalten auch die Zusammenarbeit in Fragen der Migration, der Wiedereingliederung von Migranten und die Beteiligung an Operationen der Europäischen Grenzschutzagentur.

Die Zusammenarbeit im Bereich der Energie ist von besonderer gegenseitiger Bedeutung. Zahlreiche Nachbarstaaten der EU sind selber Liefer- oder Transitland für Erdöl oder Erdgas nach Europa. Andererseits haben insbesondere viele südliche Nachbarstaten ein großes Potential an erneuerbarer Energien wie Solar- und Windenergie, die zur Absicherung der Energieversorgung und Erschließung von Märkten für erneuerbare Energien von gegenseitigem Interesse sind. Im Vordergrund stehen dabei die Harmonisierung der rechtlichen Rahmenbedingungen, Unterstützung bei Fragen der Energieeffizienz und Energietechnologie mit dem Ziel Investitionen und Handel im Energiesektor zu mobilisieren und einen gemeinsamen Energiemarkt zu bilden.

Die Einbindung der Nachbarstaaten in die Ausarbeitung eines „Gemeinsamen Raums der Freiheit, der Sicherheit und des Rechts“ soll durch eine verstärkte politische Integration erreicht werden. Dazu gehören die Verpflichtungen auf die zentralen außenpolitischen Prioritäten der EU, einschließlich der Einhaltung des Völkerrechts, der Verhütung und Beilegung von Konflikten, der Unterstützung eines effektiven Multilateralismus, der Zusammenarbeit bei der Bekämpfung des Terrorismus und gegen die Verbreitung von Massenvernichtungswaffen. Die koordinierte Zusammenarbeit kann die Partnerländer in bestimmte Aspekte der Gemeinsamen Außen- und Sicherheitspolitik oder der Europäischen Sicherheits- und Verteidigungspolitik einbeziehen, wie Beteiligung an EU-Operationen. Es kann auch bedeuten, sich den EU Erklärungen zu bestimmten außenpolitischen Fragen anzuschließen. Eine Praxis die in internationale Organisationen wie UN oder OSZE große Beachtung findet.

Multilaterale Kooperation war bereits in den 1970er Jahren mit den EFTA Ländern erfolgreich. Die Anerkennung der sicherheitspolitischen Interdependenz schafft nicht nur die Voraussetzung für das politische Engagement der Partnerländer, sondern ermöglicht auch die Kooperation mit Staaten, die beispielsweise die wesentlichen politischen Voraussetzungen annähernd erfüllen, von den Zielen einer für die Teilnahme am EU-Binnenmarkt erforderlichen Wirtschaftsreform jedoch noch weit entfernt sind - eine für beide Seiten sehr anspruchsvolle Agenda.

Die von einigen Mitgliedstaaten vorangetriebene Weiterentwicklung des ENP-Konzepts, will eine regionale Differenzierung gegenüber den Nachbarn im Osten und Süden durch die Union für den Mittelmeerraum und die Östliche Partnerschaft. Während die Vereinbarungen und Abkommen in Richtung Osten (Russland, Belarus, Ukraine) weitgehend politisch motiviert sind, sind es für den Südkaukasus und Zentralasien geostrategische Überlegungen und für den Mittelmeerraum vor allem sozioökonomische Fragen.

Der wirtschaftliche Anreiz durch Assoziationsabkommen, eine EU-MED Freihandelszone zu schaffen hat sich als nicht ausreichend erwiesen, um durch eine tiefergehende Kooperation, die strukturellen Probleme in den Ländern selber oder in der Region lösen zu können. So ist das Einkommensgefälle zwischen nördlichen und südlichen Anrainern nicht geringer geworden und die nordafrikanischen Staaten arbeiten weiterhin nur lose zusammen. Einzelne nordafrikanische Staaten stehen in starker Konkurrenz zueinander - sowohl Ägypten als auch Algerien und Marokko sehen sich als regionale Führungsmacht.

Die Union für den Mittelmeerraum (Mittelmeerunion), das Ergebnis einer französischen Initiative sollte aufbauend auf den 1995 begonnenen Barcelona- Prozess entsprechend den Erklärungen „den Beziehungen der Union zum Mittelmeerraum weitere Dynamik verleihen“, insbesondere durch „eine stärkere politische und institutionelle Dimension“. Der Barcelona-Prozess hat zwar einen umfassenden Rahmen für die Entwicklung ökonomischer und politischer Problemlösungen für die Mittelmeer- Region aufgezeigt, in der Praxis aber nicht die erwarteten Ergebnisse gebracht. Die Mittelmeerunion ist allerdings nicht über Absichtserklärungen hinausgekommen; die angestrebten institutionellen Strukturen sind bisher nicht verwirklicht worden.

Die Erfolgsaussichten für eine enge Kooperation zwischen den südlichen Mittelmeerländern untereinander und der EU dürften nicht so sehr von politischen Initiativen der Union abhängen sondern vielmehr von der tatsächlichen Reformbereitschaft in den arabischen Ländern und, ihrer Fähigkeit strukturelle Veränderungen wirklich durchzuführen. Auch müssen politische Lösungen für die regionalen Auseinandersetzungen, wie der israelisch-palästinensische Konflikt und der Westsahara-Konflikt von allen Seiten angestrebt werden, um die Voraussetzungen für eine Zusammenarbeit im Mittelmeerraum zu verbessern.

Die tunesische „Jasminrevolution" vom 14. Januar 2011 zeigt deutlich, dass wirtschaftliche Liberalisierung und wirtschaftlicher Erfolg als Reformansatz und Zukunftsversprechen alleine nicht ausreichend sind. Tunesien hat, abgesehen von den Öl-Staaten und Libanon mit US$ 9000 das höchste Pro-Kopf-Einkommen unter den Ländern der Arabischen Liga. Ägypten, das größte Mitglied, kommt nur auf US$ 5600 und Marokko hat noch weniger. Tunesien, mit einer Urbanisierungsrate von über 60%, verdankt seinen relativen Wohlstand einem besseren Bildungsniveau und einer hohen Exportquote von 40% des BIP, die sich gut mit Europa vergleicht. In Tunesien hat eine aufstrebende Mittelschicht den Kampf um das Recht auf demokratische Strukturen und gesellschaftliche Modernisierung gegen die etablierten Kräfte von innen heraus getragen, gegen das eigene Regime, ohne irgendwelche Parolen von islamische Fundamentalisten oder durch amerikanische Interventionen.

Die tunesische Revolution sollte anderen, nicht nur arabischen Machthabern zu denken geben und sie erkennen lassen, dass demokratische Verhältnisse keine fernen Illusionen mehr sind, sondern als unumgängliche Realitäten notwendig geworden sind. In einer beschleunigten Welt mit Internet-Medien beschleunigen sich nicht nur die Ansprüche sondern auch die Veränderungen von Gesellschaften. Der Funke der Befreiung ist auf andere Länder übergesprungen. Die junge Generation, die wie in Ägypten die Mehrheit der Bevölkerung ausmacht bewegt sich weg von den Alten; sie will ihre Zukunft selbst bestimmen. Diese Vorgänge sind nicht nur ein politischer sondern auch ein gesellschaftlicher Umbruch.

Die sich abzeichnenden Überwindungen struktureller Defizite zur Modernisierung der nordafrikanischen Länder, muss von einer Neuorientierung der europäischen Mittelmeerpolitik flankiert werden. Die Union muss die lokalen Transformationsprozesse in die Moderne unterstützen und stabilisieren. Sie muss Sorge tragen, dass die „arabischen Revolutionen" tatsächliche die von den Menschen angestrebten Ziele erreichen und nicht in einer anderen Form von Diktatur oder Militärherrschaft enden.

Die Union kann dabei ihre umfangreichen Erfahrungen aus dem europäischen Erweiterungsprozess einbringen. Die Reformkräfte wie Zivilgesellschaften, Gewerkschaften und andere demokratisch ausgerichteten Gruppierungen in den jeweiligen Ländern müssen noch stärker als bisher direkt gefördert werden. Bei den Regierungen muss die in den Abkommen zugesagte Einhaltung von Menschenrechten eingefordert und der Aufbau von Rechtstaatlichkeit und demokratischen Verhältnissen vorangebracht werden, begleitet von sehr umfangreichen Investitionen in den Bildungssektor.

Die übergeordneten Sicherheitsinteressen, wie die Eindämmung des islamischen Fundamentalismus dürfen nicht unberücksichtigt bleiben, sie dürfen aber auch nicht überbewertet werden. Das Sicherheitsargument darf nicht zu einer bedingungslosen Sanktion autokratischer Regime führen und dazu beitragen, längst fällige Reformen zu verhindern, die für die Regime unweigerlich mit einem Machtverlust verbunden sind. Die arabischen Regierungen müssen erkennen, dass politische und wirtschaftliche Reformen das Potenzial in der Bevölkerung freisetzen können, das diese Länder brauchen, um Fortschritt und einen höheren Wohlstand zu erreichen. Für die Union wird die Umsetzung einer neugefassten europäischen Politik insgesamt anspruchsvoller, komplexer aber auch schwieriger sein, zumal sie diesmal von allen Mitgliedsstaaten voll und ganz mitgetragen werden muss. Nationale Alleingänge von Mitgliedstaaten dürften auch hier wenig ausrichten und die Wirkung einer gemeinschaftlichen Politik eher untergraben.

Als ein aussichtsreicher Weg für Veränderungen durch Kooperation hat sich auch die Vorgehensweise erwiesen, die auf den gemeinsamen konkreten Interessen einiger Länder aufbaut und nicht von einem politischen Ansatz für alle Staaten ausgeht. Ein solcher „Projektansatz" hat z.B. Jordanien, Israel und Ägypten bereits in den 1990er Jahren dazu bewegt, im Golf von Aqaba gemeinsame Maßnahmen zum Schutz des Meeres gegen Ölverschmutzung zu vereinbaren. Dabei war die Europäische Kommission der „Katalysator", der notwendig war, um die drei Staaten zu einem gemeinsamen Handeln zu bewegen.

Die erste Sitzung der Experten fand im Januar 1994 im ägyptischen Nuweibah, im damals kurz vor der Eröffnung stehenden Hilton Hotel statt. Ich traf mich zunächst mit den jordanischen und ägyptischen Fachleuten der Umweltministerien und dann getrennt mit den israelischen Experten. Aus politischen Gründen und auch aus tiefem Misstrauen gegenüber Israel waren gemeinsame Sitzungen zunächst ausgeschlossen und erst bei informellen Gelegenheiten, wie während der Essen, entspannte sich die Atmosphäre und es entwickelten sich auch persönliche Kontakte. Nach weiteren Sitzungen, die abwechselnd in einem der drei Länder stattfanden wurde tatsächlich eine grenzübergreifende Notfallplanung gegen Ölverschmutzungen im Golf von Aqaba eingerichtet, versehen mit gleicher Ausrüstung, Funkverbindungen und regelmäßigen Übungen. Die letzte regelmäßige gemeinsame Übung zwischen Jordanien und Israel hat im September 2010 stattgefunden.

Die vermittelnde Rolle der europäischen Seite hat sich in meiner Erfahrung auch bei Schwierigkeiten zwischen verschiedenen Interessen in einem Land wie Ägypten gezeigt. So hat die Europäische Kommission beispielsweise einen wesentlichen Anteil an der Errichtung des Unterwasser-Naturschutzgebiets „Ras-Mohammed-Nationalpark" in seiner jetzigen Größe an der Südspitze des Sinai und des Naturschutzgebiets um das Katharinen-Kloster im Inneren des Sinai in Ägypten oder an dem Aufbau einer geordneten Müllentsorgung in Sharm-el- Sheik. Damit wurden in dieser Region die Voraussetzungen für einen nachhaltigen Tourismus geschaffen zum Vorteil der vielen Urlauber, auch aus Europa.

Eine projektorientierte Vorgehensweise ist auch die Grundlage für die angestrebte Nutzung der Solarenergie in Nordafrika. Die Interessen der beteiligten Seiten daran sind sehr groß und erzeugen einen hohen Druck zur Kooperation. Die lange verfolgte Idee, Solarstrom nach Europa zu exportieren erhielt 2008 einen Aufwind durch die Aufnahme als Mediterraner Solarplan (MSP) in die Ziele für die Mittelmeerunion. Die 2009 von einem europäischen privatwirtschaftlichen Konsortium gegründete „Desertec Industrial Initiative" will bis zum Jahr 2050 eine solare Kapazität von 50 Gigawatt errichten. Der Strom soll aber nur zum Teil nach Europa exportiert werden. Die nordafrikanischen Staaten von Ägypten bis Marokko haben einen stark wachsenden Energiebedarf auch wegen der steigenden Zahl der Anlagen zur Meerwasserentsalzung.

Solarstrom oder Windenergie (vor allem im Süden Ägyptens) könnte Energieimporte ersetzen (Marokko, Tunesien), andere Formen von Energie wie Gas durch Solarenergie substituieren und zusätzliche Gasmengen exportieren (Algerien, Ägypten). Zudem entfallen dann die Gründe, die geplanten Atomkraftwerke (Ägypten, Libyen, Algerien), auch als teure Prestigeobjekte, tatsächlich zu bauen. Damit würden erhebliche zukünftige Sicherheitsprobleme erst gar nicht entstehen, wie die Möglichkeit der unkontrollierten Weiterverbreitung von spaltbarem Material und die weltweit ungelösten Fragen der Endlagerung von radioaktivem Abfall. Allein diese Perspektive sollte für die Europäische Union Anlass genug sein, sich mit vollem politischem und finanziellem Einsatz für die Erzeugung von Solarenergie in Nordafrika zu engagieren.

Ein Vorhaben bei dem alle Beteiligten nur gewinnen können: neben der Energieerzeugung und Stromversorgung entstehen erhebliche wirtschaftliche Vorteile für alle „Lieferländer“. Die Beschäftigungseffekte durch den Bau der Anlagen mit entsprechender Infrastruktur sowie der laufende Betrieb dürften sehr bedeutend sein. Hinzukommen langfristige Maßnahmen zur Ausbildung von Ingenieuren und technischem Personal. Die geschätzten Investitionen von € 400 Milliarden dürften auch für die Golfstaaten von Interesse sein und könnten somit die gewünschte Süd-Süd- Zusammenarbeit stärken. Golfstaaten haben bereits große landwirtschaftliche Bewässerungsvorhaben im Süden Ägyptens finanziert - nicht weit von den ehemaligen Kornkammern Roms.

Für die europäische Seite bedeutet Solarstrom einen wichtigen Beitrag zur Erreichung der vorgegebenen „20-20-20“-Klimaziele. Das Interesse am Klimaschutz bestimmt auch die Beteiligung des Münchener Rückversicherers an dem Projekt „Desertec”. Die klimabedingten Versicherungsschäden haben sich infolge der globalen Erwärmung über die letzten 40 Jahre mehr als Verdreifacht. Emissionen bei der fossilen Energieerzeugung sind ein wesentlicher Faktor für die globale Klimakrise.

Die Umsetzung der Solarprojekte ist eine Herausforderung für alle Beteiligten. Die europäische Seite sollte durch Vorleistungen mit Ausbildungsmaßnahmen auf allen Ebenen und die Bereitschaft zum Technologietransfer dem vorherrschenden Misstrauen gegenüber einer möglichen (post-kolonialen) Dominanz begegnen. Die Durchführung eines solchen Großprojekts kann nicht von Energieversorgern alleine bewältigt werden. Die internationale Vernetzung und Verflechtung bei Erzeugung und Transport von Strom macht einmal mehr die Notwendigkeit einer europäischen Energiepolitik deutlich. Darüber hinaus sollte die EU sich mit einem massiven Ausbildungsprogramm für nordafrikanische Staaten engagieren. Das Solarprogramm bietet die Möglichkeit, gleichgerichtete Interessen als Grundlage gemeinsamer Anstrengungen für Innovation und Beschäftigung zu machen. Die Union sollte die Chance nutzen durch gezieltes wirtschaftliches Wachstum in Nordafrika, die Zahl der neuen Emigranten aus Nordafrika und darüber hinaus aus Afrika in das „Paradies Europa“ zu begrenzen.

Die „Östliche Partnerschaft“ soll zusammen mit der Mittelmeerpolitik, die allerdings neu gestaltet werden muss, ein Gesamtpaket für die Nachbarschaftspolitik ergeben. Für die Union ist es politisch äußerst wichtig, zwischen ihren östlichen Grenzen und Russland, einen Raum zu schaffen, der geprägt ist von Kooperation und Stabilität. Die Östliche Partnerschaft, eine Initiative Schwedens und Polens soll stärkeres politische Gewicht erhalten mit mehr Substanz in den wirtschaftlichen und politischen Beziehungen mit Belarus, Ukraine, Moldawien, Armenien, Georgien und Aserbeidschan. Diese Partnerschaft wurde auf einem Gipfeltreffen der Staats- und Regierungschefs der EU und der östlichen Partner in Prag im Frühjahr 2009 mit einer politischen Erklärung gegründet. Die Östlichen Partnerschaft „für die EU sowohl eine strategische Notwendigkeit als auch eine politische Investition“ eröffnet die Perspektive von Assoziierungsabkommens mit einem vertieften und umfassenden Freihandel, verstärkter wirtschaftlicher Integration mit der EU, einschließlich Anpassung von Standards, Zusammenarbeit bei der Energiesicherheit sowie mehr Freizügigkeit und weitergehender finanzieller Unterstützung.

Das Politikkonzept für den Mittelmeerraum, Osteuropa, den Südkaukasus und das Schwarze Meer eröffnet den Weg zu einer Nachbarschafts-Außenpolitik, losgelöst von der Erweiterungslogik mit einer stärkeren regionalen Differenzierung. Die Europäische Nachbarschaftspolitik ist ein wichtiger Schritt der Union, die im Innenverhältnis der Union erzielten Fortschritte in einer konstruktiven Gestaltung der Außenbeziehungen abzusichern und sinnvoll zu ergänzen. Die Union hat es aber bisher nicht geschafft, die sich daraus ergebenden Möglichkeiten auch voll zu nutzen.

2.10 Die neue vielschichtige Welt – der Vertrag von Lissabon

Mit dem Zusammenbruch der Sowjetunion und der alten Weltordnung, das sich an dem Datum des Falls der Berliner Mauer, dem 9. November 1989 (nach amerikanischer Schreibweise 11/9), festmachen lässt, herrschte zunächst die Meinung, damit sei das amerikanische Zeitalter angebrochen. Demzufolge hatte das westliche System von Demokratie und freien Märkten seine Überlegenheit bewiesen und es war nur noch eine Frage der Zeit bis es über die Globalisierung auch den Rest der Welt erreichen würde. Diese Vorstellung von einer alles umfassenden amerikanischen Hegemonie nach westlicher Denk-und Lebensart war allerdings nur von kurzer Dauer; sie endete mit dem Fall der Doppeltürme des World Trade

Centers in New York am 11.September 2001 (9/11 nach amerikanischer Schreibweise).

Globalisierung, ermöglicht durch das Ende der Blockpolitik des Kalten Krieges, war nicht mehr nur eine ökonomische Angelegenheit sondern sie hat eine politische Dimension angenommen. In den neunziger Jahren musste sich die Europäische Union in einer Welt behaupten, die sich in voller Bewegung befand und in der die USA auf allen Gebieten die unumstrittene Führungsrolle innehatten. Die Globalisierung wurde zum Leitbegriff dieser Jahre, in der die weltweite Mobilität von Waren, Dienstleistungen, Kapital und Menschen unaufhörlich zunahm. Die transnational agierenden Unternehmen, denen keine global organisierte Arbeiterbewegung oder Gewerkschaft entgegensteht erhöhen den Wettbewerbsdruck auf die europäische Wirtschaft und belasten zunehmend die sozialen Netze und den sozialen Frieden. Die Arbeitslosenzahlen wuchsen und blieben konstant hoch. Der Druck auf die Löhne nahm zu, begleitet von Drohungen der Unternehmen andernfalls ihre Produktion in Billiglohnländer zu verlagern. Fast das ganze Jahrzehnt stand im Zeichen einer weltweiten Rezession mit heftigen Währungskrisen, die in Lateinamerika oder Südostasien ihren Ausgang nahmen.

Worauf begründet sich die Macht der Globalisierung und der transnational agierenden Unternehmen und Finanzinstitutionen?

Mit der durch die Informationstechnologie ermöglichte Überwindung von Raum und Zeit können Produkte und Dienstleistungen arbeitsteilig zerlegt und an verschiedenen Orten der Welt erzeugt werden ohne Beschränkung durch nationalstaatliche Vorschriften oder Gesetze. Global agierende Unternehmen nutzen ihre Macht aus, um die günstigsten Steuer oder Infrastrukturleistungen zu erzielen oder um Staaten zu bestrafen wenn diese sich „investitionsfeindlich“ verhalten. Staaten und Gesellschaften werden unter wirtschaftlichen Konzepten angesehen und nach ihrer wirtschaftlichen Leistungsfähigkeit beurteilt. Die Wirtschaft führt die Gesellschaft, wie es sich bei dem jährlichen Alpengipfel der internationalen Geschäftswelt in Davos trefflich feststellen lässt.

Der Nationalstaat als territorial gebundene Einheit wird durch die global agierende Gesellschaft unterlaufen. Unternehmen überbieten sich mit Rekordgewinnen (auch in Zeiten der Krise) und in dem Abbau von Arbeitsplätzen. So stehen sich Globalisierungsgewinner, die ihre Profite dem nationalstaatlichen Einfluss entziehen können und deren Verlierer gegenüber, die der Sozialstaat und die funktionierende Demokratie auffangen müssen. Vor diesem Hintergrund von transnational operierenden Unternehmen, Wirtschaftsverbänden und internationalen Finanzierungsinstituten erscheint es geradezu paradox, dass Regierungen, Gewerkschaften und die meisten der politischen Parteien immer noch so tun, als könne der national agierende Sozial-und Wohlfahrtsstaat auf sich gestellt, von sich aus, erfolgreich dem internationalen Wettbewerbsdruck wirklich standhalten.

Globalisierung und neue weltpolitische Konflikte haben die äußeren Koordinaten der europäischen Integration prinzipiell verschoben. Die Globalisierung von Märkten, von ökologischen Problemen, Sicherheitsrisiken und kultureller Zugehörigkeit übersteigen die Handlungsfähigkeit des Nationalstaates. Europa muss sich diesen Veränderung der Rahmenbedingungen, dem Paradigmenwechsel, stellen und aus seiner multilateralen Erfahrung im Umgang mit Freiheit, Menschenrechten und Demokratie seinen Beitrag leisten zur Stabilität einer ökonomisch, kulturell und politisch verflochtenen, zusammenhängenden Welt.

Die damit verbundene Notwendigkeit struktureller Reformen, die verschiedenen Erweiterungsrunden der Union um neue Mitgliedstaaten und die von nationalen Egoismen geprägten Verteilungs- und Machtkämpfe sowie mangelnde Effektivität der internen Entscheidungsverfahren, stellen die Europäische Union vor erhebliche Herausforderungen. Der durch die Globalisierung der Wirtschaft erhöhte Wettbewerbsdruck erzeugt Ängste, auf die die Politik eine Antwort geben muss und zwar nicht mit Renationalisierung oder noch mehr Neoliberalismus sondern mit einem gemeinsamen Vorgehen auf europäischer Ebene. Globalisierung entstanden aus wirtschaftlichen Dimensionen ist eine politische Herausforderung. Die Schutzfunktion, die die Europäische Union als Friedensmacht nach außen ausübt ist nun auch im Inneren gefragt: zu der Sicherung der Lebensverhältnisse und der sozialen Stabilität in der gesamten Union.

Der Reformdruck von innen, durch die auf 27 Mitgliedsstaaten gewachsene Europäische Union und die Veränderung der äußeren globalen Verhältnisse verlangen nach einem Mehr an Europa. Dabei dürfte das grundsätzliche Spannungsverhältnis bestehen bleiben, das die europäische Integration von Anfang an gekennzeichnet hat: zwischen nationaler Denkweise und den europäischen Erfordernissen von gemeinsamer Souveränität, von Solidarität, Kooperation und Integration.

Die nationalen Regierungen, die ihren eigenen Souveränitätsbereich bewahren und Kompetenzen an die Gemeinschaft nur zögerlich übertragen und zusammenführen wollen, befürworten eine strikte Kontrolle des Integrationsprozesses. Andererseits sind sich alle Beteiligten über die Notwendigkeit weiterer Anpassungen und eines gemeinsamen Vorgehens im Klaren - schließlich bietet die Europäische Union gegenüber nationalen Alleingängen hervorragende, erweiterte wirtschaftliche, politische und sicherheitsrelevanten Perspektiven und Möglichkeiten.

Trotz aller Skepsis gegenüber weiteren Integrationsschritten und langwierigen Konflikten zwischen den Mitgliedstaaten, auch um der eigenen Bevölkerung kurzfristige Erfolge präsentieren zu können, haben die Mitgliedstaaten angesichts der enorm gestiegenen globalen Anforderungen letztendlich sich selbst für eine Weiterentwicklung der Union ausgesprochen. Die Europäische Union ist für die Mitgliedsstaaten und ihre Nachbarn der gemeinsame Rahmen für die Antworten auf die Herausforderung von außen, auf die Globalisierung. Die aus Europa heraus weiterhin bestehenden Anforderungen und Erwartungen an die Union wie die Aufnahme weiterer Mitglieder, die notwendige Verbesserung der Effektivität und Effizienz in der Ausarbeitung und Umsetzung gemeinsamer Politiken bleiben bestehen. Dies sind Aufgaben, die gemeinsam zu bewältigen sind. Aber die Welt wartet nicht auf Europa.

Die Globalisierung hat den politischen Unterschied verwischt zwischen dem was binnenstaatlich ist und dem was außerhalb passiert, mit dramatischen Konsequenzen für jeden Einzelnen. Der Nationalstaat kann sich nicht von dem Rest der Welt abschotten oder sogar abwenden. Einzeln, auf sich gestellt, ist jeder der EU- Mitgliedsstaaten zu klein und ohne wirkliches politisches oder wirtschaftliches Gewicht, um globalen Einfluss zu haben. Wirtschaftliche, politische oder sonstige Veränderungen in China, Indien oder anderen Teilen der Welt betreffen uns direkt; die globalen Abhängigkeiten verlangen geradezu nach einer gemeinsamen europäischen Antwort. Und so gibt es trotz aller Uneinigkeiten, nationaler Eitelkeiten und Differenzen keine Alternative zu einem stärkeren gemeinsamen Vorgehen auf europäischer Ebene.

Die Mitgliedsstaaten wollten diesen Herausforderungen zunächst mit dem großen Entwurf einer politischen Union in Form des Verfassungsvertrags von Lissabon entsprechen. Der fertig ausgehandelte Vertrag, von den Staats-und Regierungschefs aller Mitgliedsstaaten unterzeichnet wurde jedoch nicht von allen Staaten ratifiziert und war damit hinfällig. Nach außen hin waren es die negativen Volksentscheide in Frankreich und den Niederlanden, die das ehrgeizige Vorhaben einer Europäischen Verfassung zu Fall brachten. Aber tatsächlich war mit der Ankündigung Großbritanniens, ein Referendum zum Verfassungsvertrag durchführen zu wollen, das Verfassungsprojekt in Frage gestellt worden. Noch auf dem EU- Gipfel im Dezember 2003 hatte der damalige Premierminister Blair eine Volksabstimmung in seinem Land strikt abgelehnt, um dann nur wenige Monate später im April 2004 eine vollkommene Kehrtwendung zu machen. Die Folge war ein Dominoeffekt: zahlreiche weitere Mitgliedstaaten sahen nun ebenfalls die Notwendigkeit für eine Volksabstimmung über Europas neue institutionelle Ordnung.

Das Ergebnis der ablehnenden Volksentscheide war eine erhebliche Verzögerung und die Notwendigkeit einen weiteren neuen Anlauf zu unternehmen, um Lösungen für die unumgänglichen Veränderungen zu finden. Der Kompromiss führte nach Berücksichtigung nationaler Vorbehalten zu einer umfassenden Vertragsreform auf der Basis der bestehenden europäischen Verträge bei weitgehender Erhaltung der Substanz des Verfassungsvertrags. Die neuen Verträge, allgemein als Vertrag von Lissabon bezeichnet umfassen zwei Verträge. Den „Vertrag über die Europäische Union", der als neuer Vertrag gemeinsame Bestimmungen zu den demokratischen Grundsätzen und Organen enthält und der „Vertrag über die Arbeitsweise der Europäischen Union", der gewissermaßen den bestehenden Vertrag über die Europäische Gemeinschaft fortschreibt.

Mit der Unterzeichnung und Ratifizierung des Vertrags von Lissabon konnte der lange und verzögerten Reformprozess der Europäischen Union endlich Gestalt annehmen. Durch ihn wird eine politische Union mit eigener Rechtspersönlichkeit und einem einheitlichen institutionellen Rahmen geschaffen. Nach der Wiedervereinigung des Kontinents brauchte Europa diese Neugründung, um die großen Herausforderungen des 21. Jahrhunderts, wie die Globalisierung angehen zu können. In gewisser Weise versucht Europa nun mit dem Vertrag von Lissabon, wie zuvor mit den Römischen Verträgen nach dem Zweiten Weltkrieg, mit dem neuen Umfeld zu Recht zu kommen.

Die Europäische Integration hat sich durch Verflechtungen, Übertragung von Kompetenzen und Bündelung von Souveränität zum Kern politischer Machtarchitektur entwickelt. Damit liegt die Notwendigkeit von effektiver Handlungsfähigkeit und Legitimation im klaren Eigeninteresse aller Beteiligten. Die Wiederherstellung eines offenen und geeinten Europas und die Erweiterung der Union auf 27 Mitgliedstaaten in einem politischen wie geografischen Verbund erfordert eine zuverlässige und stabile Grundordnung. Indem die Europäische Union ihr Vorhaben des Friedens und der Stabilität verfolgt und dabei ihre soziale und wirtschaftliche Integration konsolidiert, kann sie ihren Bürgern einen Raum der Freiheit der Sicherheit und des Rechts bieten. Als globaler Akteur kann sie zur Gestaltung einer gerechteren und nachhaltigeren Welt beitragen. Um dieses Ziel zu erreichen, musste die auf 27 Mitglieder erweiterte Europäische Union „demokratischer, transparenter und effizienter" werden.

Die eigene Rechtspersönlichkeit erlaubt es der Union besser und einfacher aufzutreten. So sind die Vertretungen der Europäischen Union in Drittstaaten und bei den Internationalen Organisationen zukünftig Botschaften der Union. Mit der Aufnahme von großen Bereichen der Innenpolitik in den Bereich der gemeinsamen Politik der Union hat europäische Politik weitreichende direkte Auswirkungen in den Mitgliedsstaaten. Die Beziehungen zwischen den Mitgliedsstaaten werden nicht mehr durch die Außenminister sondern durch innenpolitische Fragen bestimmt.

Europa als Binnenland ohne Grenzen ist für seine Bürger greifbarer geworden. Der Vertrag von Lissabon hat dafür die Grundlagen geschaffen durch eine Korrektur der Entscheidungsprozesse, durch die Ausweitung der demokratischen Legitimation, durch die Verbesserung der institutionellen Strukturen und durch die Stärkung des weltpolitischen Handelns der Europäischen Union. Zu den zentralen Reformen des Vertrags gehören die Ausweitung der Mehrheitsentscheidungen, die Einführung der doppelten Mehrheit, die Reform der Zusammensetzung der Kommission, die Stärkung der Gemeinsamen Außen- und Sicherheitspolitik, die deutlichere Abgrenzung der Verantwortlichkeiten zwischen der Union und den Mitgliedstaaten, die erhebliche Stärkung der Rechte des Europäischen Parlaments, die Rechtsverbindlichkeit der Charta der Grundrechte, die Einführung eines europäischen Bürgerbegehrens sowie die Verbesserung der Möglichkeiten einer differenzierten europäischen Integration.

Die differenzierte Integration ermöglicht eine variable politische Architektur Europas, wie es bereits mit Schengen und der Eurozone der Fall ist. Nicht jeder Staat wird sich an jedem weiteren Schritt der europäischen Integration beteiligen wollen, noch erscheint es hinnehmbar, dass eine solche von einzelnen Ländern gegen das erklärte Interesse der anderen völlig blockiert werden kann. Unterschiedlichkeiten in einem gemeinsamen Rahmen können sich als Stärke erweisen. Die im Vertrag vorgesehenen Differenzierungen, bezeichnet als „verstärkte Zusammenarbeit" und als „ständige strukturierte Zusammenarbeit", sind künftig in allen politischen Bereichen möglich, die nicht unter die ausschließlichen Zuständigkeiten der Union fallen, wie etwa der wichtige Bereich der Außen- und Sicherheitspolitik.

Das Verfahren der „verstärkten Zusammenarbeit" haben die Mitgliedsstaaten bisher bei der Handhabung von grenzüberschreitenden Ehescheidungen genutzt. Ehepaare in 14 EU-Staaten können wählen, ob das Recht im Land ihres Wohnsitzes oder das Recht ihres Herkunftslandes anwendbar ist. Andere EU-Staaten können sich dieser Vereinbarung, die Mitte 2012 in Kraft treten soll, anschließen. Die neuen Bestimmungen würden auch Klarheit darüber bringen, welches Gesetz gilt, wenn sich die Partner nicht auf ein Rechtssystem einigen können. So soll verhindert werden, dass ein Ehepartner die Gesetze eines Landes dazu verwendet, den anderen Partner bei den Scheidungsverhandlungen zu benachteiligen. Die verstärkte Zusammenarbeit dürfte auch die Einführung eines einheitlichen europäischen Patentschutzes ermöglichen. Zwölf Mitgliedsstaaten haben sich darauf verständigt, dass das EU-Patent nur noch in Deutsch, Englisch und Französisch angemeldet werden soll, um die hohen Kosten wegen der bisher vorgeschriebenen Übersetzung in alle Amtssprachen zu reduzieren.

Eine weitere Verfassungsbestimmung erlaubt es dem Europäischen Rat, Entscheidungsprozesse in der Europäischen Union ohne das langwierige Verfahren der Regierungskonferenz zu verbessern. Durch einstimmigen Beschluss der Staats- und Regierungschefs können Bereiche, die einstimmige Entscheidungen verlangen in die internen Politikbereiche der Union überführt werden, in denen Mehrheitsentscheidungen gelten. Dadurch können Stabilität und Dynamik der Europäischen Integration miteinander in Einklang gebracht werden.

Die Ausweitung der Mehrheitsentscheidungen und die Einführung der doppelten Mehrheit sind wichtige Schritte auf dem Weg zu mehr Handlungsfähigkeit und Demokratie. Die Verzerrung von Entscheidungen durch die bisher gegebenen Stimmgewichtungen im Rat ist nicht im Einklang mit den demokratischen Ideen. Das neue System mit der Zahl der Einwohner und der Zahl der Staaten als Basis der doppelten Mehrheit bei Abstimmungen im Rat sichert eine demokratischere Legitimation der Entscheidungen. Ein weiterer wichtiger Baustein demokratischer Legitimation der Europäischen Union ist die Aufnahme der Charta der Grundrechte in das Primärrecht der Europäischen Union und damit die Anerkennung der zentralen Rolle der Menschen im politischen System der Europäischen Union. Die Charta ist zwar nicht, wie im Verfassungsvertrag vorgesehen in ihrer ganzen Länge Teil des Vertrags von Lissabon, besitzt aber dennoch für die Mitgliedstaaten volle Rechtsverbindlichkeit.

Das Europäische Parlament als einzige, direkt von den Einwohnern der Mitgliedsstaaten gewählte Institution der Union erhält durch den Lissabon-Vertrag erheblich mehr Gewicht. Das Europäische Parlament ist der eindeutige Gewinner der vertraglichen Neureglungen. Das sogenannte „Mitentscheidungsverfahren“, bei dem das Parlament neben dem Rat gleichberechtigter Gesetzgeber ist, wird zum Regelverfahren bei der Gesetzgebung der Union. Es wird keine relevante inhaltliche Entscheidung mehr getroffen, ohne dass das Parlament formell oder indirekt mit einbezogen ist. Das Parlament ist zu einem bestimmenden Machtfaktor und Institution in der europäischen Struktur geworden.

Ein Europa, auf das immer mehr Aufgaben zukommen und das auf Grund seiner stabilisierenden Attraktivität immer mehr Mitglieder an sich zieht, ist keine abstrakte politische Vorstellung sondern ganz konkret ein politischer und wirtschaftlicher Akteur, der an seinen Leistungen und tatsächlich erzielten Ergebnissen gemessen wird. Ein Akteur von dem Handlungsfähigkeit und Zuverlässigkeit erwartet werden.

Europa liefert die Antwort mit seinem strategischen Konzept der Differenzierung nach innen und nach außen. Diese Übersetzungsarbeit vom Großen ins Kleine hat begonnen: von der Sicherheit bis zur Energie, von der Mittelmeerunion bis zum Umgang mit den Nachbarn im Osten. Nur die Union kann schlüssige Antworten liefern, nur die Gemeinschaft ist stark genug, den einzelnen Staaten und seinen Menschen Sicherheit, Schutz, Ordnung und Individualität zu garantieren. In dieser Begründung Europas in der Welt von heute, warum die Mitgliedsstaaten sich in dem gemeinsamen Projekt Europa engagieren und zusammenschließen, steht die Zukunft seiner Bürger im Mittelpunkt.

Der Vertrag von Lissabon ist die neue Grundlage für die Behauptung Europas im Zeitalter der Globalisierung und in dessen Mitgestaltung durch eine weltfähig gewordene Europäische Union. Die Union hat damit eine Ausgangsbasis, um sich in den abzeichnenden globalen Umwälzungen in der Welt von Morgen zu behaupten und mit seinem einzigartigen europäischen Konzept, die Welt von Morgen aktiv mit zu gestalten.

3. Europa in der Welt von morgen

3.1 Von der gemeinsamen Gegenwart gemeinsam in die Zukunft

In den letzten 20 Jahren hat die Welt sich in einem atemberaubenden Tempo verändert, nicht weniger als in der Zeitspanne von 20 Jahren zuvor. Versetzen wir uns in das Jahr 1970, die Welt ist auf dem Höhepunkt des Kalten Krieges mit einer sehr mächtigen Sowjetunion und einem im Vietnamkrieg verstrickten Amerika, mit einer Europäischen Gemeinschaft, die dabei ist sich von dem Stillstand der Integration, ausgelöst durch die Blockadepolitik von Frankreichs Präsident De Gaulle zu erholen und sich durch Erweiterung zu konsolidieren. 20 Jahre später ist der Kalte Krieg vorbei, die Sowjetunion zerfallen, die Zahl der Mitgliedsstaaten in der Europäischen Union hat sich von 6 auf 12 verdoppelt und der Europäische Kontinent beginnt wieder zusammen zuwachsen.

Seit 1990, der friedlichen Europäischen Revolution, hat sich die Entwicklung der Welt mit einer globalen vernetzten Wirtschaft, mit wechselseitiger Abhängigkeit und nie dagewesenem unübersehbaren Wettbewerb weiter beschleunigt. Internationale Abhängigkeiten und Verbindungen sind nichts Neues, aber sie waren bisher nicht so komplex und global wie heute. Europa und Russland sind eng durch die Energie verbunden, die USA und China befinden sich in einer finanziellen Abhängigkeit, die regelmäßigen Treffen der fünf Mitglieder des Sicherheitsrats der UN haben großen Einfluss auf das weltweite Geschehen, ohne dass die Betroffenen an den Entscheidungen beteiligt wären.

Strukturelle Veränderungen wie auch grundlegende Innovationen werden kaum noch nach Jahrzenten, geschweige denn Jahrhunderten sondern nach wenigen Jahren bemessen. Die Globalisierung hat die Welt grundlegend verändert. Transport und Kommunikation, die einst wegen der hohen Kosten eher Barrieren waren, sind heute durch Innovation und technischen Fortschritt zum Medium geworden, das Kontinente, Menschen und Firmen verbindet. Die Veränderungen wie sie sich aus der Globalisierung der Wirtschaft ergeben, werden sich noch weiter beschleunigen, ein Bild das auch von verschiedenen Studien über globale Trends und Entwicklungen über die nächsten 15 bis 20 Jahre bestätigt wird. Dieses kontrastreiche Bild, eine Mischung von schnellem globalen Fortschritt und Wandel und zunehmender privater Verunsicherung kennzeichnet die Welt von morgen. Krisensituationen können das Geflecht von internationalen Beziehungen leicht ins Wanken bringen z.B. durch Abschottung der Märkte oder einseitige Währungsmaßnahmen. Solche Vorgehensweisen sind nicht ohne Beispiel und es hat sich im letzten Jahrhundert gezeigt wie Protektionismus zum Schaden aller wirken kann. Globalisierung ist keine Einbahnstraße; sie ist auch umkehrbar, jedoch mit nicht absehbaren Folgen.

Die weltweiten gegenseitigen Abhängigkeiten werden weiter zunehmen aber auch Unterschiede innerhalb und zwischen Ländern und Regionen werden sich noch stärker zeigen als bisher. Gleichzeitig wird das Aufkommen neuer globaler Mächte, das globale Machtgefüge verändern und das Finden von gemeinsamen Lösungen für globale Krisen noch schwieriger machen.

Die Welt wird mehr als heute stärker vernetzt und gleichzeitig stärker fragmentiert sein. In 20 Jahren wird es kaum eine einzelne dominierende Macht geben, die im internationalen Gefüge den Ton angeben kann. Die zunehmende Komplexität der globalen Situation wird es noch schwieriger machen, globale Macht und Führung auszuüben und die globale Agenda zu bestimmen, um gemeinsame Probleme wie den Klimawandel koordiniert anzugehen. Das internationale Konzert wird von mehreren großen Teilnehmern bestritten werden, die aber nicht unbedingt nach den gleichen Notenblättern spielen dürften.

Die sich abzeichnende „multipolare" Welt, bestimmt zugleich von Kooperation, Wettbewerb und Kampf, birgt in sich die Gefahr großer globaler Auseinandersetzungen. Neben den klassischen Instrumenten wie militärische und wirtschaftliche Macht werden dabei andere Faktoren bestimmend sein, wie Zugang und Verfügbarkeit über natürliche Ressourcen (Wasser, Energievorkommen, landwirtschaftliche Nutzflächen), der Stand von Wissen und Forschung (technische und wissenschaftliche Innovation) und die tatsächliche politische und gesetzliche Legitimität. Wenn es nicht gelingen sollte, die begrenzten Ressourcen in einer weltweiten Kooperation nachhaltig zu nutzen, werden ernsthafte Spannungen und Konflikte sich kaum vermeiden lassen und könnten zu einer Welt führen, die mit der gegenwärtigen wenig Gemeinsames haben dürfte.

3.2 Globale Trends

Der nach wie vor bestimmende Faktor für globale Entwicklungen ist die weiter wachsende Zahl der Menschen auf der Erde bis etwa zur Mitte des Jahrhunderts. Ab 2050 wird mit einem Abflachen der Bevölkerungsentwicklung gerechnet. Nach Angaben der UN wird die Weltbevölkerung innerhalb der nächsten 15 Jahre um etwa ein Viertel von jetzt rd. 7 Milliarden auf dann mehr als 8,5 Milliarden zunehmen, fast ausschließlich in Asien und Afrika. Allerdings wird sich das Wachstum der Weltbevölkerung insgesamt verlangsamen, aufgrund einer allgemeinen Veränderung der demographischen Strukturen von hohen Geburtenraten, hoher Sterblichkeitsrate und kurzer Lebenserwartung hin zu niedrigen Geburtenraten, niedriger Sterblichkeitsrate und hoher Lebenserwartung. Während die entwickelten Länder schon in einer fortgeschrittenen Phase dieser strukturellen Veränderungen sind, werden die meisten Entwicklungs-und Schwellenländer mit weiterhin hohen Geburtenraten und Bevölkerungszunahmen erst in einigen Jahren diese Phase des Übergangs erreichen.

Im Jahr 2025 werden nahezu zwei Drittel der Weltbevölkerung in Asien leben; die Bevölkerung Indiens wird mit geschätzten 1,44 Milliarden Menschen in etwa der Chinas entsprechen, die allmählich zurückgehen wird. Die Gesamtbevölkerung der westlichen Industrieländer wird sich insgesamt wenig verändern. Die Entwicklungen werden aber sehr unterschiedlich sein zwischen den USA (+ 17,5%), der EU (+2%), von Japan (-2,5%) und Russland(-11%). Die EU wird dann gerade mal 6,5 % der Weltbevölkerung ausmachen; kein Land der Europäischen Union wird für sich genommen zu den 10 bevölkerungsreichsten Ländern der Welt zählen - was aber nicht nur als ein Nachteil angesehen werden sollte.

Die Lebensweise der Menschen wird sich - global gesehen - weiter von seinem natürlichen Umfeld entfernen. Im Jahr 2010 lebten zum ersten Mal mehr Menschen in urbanen als in ländlichen Regionen. In den nächsten 20 Jahren werden auf die Entwicklungs-und Schwellenländer 95 % des städtischen Wachstums entfallen; etwa 4 Milliarden Menschen werden in urbanen Zentren leben. Dementsprechend wird auch die Zahl der Bewohner von Elendsvierteln auf geschätzte 1,5 Milliarden anwachsen, mit unzureichendem Zugang zu Wasser und sanitären Einrichtungen, mit sozialen Problemen, Drogen und Kriminalität.

Eine alternde Bevölkerung wird in den OECD Ländern überwiegen aber auch in anderen Ländern, wie China allmählich zunehmen. Es wird geschätzt, dass im Jahr 2025 weltweit mehr als 1,2 Milliarden Menschen über 60 Jahre alt sein werden. Die Europäische Union wird einen hohen Anteil an der Bevölkerungsgruppe mit über 65 Jahren haben, übertroffen nur noch von Japan. Auf längere Sicht wird die alternde Bevölkerung in den Industrieländern zu einem Mangel an Menschen im arbeitsfähigen Alter führen. Im Jahr 2030 wird sich das Verhältnis von Personen im arbeitsfähigen Alter zu den Älteren von jetzt 4 zu 1 auf 2 zu 1 halbieren und im Jahr 2050 bei 1 zu 1 liegen. Die öffentlichen und privaten Haushalte werden erhebliche Mittel für altersbedingte Aufwendungen wie Renten, Gesundheitswesen und angepasste Wohnbedingungen bereitstellen müssen.

Im Gegensatz dazu wird in vielen nicht- OECD Ländern die Bevölkerung sehr jung und im arbeitsfähigen Alter sein, mit entsprechenden Problemen für diese Länder, eine ausreichende Zahl von Arbeitsplätzen zu schaffen. Diese Unterschiede zwischen alternder Bevölkerung und Mangel an Arbeitskräften bei den entwickelten Länder und dem Gegenteil auf der anderen Seite, den unterentwickelten Ländern, wird einer der Hauptgründe für das Entstehen von Migration sein. Internationale Migration wird weiter zunehmen. Ohne Einwanderer wird Europas Bevölkerung weiter zurückgehen. Zudem werden die meisten EU-Staaten zur langfristigen Sicherung des Wohlstandsniveaus, auch angesichts der wirtschaftlichen Globalisierung mit ihrem zunehmenden Konkurrenzdruck, noch viel stärker als bisher auf selektive Migration angewiesen sein.

Bezogen auf 2005 wird sich die weltweite Produktion in 20 Jahren verdoppeln. Asien wird der weltweit führende Produzent und Exporteur von Gütern werden. Das Dreigespann von USA-EU-Japan wird nicht mehr alleine tonangebend sein, auch wenn es den USA gelingen sollte ihre Führerschaft zu behaupten. Die weltweite Einkommensverteilung wird ausgeglichener sein. Der Anteil der Entwicklungs- und Schwellenländer am Wohlstand der Welt wird sich auf über ein Drittel belaufen, gegenüber 20% im Jahr 2005.

Asien wird sich zum Zentrum der Produktion in der Welt entwickeln. China, Indien und Korea zusammen werden so stark sein wie Europa; mit Japan und anderen asiatischen Ländern könnte der Anteil Asiens am Welt-Bruttosozialprodukt sich auf mehr als 30% belaufen und den der Union von etwa 20% übertreffen. Noch vor 2025 wird China nach den USA zur stärksten Wirtschaftsmacht der Welt aufsteigt; Indien sich wird vor Italien aber nach Frankreich auf Platz sechs befinden.

Im Jahr 2030 wird die Mittelklasse mit einem jährlichen Einkommen zwischen € 3000 und € 15000 etwa eine Milliarde Menschen umfassen von denen 90% in Schwellenländern leben werden. Die Einkommensunterschiede in China und anderen asiatischen Ländern dürften sich verschärfen. Eine junge Bevölkerung mit eigenen Zukunftsvorstellungen und eine wachsende Mittelklasse haben auch politische Auswirkungen und Ansprüche, wie sich Anfang 2011 in Tunesien und Ägypten gezeigt hat. Im Jahr 2025 wird der Welthandel sich verdoppeln mit einem zunehmenden Exportanteil (über 30%) von den Ländern des Südens. Asien wird die Union als größter Lieferant für die Welt ablösen mit über einem Drittel aller Exporte weltweit. Die Positionen der Europäischen Union und der von Asien werden sich vertauschen. Ein weiterer Anstieg der Dienstleistungsgesellschaft basierend auf Wissen wird zunehmend die klassische Industriegesellschaft ablösen.

Der Zuwachs an Wissen und an wissen- und datengestützte Investitionen wird stark von dem Umfang an Forschung und Entwicklung bestimmt werden. Es wird erwartet, dass sich diese Bereiche stärker in Asien als in den USA und Europa entwickeln, schon allein durch deren wesentlich größere Zahl an Studierenden und Wissenschaftlern wie sie sich durch die größere Gesamtbevölkerung ergibt. Wenn die sich abzeichnenden Trends anhalten werden die USA und Europa zwar ihre wissenschaftliche und technologische Überlegenheit bis 2025 an Asien verloren haben aber nach wie vor von wesentlicher Bedeutung sein. Es wird erwartet, dass Indien und China bis dahin ihren Anteil an weltweiter Forschung und Entwicklung auf 20% verdoppelt werden.

Was dabei auf dem Spiel stehen kann, ist der Zugang zu globalen Wissen, die Entwicklung von weltweiten Standards und die schnell weltweite Verfügbarkeit von Forschungsergebnissen für Bereiche, die für Europas zukünftigen Wohlstand von großer Bedeutung sind. Dazu gehören Technologien zur Energieeinsparung und für erneuerbare Energien, Forschung zur Erhöhung der Effizienz von Ressourcen, die unabdingbar sind für eine nachhaltige Wirtschaftsentwicklung und die Beherrschung der Klimakrise. Andere Bereiche sind medizinische Forschungen, Wissen über die Verbreitung von Krankheiten und Epidemien, über Nahrungsmittelsicherheit. Der gesicherte Zugang zu Wissen in internationalen Netzwerken aus Europa heraus muss gewährleistet sein, um auch für Forscher und Investoren auf internationalem Niveau von Interesse zu bleiben.

Es wird geschätzt, dass 2025 etwa 650000 Chinesen und etwa 30000 Inder außerhalb ihres Landes studieren werden, ein klarer Hinweis für den Fortschritt dieser Länder an dem globalen Wissen teilzuhaben. Europa muss sich den Zugang zu internationalem Wissen durch mehr Kooperation mit Asien sichern. Asien wird 2025 die höchste kommerzielle Forschung und Entwicklung haben. Europa wird weiterhin in klassischen Disziplinen wie Chemie, Astronomie, Ingenieurwissenschaften und Physik führend sein. Aber Europa bleibt hinter den USA zurück in neuen Gebieten wie Informationstechnologie, Biotechnologie.

3.3 Die Verletzlichkeit unseres Planeten

Die neue Geopolitik ist gekennzeichnet durch eine zunehmende Verknappungen von Energie und natürlichen Ressourcen gepaart mit dem Auftreten neuer Teilnehmer. Die gegenwärtige Art zu produzieren und zu konsumieren nimmt keine Rücksicht auf den hohen Verbrauch von nicht erneuerbaren und damit immer knapper werdenden natürlichen Ressourcen. Der Planet Erde reicht aber nicht für einen globalen westlichen Lebensstil für alle.

Zugang zu sicherer und sauberer Energie, die Handhabung von chronischem Nahrungsmittel- und Wassermangel wird für eine steigende Zahl von Ländern auch angesichts steigender Preise in naher Zukunft das Hauptproblem sein. Die bereits angespannte Situation im Bereich der Rohstoffe wird weiter kompliziert und auch verschlechtert werden durch die Auswirkungen des Klimawandels. Nach Berechnungen der Internationalen Energieagentur in Paris wird im Jahr 2025 der Weltenergiebedarf gegenüber 2005 um 50% höher sein.

Die Ölproduktion bleibt von entscheidender Bedeutung, insbesondere für den Transportsektor; Kohle wird weltweit zur wichtigsten Energiequelle werden vor allem für die Stromerzeugung in Indien und China. Fossile Energieformen (Öl, Kohle, Gas) werden 80% des weltweiten Primärenergiebedarfs abdecken, der Rest wird je zur Hälfte auf erneuerbare und nukleare Energie entfallen. Es ist zu befürchten, dass die sich verschärfende Knappheit von Öl und Gas mit weit höheren Preisen zu einer zunehmenden Nutzung von anderen Energiequellen führen wird, die mit wesentlich höheren Risiken verbunden sind und wenig zum Kampf gegen den Klimawandel beitragen werden, wie der Abbau von Teersanden, Tiefseebohrungen, Kohleverflüssigung, Feuerholz aus Waldrodungen. Brandrodung von geschützten Urwäldern für den Anbau von Biotreibstoffen ist schon jetzt einer geordneten Vorgehensweise entglitten.

Die Förderung von Erdöl wird auf wenige Länder konzentriert sein; Russland wie auch der Nahen Osten mit 2/3 der Weltölreserven werden die Hauptöllieferanten sein. Es wird erwartet, dass Saudi Arabien allein die Hälfte der Ölproduktion der Golfstaaten ausmacht, soviel wie Afrika und die Region des Kaspischen Meeres derzeit zusammen. Eine Folge dieser zunehmenden Konzentration ist die steigende Kontrolle der Öl- und Gasreserven durch staatliche Ölgesellschaften. Bislang waren es eher Kapitalgesellschaften, die den Öl- und Gasmarkt bestimmten, geleitet von Ertragsaussichten und Marktsituationen für Exploration und Investition. Demgegenüber sind staatliche Ölgesellschaften bestimmt von volkswirtschaftlichen und politischen Überlegungen wie einer kontrollierten Förderung, um die begrenzten Ressourcen länger nutzen zu können.

Der Erdgassektor wird von drei Staaten dominiert, von Russland, Iran und Katar, die zusammen fast 60% der weltweiten Erdgasreserven besitzen. Nimmt man Öl und Gas zusammen so haben Russland und der Iran eine starke Position. Obwohl Gas als saubere Energie an Bedeutung zunehmen wird, dürfte der Verbrauch von Kohle als billige und fast unbegrenzt zur Verfügung stehende Energie am schnellsten wachsen, trotz der damit verbundenen hohen Umweltbelastung. Auslöser für eine steigende Kohleförderung, vor allem zur Stromerzeugung sind die tendenziell steigenden Preise für Öl und Gas. Drei der größten Energieverbraucher- die USA, China und Indien - verfügen neben Russland über die größten Kohlereserven, insgesamt mehr als 2/3 der bekannten Vorkommen. Durch die Entwicklung verbesserten Verbrennungsverfahren wird zwar der Ausstoß von CO2 relativ zurückgehen aber China wird insgesamt die größte Klimabelastung verursachen, mehr als die USA trotz eines geringeren Bruttoinlandsprodukts. Die Forderung nach einer stärkeren Substitution von fossilen Energieträgern durch weniger kostengünstige erneuerbare Energieträger wird von den aufstrebenden Ländern wie China oder Indien rundweg abgelehnt. Eine solche Einschränkung könnte ihre wirtschaftliche Entwicklung bremsen, da deren Industrien noch mit einer niedrigen Energieeffizienz arbeiten.

Die zu erwartende Wirtschaftsentwicklung und dem damit einhergehenden Energieverbrauch wird trotz aller Maßnahmen zur Energieeinsparung und Energieeffizienz, den Anstrengungen zuwiderlaufen, den CO2 Ausstoß insgesamt zu reduzieren. Aber die Begrenzung des Anstiegs der Emission von Treibhausgasen über die nächsten 15 Jahre wird darüber entscheiden, ob die globale Erwärmung unter der kritischen Schwelle von 2° Temperaturzuwachs gehalten werden kann. Bei einem Überschreiten dieser Temperaturschwelle, dem sogenannten „Kipp-Punkt“, werden die Auswirkungen des globalen Klimawandels von Wissenschaftlern allgemein als nicht mehr beherrschbar angesehen. Rückgängig können diese ohnehin nicht gemacht werden.

Weitere zusätzliche präventive Maßnahmen sind daher notwendig, um die Auswirkungen des globalen Temperaturanstiegs zu verzögern oder abzuschwächen. Es ist offensichtlich nicht möglich eine genaue Berechnung von Umfang und zeitlicher Abfolge einer globalen Erwärmung aufzustellen. Deswegen ist es umso wichtiger vorbeugende Maßnahmen zu ergreifen. In erster Linie geht es dabei um die Erhaltung und Ausweitung von großen Waldflächen in allen Teilen der Erde, um eine möglichst große natürliche Kapazität zur Aufnahme von CO_2 zu haben. Die Abholzung von Wäldern in den tropischen Regenwäldern in Indonesien, Afrika und Brasilien und der arktischen Forste in Sibirien ist geradezu unverantwortlich. Damit wird nicht nur der wichtigste Speicher für CO_2 Gase auf Dauer vernichtet sondern es werden zusätzliche Treibhausgase durch die Ausweitung von Viehzucht auf den ertragsarmen Böden erzeugt.

Europa wird mehr denn je von russischer Energie abhängig sein, trotz aller bisherigen Anstrengungen im Bereich von Energieeffizienz und Energieeinsparung und dem Einsatz von erneuerbaren Energien. Die Abhängigkeit Europas von russischen Energieimporten wird sich ohne einschneidende Änderungen seiner bisherigen Energiepolitik weiter erhöhen. Bei einer Fortsetzung der bisherigen von nationalen Interessen geprägten Energiepolitik dürfte Europa im Jahr 2030 etwa 70 % seines Energiebedarfs importieren müssen. Energiesicherheit ist für Europa von zentraler Bedeutung. Sie kann nur über einer europäischen Politik der Diversifizierung der Energieversorgung und der Energielieferanten sowie einen forcierten Ausbau erneuerbarer Energien auf ein tragbares Niveau gebracht werden. Allerdings ist auch der Solarstrom aus der Sahara zu importieren. Durch die neue Geopolitik der Energie, d.h. weniger Öl und mehr Gas und mehr erneuerbare Energien werden Gaslieferländer wie Russland, die zentralasiatische Länder und Iran gegenüber den klassischen Ölproduzenten im Nahen Osten an Bedeutung gewinnen.

Die Abhängigkeit Europas vom Zugang und Import von Rohstoffen gilt auch für seltene Erden wie Scandium, Terbium und Yttrium, die für neue hochtechnologische Produkte wie Windturbinen, DVD- Spieler aber auch für Akkus und in der Raketentechnik benötigt werden. Über 50 % der bisher bekannten Erzreserven solcher seltenen Metalle liegen in sehr armen Ländern (wie Afghanistan). Andere Länder wie China, die über solche Vorkommen verfügen verhalten sich protektionistisch zum Nachteil der europäischen und japanischen Hersteller. China hat mit niedrigen Preisen den Abbau von seltenen Erden in anderen Ländern zum Erliegen gebracht und so seine Monopolstellung ausgebaut. Die Erschließung neuer Vorkommen in anderen Ländern und die Wiedergewinnung solcher Metalle werden wichtiger werden als bisher. Der Kampf um Rohstoffe ist in Afrika in vollem Gange. China hat bereits in Afrika seine Investitionen in Infrastruktur und Rohstoffgewinnung sehr erfolgreich zu Lasten Europas ausgebaut, unbeirrt und unbelastet durch Forderungen nach Berücksichtigung politischer Prinzipen wie Demokratie oder Menschenrechte.

Wasser ist eine andere Ressource, die weltweit weiter knapp werden wird. Nach Schätzungen der UN werden 2025 sehr viele Menschen (über

1 Milliarde) nur Zugang zu unsauberem Wasser und noch viel mehr, nämlich ca. 3 Milliarden werden überhaupt keinen direkten Zugang zu Wasser haben. Es ist offensichtlich, dass solche Verhältnisse zu unkontrollierbaren Konflikten führen können aber auch, dass zu deren Vermeidung eine globale Politik notwendig ist, um Wasserressourcen bei akzeptabler Qualität nachhaltig nutzen zu können.

Umweltverschmutzung, Urbanisierung und Industrialisierung werden ein wesentliches gesundheitliches und umweltbezogenes Problem für die Entwicklungsregionen der Welt darstellen. Ausgelöst durch Verschlechterung des ländlichen Umfelds und durch Beschäftigungsmöglichkeiten in den städtischen Zentren wird die Urbanisierung in allen Regionen stark zunehmen. Die Migration innerhalb der bevölkerungsreichen Staaten wird internationale Wanderbewegungen bei weitem übersteigen. Die hohe Bevölkerungszahl in urbanen Regionen in den Entwicklungsländern hat sich jetzt schon als untragbar und als völlig nicht-nachhaltig erwiesen. Die Ausdehnung von Slums und menschenunwürdige Lebensbedingungen mit unzureichenden Gesundheits- und Bildungswesen werden in Zukunft die größten Schwierigkeiten bereiten.

Die Dynamik von Energie und Klimaveränderungen dürften zusammen genommen auch zu weltweite neuen Krankheiten und Gesundheitsproblemen führen. Aber die größte Gefahr dürfte aus dem gleichzeitigen Zusammentreffen und Zusammenspiel mehrerer zunächst eigenständiger Probleme entstehen. Eine solche nicht gekannte komplexe Situation, die nur durch globale Kooperation angegangen werden kann könnte die Politiker weit überfordern. Es besteht die ernst zu nehmende Gefahr, dass die richtigen Entscheidungen zu spät oder gar nicht getroffen werden und Dinge in die falsche Bahn laufen können.

3.4 Aspekte globaler Mächte

Die Welt verändert sich, sie wird zunehmend „multipolar“, das zeigt sich auch in der Vielzahl neuer internationaler Organisationen, die in den letzten 10-12 Jahren außerhalb des UN-Systems entstanden sind, wie die Gruppe der 20 Staaten, die „Shanghai Kooperation Organisation“ (SCO, gegründet 2001mit China, Russland und ihren zentralasiatischen Nachbarn) und die Gruppe der BRIC - Staaten, die ihr erstes Gipfeltreffen 2009 abhielten. Die mit dem Kürzel BRIC bezeichneten Staaten sind Brasilien, Russland, Indien und China. Die als G-20 bezeichnete Gruppe der zwanzig wichtigsten Industrie- und Schwellenländer ist ein seit 1999 bestehender, informeller Zusammenschluss aus 19 Staaten und der Europäischen Union. Sie diente während der internationalen Finanzkrise als ein Forum für die Kooperation und Konsultation in Fragen des internationalen Finanzsystems. Die in der Gruppe der zwanzig wichtigsten Industrie- und Schwellenländer vertretenen Staaten umfassen zwei Drittel der Weltbevölkerung, erwirtschaften rund 90 Prozent des weltweiten Bruttoinlandsprodukts (BIP) und bestreiten 80 Prozent des Welthandels. Mit Ausnahme der Schweiz und des Iran umfasst die Gruppe die 32 größten Volkswirtschaften, elf davon nur über die Europäische Union.

In den kommenden zwanzig Jahren werden nicht nur mehrere Machtpole entstehen, auch die wirtschaftlichen und politischen Schwerpunkte der Welt werden sich verlagern – nach Asien und in den Globalen Süden, auf neue öffentliche und private Akteure, auf transnationale Einrichtungen. Bei den sich abzeichnenden globalen Verschiebungen stellt sich die Frage nach den Strukturen der neuen aufsteigenden Mächte, nach der Bedeutung der USA als die zeitweilig einzige Supermacht und nach der Rolle Europas angesichts der weltweiten Herausforderungen.

3.4.1 China

China hat nach dem Ende des Mao-Zeitalters, das mit dem „Großen Marsch", internen Verfolgungen und mit der sogenannten „Kulturrevolution" mehr als 70 Millionen Menschen durch Hunger, Unterernährung und Zwangsarbeit das Leben gekostet hat, seit den 1970er Jahr angefangen, seine Wirtschaft in mehreren Reformschritten umzustrukturieren. Das Ergebnis ist die erstaunliche Transformation einer zentralgesteuerten Kommandowirtschaft in eine weitgehend vom Markt gesteuerten Wirtschaftsform, auch als „marktliberaler Staatskapitalismus" bezeichnet. Die nach offizieller Lesart durch die Wirtschaftsreformen Anfang der 1980er Jahre geschaffenen „sozialistischen Marktwirtschaft" hat seitdem China mit kontinuierlich hohen Zuwachsraten seiner Wirtschaft einen beachtlichen globalen Einfluss gesichert. China will an seine glorreiche Vergangenheit anknüpfen, als die dominierende Macht in Asien. China mit seiner eigenen 5000-jährige Geschichte, Kultur, Literatur und Philosophie sieht sich ohnehin mehr als eine eigenständige Zivilisation denn als eine Nation mit unterschiedlichen Völkern und Regionen.

Der Ausgangspunkt für den wirtschaftlichen Aufstieg war die dezentrale Entwicklung einer arbeitsintensiven ländlichen Industrie, von deren quantitativen Erfolgen die Karriere der lokalen Parteiangehörigen abhängig gemacht wurde. Nach dem bestehenden ideologischen Grundprinzip ist das Machtmonopol der kommunistischen Partei Chinas zur Gewährleistung von Einheit und Souveränität des Landes unantastbar aber ansonsten wird jeder offiziell ermutigt, sich wirtschaftlich so aktiv wie möglich zu betätigen.

Damit wurde ein Konkurrenzverhalten der politischen Instanzen unterhalb der Zentralregierung geschaffen, die sich gegenseitig bei der Ansiedlung von Unternehmen überbieten und zu einer nicht effizienten Verwendung von volkswirtschaftlichen Ressourcen führt, zur Schaffung von Überkapazitäten oder einfach fehlgeleitete Investitionen; aber auch zu der Tendenz, die eigenen Wirtschaftserfolge in der Statistik und gegenüber der Außenwelt in einem schöneren Licht erscheinen zu lassen. Insofern dürften auch die offiziellen chinesischen Statistiken eine Neigung zu Übertreibungen haben. Zudem führt die Vermischung von wirtschaftlichen und politischen Interessen zu Korruption und schlechter Wirtschaftlichkeit von Staatsbetrieben.

Der Zentralstaat ist aber die alles entscheidende Instanz. Er bestimmt die grundlegenden Rahmenbedingungen der Wirtschaftspolitik, wie Rechtsetzung, Bekämpfung der Armut, Zugang zu Bildung, die Bereitstellung wirtschaftlicher Infrastruktur im Transport-, Energie- und Kommunikationssektor bis zur Regulierung der Arbeitsbeziehungen. Auch kontrolliert der Staat die wichtigsten Konzerne und den Finanzsektor. Die Sicherstellung der zentralen Regierbarkeit des chinesischen Einheitsstaats, als oberste Priorität chinesischer Politik ist ein wesentliches Element für den beeindruckenden wirtschaftlichen Wandel. Während zu Beginn der Wirtschaftsreformen vor 30 Jahren etwa die Hälfte der Bevölkerung unter der Armutsgrenze lebte sind es heute weniger als 5 Prozent. Mit der zentral gesteuerten Politik kann die Pekinger Regierung sich einen erheblichen wirtschaftspolitischen Spielraum verschaffen, wie ihre gewaltigen Konjunkturprogramme zur Abfederung der Auswirkungen der Weltwirtschaftskrise ab 2008 bezeugen.

Mit der auf Einkommenszuwächse für breite Bevölkerungsschichten ausgerichteten Politik und den damit verbundenen individuellen Aufstiegsmotivationen haben die chinesischen Machteliten in Politik und Wirtschaft es bisher verstanden, die Erfordernissen der Märkte mit den Selbsterhaltungsinteressen des Parteistaates in Einklang zu bringen. Wenn diese Politik, eine Mischung aus ungebremsten Fortschrittsglauben, wissenschaftlicher Planung und individueller Kreativität als Grundlage der Herrschaftssicherung und -stabilisierung nicht mehr erfolgreich ist und infrage gestellt werden sollte, dürften auch dem chinesischen

Transformationsmodell ernsthaften Zerreißproben drohen. Chinas Wachstum dürfte spätestens dann seine Grenzen finden, wenn die langfristigen Folgen der erzwungenen Ein-Kind Politik Chinas sich in einer rapiden Vergreisung und einer völlig unausgewogenen Bevölkerungsstruktur bemerkbar machen werden.

Die durch diese Politik der sozialistischen Marktwirtschaft ermöglichte ziemlich ungehemmte Wirtschaftsentwicklung hat mittlerweile zu erheblichen Umweltschäden geführt, zur Missachtung von Arbeitssicherheit, schlechten Produktstandards und zu einer weniger gleichen Gesellschaft. China mit einem ehemals eindrucksvollen egalitären Sozialsystem für alle, ist inzwischen auf dem Wege zu einem System von privat finanzierten Sozialleistungen über Gebühren, Abgabe und dergleichen. Es zeigt sich, dass auch in einem post-kommunistischem System, Kapitalismus ohne Krisen und soziale Widersprüche nicht zu haben ist.

Der bisher anhaltende Einkommenszuwachs hat über die ohnehin vorhandene Neigung der chinesischen Bevölkerung zum Sparen zu enormen Finanzreserven geführt, ein absoluter Kontrast zum amerikanischen Konsumverhalten. Chinas Position der Stärke basiert auch auf den soliden Sparraten seiner Bürger, zusätzlich gefördert durch die Netzwerke der im Ausland lebenden Chinesen. Es ist somit nicht verwunderlich, dass China mit erheblichen Mitteln ein Teil des amerikanischen Zahlungsbilanzdefizits finanzieren kann.

Seit Mitte der 1990er Jahre ist das Wirtschaftswachstum in den USA und China auf zwei unterschiedlichen, jedoch voneinander abhängigen Wegen verlaufen. In den USA hängt die Wirtschaftsentwicklung mehr vom schuldenfinanzierten Konsum und weniger von Investitionen ab. Demgegenüber beruht der chinesische Aufschwung auf einer sehr hohen Investitionsquote und einer vergleichsweise geringen internen Konsumquote. Körperliche Arbeit ist weiterhin ein sehr wichtiger Faktor für die chinesische Wirtschaft, da sie immer noch sehr billig ist und es sich nicht lohnt, sie durch Kapitalinvestitionen zu ersetzen. Allerdings ist die Wertschöpfung relativ gering, da viele der chinesischen Produkte nur Teil einer Produktionskette sind. Dies bedeutet: den Großteil der Profite erzielen die multinationalen Konzerne und nicht die lokalen Produzenten oder Zulieferer. China ist noch nicht so sehr ein großer Markt als vielmehr ein Transmissionsriemen zur Herstellung von Produkte für andere Märkte. Jedoch zeichnen sich Veränderungen ab, da der Anteil von Komponenten am Gesamtimport zurückgeht und China sich allmählich von der Fabrik für die Welt zum Weltkonsumenten wandelt, auch durch höhere Löhne, wie es deutsche Autohersteller bereits vermerken konnten.

Mit dem neuen Fünfjahresplan (2011-2015) will China seine Wirtschaft umstrukturieren. Es will weniger von Ausfuhren abhängig sein, die Binnennachfrage stärken und das soziale Netz ausbauen. Um mehr Nachhaltigkeit zu erreichen, soll das Wirtschaftswachstum auf jährlich 7 Prozent begrenzt, der Energieverbrauch bis 2015 um 16 Prozent gesenkt und der Ausstoß von Kohlendioxid um 17 Prozent verringert werden.

Der wirtschaftliche und der damit verbundene politische Aufstieg Chinas ist eine Entwicklung von globaler Bedeutung. China hat heute 20% der Weltbevölkerung, erzeugt 5% des globalen Reichtums, verbraucht 12% der Energie und ist der größte Exporteur von Waren. Die größte Metropole der Welt ist nicht mehr Tokyo sondern Chongqing mit mehr als 30 Millionen Einwohnern. China ist bereits heute in allen Bereichen gegenwärtig, die für Europa von Bedeutung sind. Seine Position und Entscheidungen betreffen wesentliche europäische Interessen sei es in Klimafragen, in Maßnahmen zur nuklearen Kontrolle oder in der Überwindung der Finanz-und Wirtschaftskrise. Chinas stark kontrollierte Wirtschafts-und Industriepolitik hat erhebliche Auswirkungen auf Europas Wirtschaft.

Innerhalb der letzten zehn Jahre hat China es geschafft weltweit seine Interessen geltend zu machen in den drei wesentlichen Bereichen: Sicherung der für die Wirtschaft wichtigen Energieversorgung, Zugang zu Märkten für seine Erzeugnisse und Anlagemöglichkeiten für die gewaltigen Finanzüberschüsse. Gemessen am durchschnittlichen Pro-Kopf- Einkommen ist China kein reiches Land und es wird auch nicht in absehbarer Zukunft an das heutige Niveau der EU herankommen. Zudem gibt es in dem riesigen Land große regionale Einkommensunterschiede. Aber China hat die weltweit größten Devisenreserven, die es bereit ist, für seine Interessen einzusetzen.

China hat bereits Japan und Deutschland als die wichtigsten Exportländer überholt, allerdings mit einem Unterschied. Es regelt sehr strikt den Wechselkurs seiner Währung Yuan mit Kapitalkontrollen und massiven Eingriffen in die Währungsmärkte. Dadurch hat sich China als die einzige große Wirtschaftsmacht einen gewaltigen Vorteil geschaffen weil kein anderes großes Land Kapitalkontrollen hat. Mit der Bindung seiner Währung an den Dollar sicherte China den Wert seiner amerikanischen Staatspapiere und zudem seine Exportmöglichkeiten gegen eine mögliche Abwertung des Dollars. Damit hat es ein Instrument der Kontrolle über die möglichen Folgen amerikanischer Politik, das es sicherlich nicht so schnell aus der Hand geben wird.

China kommt zunehmend unter Druck, da seine unterbewertete Währung entsprechend dem schwachen US Dollar für seine Exporte einen großen Vorteil bedeutet. Es ist natürlich besorgt, dass eine Abwertung seiner Währung zu Nachteilen für seine Wettbewerbsfähigkeit führen könnte mit Folgen wie Schließung von Fabriken und sozialen Unruhen. Das ist, was die chinesische Führung befürchtet, da in ihrem autoritären Regime es kein Platz gibt für ein soziales Regulativ außerhalb der allesbestimmenden Partei.

Der Zwang zum Wachstum wird China zu einem der größten Verbraucher von Ressourcen werden lassen, mit massiven Energieimporten und umfangreichen Investitionen in seine Infrastruktur insbesondere in die Energieerzeugung. China wird damit zu einer magnetischen Anziehungskraft nicht nur für Ost-und Südasien. Eine Region, die in 15 Jahren einer der stärksten Wirtschaftsräume der Welt sein dürfte.

China ist sich seiner leicht verletzbaren Situation sehr bewusst mit einer Abhängigkeit seiner Ölimporte zu etwa 50% aus instabilen Regionen wie der Nahe Osten und den Seetransporten durch so unsichere Schifffahrtswege wie die Straße von Malakka. China hat die globale Wirtschaftskrise genutzt, um langfristige Energieabkommen mit seinen Hauptlieferanten Russland, Saudi Arabien, Iran und Angola abzuschließen, die fast die Hälfte seines Ölbedarfs liefern. China stellt dabei Finanzierung gegen Lieferverträge zu Verfügung auch aus Sorge, dass seine riesigen Devisenreserven durch Inflation weniger Wert sein werden. Zur Sicherung der Transportwege werden Pipelines von Russland, Iran und Kasachstan gebaut sowie mit Pakistan die Kooperation für den Zugang zu dessen Häfen am Indischen Ozean vertieft.

Chinas Politik wird bestimmt von seinen eigenen Interessen, wie die Verstetigung des wirtschaftlichen Wachstums und dem Versuch, seine politische Glaubwürdigkeit ohne demokratische Strukturen zu festigen. Sein globaler Handel, sein Bedarf an Rohstoffen und Energie hat es zu einem wichtigen Akteur in allen Teilen der Welt werden lassen. Aber der eigene Erfolg hat Chinas Interesse an einer stabilen Welt gestärkt, denn ohne sie läuft seine Wirtschaft nicht. Es versucht zunehmend aufgrund seiner finanziellen Stärke diese Welt nach seinen Interessen zu formen, insbesondere durch seinen Einfluss im Forum der G20.

Die Stärke der chinesischen Produzenten ist beachtlich: so hat die Tschechei 2005 in China mitgeholfen die Schuhindustrie aufzubauen - bereits 2 Jahre später hat China den tschechischen Markt mit Schuhen überschüttet - mit 11 Paar Schuhen pro Einwohner. Italien ist sehr betroffen von Massen an gefälschten Produkten Made in China. Die unausgeglichene Handelsbilanz der Union mit China ist aber auch auf unterschiedliche Interessenslagen der EU Länder zurückzuführen: Schwedens H&M ist der profitabelste Textilhändler in Europa, Schweden hat aber keine Textilindustrie; die Niederlande sehen sich als die Drehscheibe für den chinesischen Handel, London ist über Hongkong an den Finanzmärkten interessiert.

Die Finanzkrise hat gezeigt, wie wichtig der chinesische Markt für die europäische, insbesondere die deutsche Exportindustrie ist. Deutsche Unternehmen gehören zu den größten ausländischen Investoren und Technologiegebern in China. Deutschland hat aufgrund seiner starken industriellen Exporte eine weitgehend ausgeglichene Handelsbilanz mit China und verlangt ein schärferes Vorgehen gegen Handelshemmnisse und gegen die zunehmende Industriespionage.

China ist ein schwieriger Handelspartner wie es sich in den Problemen zeigt, die es europäischen Unternehmen bereitet, im chinesischen Markt Fuß zu fassen - einer der Gründe für das große Handelsdefizit. Zudem fehlt den EU-Ländern der Wille zu einer gemeinsamen Politik; einzelne Mitgliedsstaaten versuchen über ihre Wirtschaftsinteressen Einfluss zu gewinnen, ohne jedoch kaum etwas zu bewegen.

Im Bereich von Klimawandel und Energiepolitik hat der intensive Dialog mit China bisher wenig erreicht. Auch hier zeigt China wenig Entgegenkommen und verfolgt konsequent nur seine eigenen Interessen. Im Energiesektor möchte die Union, dass China über die Internationale Energieagentur mehr Informationen bereitstellt, etwa über seine Energiereserven. China hingegen möchte die Zusammenarbeit mit ausgesuchten europäischen Energiekonzernen ausbauen, um durch wechselseitige Teilhaberschaft schnelleren Zugang zu modernen Technologien zu erhalten. Und so gehen die großen Konzerne ihre eigenen Wege, die Mitgliedsstaaten haben ihre eigenen Dialoge mit China - eine Politik die langfristig in die Sackgasse führt.

Die Union möchte, dass China den Kampf gegen den Klimawandel als oberste Priorität angeht und seine Wirtschaft in eine kohlenstoffarme Wirtschaft umwandelt. Dazu gehören höhere Vorgaben für Maßnahmen zu verbesserter Energieeffizienz, Einsatz von erneuerbare Energien, saubere Kohletechnologien und dergleichen. China hingegen möchte, dass Maßnahmen zur Bekämpfung des Klimawandels die wirtschaftlichen Entwicklungen fördern und nicht bremsen sollen.

China wie auch Indien und anderen G- 20 Staaten wollen freien Zugang zu den kaufkräftigen Märkten des Westens verbunden mit Technologietransfer, ohne sich jedoch an den Lasten zur Bekämpfung des Klimawandels wirklich beteiligen zu wollen. China lehnt strikt alles ab was seine wirtschaftliche Entwicklung irgendwie beeinträchtigen könnte. Es unterstreicht bei jeder Gelegenheit und insbesondere auf der internationalen Ebene, die Verantwortung der industrialisierten Länder für die Bekämpfung des Klimawandels und ihre Verpflichtung umweltschädliche Emissionen zu reduzieren.

China würde eine Verlängerung des Kyoto Protokolls begrüßen. Chinesischen Firmen haben an dem Handelssystem für Emissionszertifikate sehr gut verdient, da sie mit einem hohen Niveau der Verschmutzung einsteigen. Sie lassen sich so die Verbesserungen gut bezahlen. China lehnt es aber ab, sich an globalen Maßnahmen zur Stabilisierung des Klimas zu beteiligen sondern geht den für seine Interessen konformen Weg. China ist weit entfernt davon, Umweltverbesserungen über wirtschaftliche Instrumente wie Energiepreise oder Handelsabgaben steuern zu wollen.

China ist auch weiterhin sehr zurückhaltend wenn es darum geht, mehr internationale Verantwortung zu übernehmen, wie sich in den immer wiederkehrenden Diskussionen über die Währungsparitäten zeigt. Die globale Wirtschaftskrise hat China zwar unter Druck gesetzt, Maßnahmen zur Stabilisierung der Märkte mitzutragen aber gleichzeitig die Möglichkeit eröffnet, mit seinen Finanzreserven einen noch größeren Einfluss zu nehmen. Auch bei anderen internationalen Problemen hat China sich wiederholt gegen internationalen Druck gestellt. Wenn es darum geht, Druck auf Gewaltregime wie in Burma, Sudan oder Simbabwe auszuüben wird China nur zustimmen wenn davon seine Interessen direkt betroffen sind aber kaum, um internationale Solidarität zu zeigen. So ist China bereit mit der EU gegen die Seepiraterie vor der Küste Somalias zusammenzuarbeiten, zum Schutz der eigenen Versorgungswege.

Es bestehen Befürchtungen, dass China mit Russland eine Achse autoritärer Regime bilden könnte, die Demokratie und ihren Werten abweisend gegenüberstehen. Es zeichnet sich bereits ab, dass mit dem Aufstieg Chinas und der neuen Selbstbehauptung Russlands es für die EU schwieriger geworden ist in internationalen Gremien, Fragen zu Menschenrechten durchzusetzen.

Europa hat es bisher nicht geschafft China für seine Interessen zu bewegen oder gar auf seine Linie zu bringen. Im Umgang mit China dürfte nur ein gemeinsames Vorgehen der Union einen Eindruck machen, andernfalls wird China weiterhin die verschiedenen Interessen der einzelnen Mitgliedsstaaten gegeneinander ausspielen. Das gilt für Fragen der nuklearen Nichtweiterverbreitung, Zugang von Iran zu spaltbaren Material oder die entsprechenden Probleme mit Nordkorea.

In keinem anderen Bereich ist der Interessenkonflikt mit China größer als wenn es um die Beziehungen mit Afrika geht. Europa ist weiterhin die führende politische, wirtschaftliche und militärische Macht in Afrika. Aber China ist dabei sehr schnell aufzuholen, unbelastet von der kolonialen Vergangenheit der Europäer. Chinas Politik in Afrika berührt europäische Interessen und führt zu Veränderungen auf dem Nachbarkontinent. Eine nachhaltige Entwicklung Afrikas ist für Europa von großer Bedeutung. China hat ein klares wirtschaftliches Interesse an Afrika, verfolgt aber auch politische Ziele.

China sieht Afrika als einen Hauptlieferanten für Energie und Mineralien und auch zunehmend als einen wichtigen Exportmarkt. Es versucht afrikanische Staaten für seine Politik zu gewinnen, wie die Unterstützung in der UN für seine Politik wenn es um Taiwan, Tibet oder Menschenrechte geht. Auch China bleibt nicht von den Sicherheitsrisiken in Afrika verschont, sei es in Angola, Nigeria oder dem Ost-Kongo. Zudem ist die anfängliche Begeisterung über billige Waren und Arbeiter aus China verflogen, da die einheimischen afrikanischen Produkte kaum noch verkäuflich sind und lokale Firmen gegenüber den chinesischen Unternehmen, die zu Dumpingpreisen arbeiten keine Chance haben. Das unsoziale Verhalten von zu geschäftstüchtigen Chinesen wird zunehmend von lokalen Medien und Gewerkschaften angeprangert.

Auch in China selber regt sich Kritik. Dies ist ein ermutigender Hinweis darauf, dass es „eine chinesische Öffentlichkeit“ gibt und die Gesellschaft sich nicht völlig von einer totalitären Macht kontrollieren lässt. Der Alleinvertretungsanspruch der kommunistischen Partei kann aber freie Medien oder andere Meinungen nicht zulassen. Sie versucht sie, mit dem ganzen Einsatz ihrer ökonomischen Macht, auch im Ausland, nach ihren Vorstellungen zu steuern. So wurden Staaten von Peking massiv unter Druck gesetzt nicht an der Verleihung des Friedensnobelpreises am 10. Dezember 2010 in Oslo, an den in China eingesperrten Dissidenten Liu Xiaobo teil zunehmen. Das norwegische Nobel-Komitee hat Liu Xiaobo als „ein Symbol für den Kampf um Menschenrechte“ bezeichnet. Die Botschafter der Europäischen Union waren geschlossen bei der Verleihung anwesend, denen sich - gegen den Druck aus Peking - in letzter Minute auch Serbien und die Ukraine angeschlossen haben; ein klarer Ausdruck gemeinsamer Stärke.

Der Aufstieg Chinas und Asiens verlangt eine grundsätzliche Neuorientierung Europas. Europa kann China nicht weiterhin als eine aufsteigende Macht sehen, sondern muss es als die globale Macht anerkennen, die es bereits ist. Europas Vorgehensweise entspricht eher den Vorstellungen der Vergangenheit und nicht den tatsächlichen Machtverhältnissen. Es ist kaum anzunehmen, dass China sich von europäischen Vorstellungen über Recht und Gerechtigkeit beeinflussen lässt oder seine Wirtschaft nach westlichen Vorstellungen liberalisieren könnte. Auch die Vielzahl von bilateralen Abkommen, Regierungstreffen und gegenseitigen Versprechen wird daran nichts ändern. Der geringe Einfluss der EU wird noch weiter geschmälert dadurch, dass die Länder der Union es vorziehen, einzeln statt gemeinsam mit China zu verhandeln. So erhält es aus den Beziehungen mit Europa mehr Vorteile als umgekehrt. Eine sehr asymmetrische Beziehung, zumal China es geschickt versteht, die Differenzen auf der EU Seite für sich zu nutzen. Es kennt inzwischen seine Stärke und zeigt diese auch ungehemmt auf der internationalen Bühne. Die Unzulänglichkeiten der gegenwärtigen Politik auf der europäischen Ebene gegenüber China sind gemessen an der offensichtlichen Notwendigkeit eines gemeinsamen Vorgehens nicht zu übersehen.

Die Europäer müssen ihre gemeinsamen Interessen und Werte eindeutig formulieren, aber auch alle Bereiche europäischer Politik wie Bildung und Forschung, Arbeitsmarkt, Technologie und Raumfahrt, Finanzen und Energie auf die globale Wettbewerbsfähigkeit ausrichten. Während China in seiner wirtschaftlichen Bedeutung für Europa schnell wächst, sinken die Möglichkeiten Europas dort Einfluss zu nehmen. Es ist an der Zeit, dass die Europäische Union sich den neuen Herausforderungen Chinas stellt und eine gemeinsame europäische Strategie vor allem über die in China wichtigen Mitgliedsstaaten wie Deutschland, Frankreich und Großbritannien entwickelt, um ihren Interessen in Asien mehr Gewicht zu verleihen. Dazu gehören gleichgewichtige partnerschaftliche Kooperationen, fairer Wettbewerb im Rahmen der WTO und engere wirtschaftliche Zusammenarbeit.

Neben der wirtschaftlichen sollte auch die politische und sicherheitspolitische Vernetzung zwischen Europa und China ausgebaut werden. Eine nachhaltige Entwicklung und Stabilität dürfte allerdings auch in Asien langfristig nur unter den Bedingungen von Partizipation und der Wahrung von Menschenrechten erreicht werden. Aber Machtverschiebungen zwischen Staaten oder Regionen bergen immer die Gefahr von Konflikten in sich. Die Dominanz Chinas macht die Region nicht sicherer und dürfte auch nicht wesentlich zur Lösung der unauflösbar scheinenden Konflikte über Korea, Taiwan oder die Südchinesische See beitragen. China dürfte an einer Stärkung der regionalen Zusammenarbeit interessiert sein wenn es seinen eigenen strategischen Absichten entspricht, etwa die USA aus seinem Einflussgebiet zu verdrängen. Die Erhaltung von Stabilität und Sicherheit in China selbst und bei seinen asiatischen Nachbarn ist auch für Europa sehr wichtig. Es ist eine große Herausforderung und Verantwortung für China, den USA und für die Europäische Union sowie den anderen relevanten Staaten, dazu beizutragen, dass die sich abzeichnenden geopolitischen Machtverschiebungen konfliktfrei verlaufen.

3.4.2 Indien

Indien ist anders, nicht nur wegen seiner langen Kultur von Debatten und Argumentationen als Teil seiner demokratischen Tradition sondern auch wegen seiner vielen Aspekte der Ungleichheit und seiner dennoch gewaltigen wirtschaftlichen Fortschritte. In indischen Subkontinent befinden sich ein Viertel der weltweiten IT- Dienstleistungen aber ihre Wirtschaft hängt stark von der Landwirtschaft ab, die noch immer fast ein Viertel des Bruttoinlandsprodukts und 55% der Arbeitsplätze ausmacht. Einer großen Mittelklasse von etwa 200 Millionen Menschen mit einem jährlichen Einkommen von € 20 000 bis € 40 000, die Teil der Globalisierung und seiner Konsumwelt ist, steht ein Drittel der indischen Bevölkerung mit 360 Millionen Menschen gegenüber, die in extremer Armut von weniger als $1 am Tag leben müssen. In einem Land mit einem Alphabetisierungsgrad von 70% für Männer und von unter 50% für Frauen gibt es 380 Universitäten und 1500 Forschungsinstitute mit jährlich etwa 300000 Absolventen.

Diese und viele andere Widersprüche sind angesichts der politischen Struktur keine Überraschung. Indien ist eine Föderation mit 28 Bundesstaaten mit zum Teil völlig verschiedenen Sprachen, Kulturen und Religionen, mit unterschiedlichem Wohlstand und politischen Vorstellungen. Dennoch ist das riesige Land vereint in einer funktionierenden Demokratie, gestärkt durch eine sich öffnende und stetig wachsende Wirtschaft. Indiens volkswirtschaftliche Leistung hat sich in den letzten 15 Jahren verdoppelt und es wird weiterhin mit jährlichen Zuwachsraten von oberhalb 5% gerechnet.

Indien hat das Selbstverständnis einer Großmacht, das durch die wirtschaftlichen Erfolge der vergangenen Jahre noch gestärkt wurde. Neben den Machtfaktoren der weltweit drittgrößten Armee und seines Atomprogramms setzt Indien zunehmend auf seine steigende wirtschaftliche Attraktivität, sein Humankapital und seine wachsende Mittelklasse, die das Land zu einem begehrten Handelspartner und Investitionsstandort machen. Die Eliten Indiens zeigen ein enormes Selbstvertrauen bis hin zu der Überzeugung, dass der Westen abgewirtschaftet hat und Indien die Zukunft gehört.

Bis dahin dürfte es noch ein langer Weg sein, gekennzeichnet von einer tiefsitzenden und alles umspannenden Korruption in Indien, die für das normale Leben etwa ein Viertel des Einkommens ausmachen kann. Ein Land mit völlig unzureichender Infrastruktur und geführt von Eliten, die selber nur ein begrenztes Vertrauen in das eigene Land haben, wie der hohe Kapitalabfluss ins Ausland zeigt. Aber Korruption und damit einhergehende Vetternwirtschaft ist auch in China und anderen asiatischen Ländern geradezu Teil der wirtschaftlichen Kultur geworden und nicht auf Einzelne beschränkt. Wenn Indien es schaffen sollte, diese Probleme zu beseitigen und wenn die Früchte des wirtschaftlichen Wachstums für weite Teile der Gesellschaft erreichbar sind, dürfte Indien zunächst einmal die Möglichkeit haben an China vorbei zuziehen.

Von dem weltweiten Bevölkerungsanstieg von 1,2 Milliarden Menschen in den nächsten 15 Jahren werden allein 20% auf Indien entfallen, dessen Bevölkerung bis 2025 um rund 240 Millionen auf 1,45 Milliarden ansteigen und damit in etwa der von China entsprechen wird. Indien hat jetzt schon die jüngste Bevölkerung, von denen mehr als der Hälfte unter 25 Jahre alt ist. Die Zahl der zusätzlichen Arbeitsfähigen wird pro Jahr um 10-15 Millionen zunehmen, d.h. in den nächsten 15 Jahren müssen etwa 200 Millionen neue Arbeitsplätze geschaffen werden.

Indien dürfte an Bedeutung für arbeitsintensive Industrien zunehmen und dann statt China als die „Werkstatt der Welt" gelten. So steht Indien dem Vorschlag Chinas für ein Freihandelsabkommen reserviert gegenüber. Indien hätte von einem solchen Abkommen wenige Vorteile, da seine Ausfuhren zu über 60% aus Rostoffen und Rohmaterialien bestehen während China zunehmend Produkte mit höherer Wertschöpfung exportiert. Zudem konkurrieren beide Länder um wichtige Rohstoffvorkommen in Afrika und Asien.

Wie in anderen aufstrebenden Ländern und Regionen ist auch für Indien die Energieversorgung das zentrale Problem auch um das vorhandene wirtschaftliche Potential für eine breite industrielle Entwicklung zu nutzen. Trotz erheblicher eigener Ressourcen ist Indien auf den Import von Öl und Gas angewiesen. Die umfangreichen Kohlevorkommen von etwa 10% der weltweiten Reserven dürften für die Stromerzeugung eingesetzt werden. Daneben will Indien die Nutzung von Atomkraft und erneuerbarer Energien ausbauen.

Die kritische Energiefrage zeigt sich auch in Indiens außenpolitischem Verhalten. Indiens einst führende Rolle der blockfreien Staaten in der Gruppe der G 77 ist von einer mehr pragmatischen Vorgehensweise abgelöst worden; es ist aber immer noch an dem multilateralen System der UN orientiert. Indien versucht sich auch frei zu machen von den endlosen Auseinandersetzungen mit Pakistan um Kaschmir und einer zu engen Anlehnung an Russland, wie in den Zeiten des kalten Krieges. Über zahlreiche Kontakte sind die vertrauensbildenden Maßnahmen mit Pakistan vertieft worden. Die USA haben den Druck auf beide Seiten verstärkt, um eine endgültige Reglung der Grenzstreitigkeiten zu erreichen. Es wäre im großen Interesse beider Staaten diesen schwelenden Konflikt zu lösen, da beide Staaten von einer Zusammenarbeit viel zu gewinnen hätten.

Indien ist wie China an einer friedlichen Entwicklung in ihrer gemeinsamen Nachbarschaft interessiert, aber dennoch sind beide von einer langfristig stabilen Beziehung noch weit entfernt. Trotz Kooperation zum gegenseitigen Nutzen von Frieden und Wohlstand in der Region herrscht ein gewisses Maß an Vorsicht und Misstrauen, auch abhängig von dem Erfolg der amerikanischen Strategie in Asien des Teilens und Herrschens. So hat Indien die Beziehungen mit den USA in beiderseitigem Interesse ausgebaut, bis hin zu einer umfassenden militärischen und rüstungstechnologischen Zusammenarbeit.

Indien und die Europäische Union verbinden seit langen guten Beziehungen; Indien war 1962 das erste Entwicklungsland, das diplomatische Beziehungen zur Europäischen Gemeinschaft aufnahm. Die bilateralen Beziehungen wurden mit verschiedenen Abkommen ausgebaut, erweitert und durch regelmäßige Gipfeltreffen vertieft. Der Bezug auf gemeinsame Werte, wie die Verpflichtung auf eine demokratische und pluralistische Gesellschaftsordnung und übereinstimmende Interessen, etwa dem Kampf gegen den Terrorismus, stellt die Beziehungen zu Indien auf eine völlig andere Basis als etwa zu China.

Indien und die EU haben weitgehend ähnliche Vorstellungen hinsichtlich der Struktur des internationalen Systems. Sie teilen die Vorstellung einer multipolaren Welt, treten für eine Stärkung der Vereinten Nationen (UN) ein, betonen die Notwendigkeit multilateraler Institutionen zur Stärkung der internationalen Sicherheit und wollen ein stabiles regionales und internationales Umfeld.

Dennoch sollen diese Übereinstimmungen nicht darüber hinwegtäuschen, dass Indien in vielen internationalen Fragen für die EU ein schwieriger außenpolitischer Partner ist. Die Union ist für Indien ein wichtiger Akteur in Handels- und wirtschaftspolitischen Fragen. Das Handelsvolumen der Union im Güterverkehr und bei den Dienstleistungen könnte sich durch die geplante Öffnung der Märkte drastisch erhöhen. Das dazu erforderliche Freihandelsabkommen, das einen Wegfall der Zölle für 90 Prozent des Warenverkehrs bedeutet, muss noch einige Hürden nehmen, es sollte aber im Laufe von 2011 abgeschlossen werden.

Differenzen zwischen der Union und Indien ergeben sich aus den unterschiedlichen außenpolitischen Interessen. Der Subkontinent versteht multilaterale Institutionen als Mittel zur Durchsetzung eigener Interessen und hat im Unterschied zur EU und Deutschland wenig Interesse daran, internationale Beziehungen rechtlich weiter abzusichern. Indien befürchtet ähnlich wie die USA, China und andere Länder dadurch eine Einschränkung seines internationalen Handlungsspielraums, was z.B. zur Ablehnung des Internationalen Strafgerichtshof führt. Es verbietet sich jegliche Einmischungen von außen in die inneren Angelegenheiten, selbst wenn diese Haltung in Zeiten wachsender wirtschaftlicher und auch politischer Interdependenz immer mehr zu einer Illusion wird. Im Vordergrund steht für Indien die eigene wirtschaftliche Entwicklung, die möglichst wenig durch äußere Zwänge begrenzt werden soll. Es dürfte daher weiterhin schwierig sein, Annäherungen der unterschiedlichen Auffassungen in der Umwelt- und Klimapolitik zu erreichen.

3.4.3 Japan

Während Indien viel über seine Zukunft und seine Eliten viel über das Potential als nächste Großmacht spekulieren, China von vielen als die zentrale Herausforderung schlechthin angesehen wird, bleibt Japan bis auf weiteres die tatsächliche Wirtschaftsmacht Asiens. Eine sehr enge Zusammenarbeit zwischen Staat und Industrie, eine traditionell ausgeprägte Arbeitsdisziplin, die Beherrschung von Hochtechnologie, ein anhaltende Priorität des Staates für Ausbildung und eine Steigerung der Produktivität durch Automatisierung haben Japan geholfen binnen kurzer Zeit hinter den Vereinigten Staaten und der EU die drittgrößte Wirtschaftsmacht der Welt zu werden. Über drei Jahrzehnte hinweg hatte das Land nur Wirtschaftswachstum zu verzeichnen: einen Durchschnitt von 10 % in den 1960ern, durchschnittlich 5 % in den 1970ern, und 4 % Wirtschaftswachstum in den 1980er Jahren.

Japan hat die modernste und leistungsfähigste Volkswirtschaft Asiens und ist der mit Abstand größte und wichtigste Markt in dieser Region. Inwieweit Japan diese Position behaupten kann, dürfte von dem tatsächlichen Ausmaß der gewaltigen Naturkatastrophen und den schweren nuklearen Desastern vom März 2011 sowie von deren Überwindung abhängen. Das Land hat aber wiederholt gezeigt, dass es in der Lage ist, sich nach tiefen Krisen schnell zu erholen.

Darüber hinaus kann Japan als hoch entwickeltes Land mit einer reifen Volkswirtschaft nicht jährliche Wachstumsraten wie China oder Indien aufweisen. Es hat zudem weiterhin mit strukturellen Problemen zu kämpfen, die es seit dem Platzen der Spekulationsblase Anfang der 1990er Jahre nicht völlig überwunden hat. Nach Jahrzehnten des Wachstums geriet Japan in eine Deflationsspirale. Staatliche Reformansätze in der sogenannten „verlorenen Dekade" der 90er Jahre zur Wiederbelebung des Wirtschaftswachstums hatten wenig Erfolg und wurden zudem von Flauten auf den amerikanischen und asiatischen Märkten zusätzlich erschwert. Ein seit den 1990ern zunehmendes Problem Japans ist die Arbeitslosigkeit, bis dahin in Japan völlig unbekannt. Offizielle Statistiken geben sie mit rund vier Prozent an, hinzukommt ein hoher Anteil an Unterbeschäftigung.

Die Regierung hat wiederholt versucht mit Privatisierung und Deregulierung, die schwächelnde japanische Wirtschaft anzuregen und Japan mehr in eine freie Marktwirtschaft und weniger staatliche Lenkung umzubauen. Die Erholung der Wirtschaft in den letzten Jahren wird oft als Ergebnis der Wirtschaftsreformen angeführt, dürfte aber wesentlich mehr von der stärkeren Nachfrage aus den USA und China bestimmt sein. Die seit Jahren sehr niedrigen Zinsen begünstigen Investitionen und staatliche Förderprogramme ohne allerdings, die notwendige Binnennachfrage zu stimulieren. Die zunehmende Überalterung der japanischen Gesellschaft und abnehmenden Bevölkerungszahlen lassen wenig Nachfrageimpulse erwarten. Es wird geschätzt, dass die Bevölkerung Japans von 127 Millionen (Volkszählung 2004) bis 2030 auf etwa 120 Millionen und bis 2050 auf etwa 109 Millionen zurückgehen wird. Der Anteil der über 65jährigen wird sich im gleichen Zeitraum verdoppeln, bei einer sehr hohen Lebenserwartung von durchschnittlich über 80 Jahre und wird mehr als ein Drittel der Gesamtbevölkerung ausmachen. Vergleichbaren Zahlen in Deutschland haben die gleiche Tendenz sind aber um einige Prozentpunkte weniger pessimistisch.

Die Möglichkeiten wie sie im Rahmen der Europäischen Union bestehen, das demographische Problem durch regionale Zusammenarbeit und durch Migration zu bewältigen, gibt es für Japan nicht. Die japanische Gesellschaft, ethnisch und linguistisch weitgehend homogen hat traditionell keinen Raum für Migranten von außerhalb ihrer Inselwelt. Unterschiedliche Bevölkerungsgruppen lassen sich in Japan allenfalls ausmachen nach Generation, Geschlecht, Bildungsstand und die direkt damit zusammenhängend Erwerbssituation und Einkommen.

Die EU und Japan sind mit ihren hochentwickelten Volkswirtschaften wichtige Handelspartner für einander auf die zusammen etwa 40% der weltweiten Wirtschaftsleistung entfällt. Die Beziehungen zwischen der EU und Japan gehen auf eine politische Erklärung von 1991zurück, die 2001 durch einen „EU-Japan Aktionsplan" erweitert wurde, der über die ursprünglichen Handelsbeziehungen hinausgeht. Eine verstärkte Kooperation besteht in Wissenschaft und Forschung und in der Kommunikationstechnologie. Diese wird unterstützt durch zahlreiche Anlaufpunkte in der EU und in Japan für eine wechselseitige Zusammenarbeit von Geschäftsleuten, wissenschaftlichem Austausch und Studienprogrammen. In der Außenpolitik verfolgt Japan ähnlich wie die Europäische Union als Zivilmacht eine von multilateraler Zusammenarbeit bestimmte Vorgehensweise. Internationale Stabilität soll nicht mit Repressionen oder militärischer Macht erreicht werden, sondern vielmehr durch geeignete politische, diplomatische und ökonomische Instrumente.

Geprägt von den gleichen demokratischen Werten und Vorstellungen herrschen zwischen Japan und der EU eine große Übereinstimmung beim Klimaschutz und der Sicherheitspolitik, vor allem Terrorismusbekämpfung und die Nichtverbreitung von Massenvernichtungswaffen. Der Inselstaat Japan ist seit 1947 eine parlamentarische Monarchie, ohne dass die Verfassung jedoch einen Monarchen als Staatsoberhaupt festschreibt.

Angesichts einer wenig wachsenden Wirtschaft, einer zurückgehenden und überalternden Bevölkerung sind für Japan das Verhältnis zu seinen Nachbarn und die eigene Sicherheit von elementarer Bedeutung. Seine Beziehungen zu vielen asiatischen Staaten, insbesondere zur Volksrepublik China, Südkorea und Nordkorea, sind wegen einer unzureichenden Aufarbeitung seiner imperialistischen Geschichte in der ersten Hälfte des 20. Jahrhunderts weiterhin angespannt. Die Hauptpunkte von Japans Außenpolitik nach dem Zweiten Weltkrieg sind eine feste Bindung an die Vereinigten Staaten, die auch weiterhin der Garant für die militärische Sicherheit des Inselstaates sind.

Die enge ökonomische Verflechtung und das Weltinteresse an einem Frieden in der Region machen kriegerische Konflikte jedoch unwahrscheinlich; es gibt aber immer wieder politische Krisen zwischen Japan und China, die gewissermaßen zur Absteckung des Terrains dienen.

3.4.4 Die Vereinigten Staaten von Amerika

Die Vereinigten Staaten von Amerika werden, gemessen an wirtschaftlicher und militärischer Stärke, auf absehbare Zeit die führende Weltmacht bleiben. Amerika wird für lange Zeit die einzige Macht mit einer wirklich globalen Aufstellung sein. Aber Amerikas Einfluss geht zurück; das ist nicht unbedingt gleichzusetzen mit einer völligen Schwächung oder Lähmung Amerikas sondern dies ist bedingt durch den Aufstieg anderer Länder auf der regionalen und internationalen Ebene. Bedeutung und Macht hängen vom Umfeld ab, sie sind relative Größen. Die USA sind weiterhin weltweit bestimmend aber nicht mehr als einzige Macht.

Ungewöhnlich für die entwickelte Welt wird die Zahl der Einwohner der USA weiter ansteigen vor allem durch Einwanderer aus dem spanisch sprechenden Süden. Die USA werden die Lokomotive der globalen Wirtschaft bleiben trotz ihrer internen Probleme wie hohe Arbeitslosigkeit, übermäßige private Verschuldung und massive Haushaltsdefizite. Mit einem Drittel aller weltweiten Ausgaben sind sie führend in Forschung und Entwicklung, ein großer Teil davon ist für militärische Zwecke; 37 der 50 weltweit führenden Universitäten liegen in den USA. Die hohen Studiengebühren begrenzen jedoch den möglichen Kreis der Studenten und viele von ihnen sind stark überschuldet.

Die Gesellschaft Amerikas, das klassische Einwanderungsland, ist geprägt von den unterschiedlichen Kulturen seiner Zuwanderer, in der Vergangenheit überwiegend aus Europa. Die amerikanische Gesellschaft wird aber mehr und mehr von der großen Zahl der Immigranten aus Mexiko geprägt, die Amerika allmählich in eine zweisprachige Gesellschaft verwandeln, das soziale System belasten und die Haltung gegenüber Einwanderern verändert. Es wird geschätzt, dass der Anteil der hispanischen Bevölkerung von derzeit etwa 15% sich in 30 Jahren auf etwa ein Viertel belaufen könnte.

Die amerikanische Gesellschaft ist nicht nur vielfältig sondern hat auch eine sehr ungleiche Einkommensverteilung: ein Drittel des Vermögens Amerikas ist in den Händen von 1% der Bevölkerung, ein weiteres Drittel in den Händen der nächsten 9% und nur ein Drittel gehört dem großen Rest von 90% der Bevölkerung. Im Jahr 2007 kassierten 74 Top-Verdiener so viel wie die 19 Millionen am unteren Ende der Lohnskala. Mit einer Armutsrate von knapp 15 Prozent der Bevölkerung befinden sich die USA im Umfeld von Mexiko und der Türkei.

Aber nach durchgängiger Meinung über alle sozialen und wirtschaftlichen Schranken Amerikas hinweg, gilt weiterhin: je weniger Staat desto besser. Staat und Regierung sollen nur begrenzten Einfluss haben und sich auf wesentliche Aufgaben wie Sicherheit und auf das allgemeine Funktionieren des Landes begrenzen. Zusammen mit den traditionellen amerikanischen Vorstellungen von ungehinderter persönlicher Freiheit (wie der Besitz von Waffen), wirtschaftlicher Grenzenlosigkeit und privatem Unternehmertum ist das die Grundlage für den amerikanischen Traum: jeder ist für sich verantwortlich und jeder hat seine Chance in einem sehr flexiblen und dynamischen Wirtschaftssystem. Jedoch ist aufgrund der hohen Einkommensunterschiede die soziale Mobilität begrenzt, mit der Tendenz: wer arm ist, bleibt arm.

Bedeutung und Umfang des Staates ist wiederholt der Streitpunkt zwischen den zwei politischen Lagern, wobei die konservativen Republikaner möglichst wenig Staat haben wollen mit einer liberalen Wirtschaftsordnung, die dem privaten Unternehmertum nicht im Wege steht. Die amerikanische Gesellschaft ist aber offenbar dann bereit, eine stärkere Rolle des Staates zu akzeptieren, wenn es um innere und äußere Sicherheit geht, wie die umfangreichen Sicherheits-und Kontrollmaßnahmen nach dem 11. September 2001.

Amerikas Gesellschaft ist sehr durch das religiöse Verhalten geprägt. Religion, organisiert in zahlreichen, recht unterschiedlichen Kirchen, ist ein wichtiger Bestandteil des täglichen Lebens in Amerika. Die hohe Rate von hispanischen Immigranten mit katholischen Glauben dürfte wahrscheinlich an Einfluss gewinnen und die Dominanz der individualistisch geprägten anglo-protestantischen Kultur allmählich zurückdrängen.

Die amerikanische Wirtschaft ist vom Binnenmarkt abhängig. Importe und Exporte machen nur etwa 15% der volkswirtschaftlichen Gesamtleistung aus. Es war immer die Inlandsnachfrage und nicht der Export, der das Wachstum der amerikanischen Wirtschaft bestimmt. Deswegen ist für die Amerikaner der Rest der Welt wirtschaftlich nicht von großem Interesse, auch nicht der Wechselkurs des US Dollars. Aber Amerika hat das Problem einer hohen Arbeitslosenrate. Die US-Konzerne haben viele Arbeitsplätze der Konsumindustrie nach China exportiert, während sie auf Gebieten, wo China mit der Nachfrage nach Maschinen und anderen Investitionsgütern als Importeur auf dem Weltmarkt auftritt, weniger als Japan und Europa zu bieten haben. Sie verdienen mit am chinesischen Export von billigen Konsumgütern ins eigene Land. Dieses strukturelle Versäumnis lässt sich auch kurzfristige nicht durch Abwertungen der Währung wettmachen. Amerika kann weiterhin mit einem schuldenfinanzierten Konsum leben, aber die Arbeitsplätze sind woanders.

Wie bei anderen Staaten steht in den außen- und sicherheitspolitischen Überlegungen der USA die Versorgung mit Energie an vorderster Stelle. Die USA werden auf lange Zeit der weltweit größte Verbraucher an Energie bleiben. Die Abhängigkeit von Energieimporten wird weiter zunehmen trotz verschiedener Maßnahmen zur Verbesserung der Energieeffizienz und der Nutzung von erneuerbaren Energien. Amerika ist weniger stark abhängig von einigen bestimmten Regionen als Energielieferant. Es versucht gleichwohl seinen Einfluss in den wichtigsten Lieferländern wie Saudi Arabien, Angola, Nigeria oder in Südamerika zu bewahren und weiter auszubauen.

Der Aufstieg Chinas und die angestrebte stärkere regionale Zusammenarbeit der asiatischen Länder ist für die USA, als die regionale Schutzmacht für einige Staaten wie Taiwan, Südkorea und Japan eine deutliche Herausforderung. Präsident Obama, der sich gerne selber als den ersten „asiatischen" Präsidenten der USA bezeichnet, will die Position in der für die USA lebenswichtigen Region weiter stärken und den durch die globale Finanzkrise verlorenen Boden wieder gut machen. Dies dürfte auch von einigen asiatischen Ländern begrüßt werden, als ein Gegengewicht zu China. Die USA werden, um ihre globale Position zu behaupten, dem Aufstieg Chinas zu ihren Lasten durch ein stärkeres Engagement in Asien entgegentreten.

Dem Ausbau der Beziehungen mit den großen asiatischen Ländern wie Indien und Indonesien kommt dabei eine besondere Bedeutung zu. Die USA werden sich nicht nur militärisch und politisch sondern auch wirtschaftlich mehr als bisher Asien zuwenden. Demgegenüber wird der Stellenwert Europas weiter abnehmen. Diese nicht umkehrbare Entwicklung sollte den Europäern als Weckruf dienen, sich zu mehr gemeinsamer Stärke aufzuraffen und zu erkennen, dass nationale Souveränität international nur zählt wenn sie zusammen mit Macht daher kommt. Die Welt erwartet entgegen der Meinung vieler Europäer nicht viel von Europa, es sei denn Europa denkt strategisch und machtpolitisch. Europa könnte dann auch eine substantielle Antwort geben auf das von Präsident Obama vorgelegte Angebot einer „Partnerschaft von Gleichen".

Da sich die Macht von Europa und von den Vereinigten Staaten weg verlagert, werden auch die Regeln für das internationale Engagement neu geschrieben. Die weltpolitische Machtverschiebung erfordert Kooperation und Verständigung, um Lösungen für weltweite Probleme zu finden. Dies gilt auch für die USA, wie es sich bei der Wirtschaftskrise gezeigt hat. Die USA bleiben von den Kräfteverschiebungen im internationalen Ordnungsgefüge nicht unberührt. Die internationale Situation können sie weniger denn je mit hegemonialem Druck und traditionellen Allianzen in den Griff bekommen. Das war die Ausgangssituation beim Amtsantritt von Präsident Obama Anfang 2009.

Während die internationale Durchsetzungsfähigkeit der USA abnimmt, wächst die innenpolitische Frustration über die noch kaum verstandene neue Lage. Mit der Stärkung der nationalkonservativen Kreise in den USA wachsen die Kräfte gegen eine Politik der Verständigung und Kooperation. Aber Amerika muss aus der schwierigen Lage herausfinden, einer Kombination von unvermeidlichen großen Kräfteverschiebungen in der Welt und einer viel zu lange uneinsichtigen amerikanischen Regierungspolitik.

Zur Wahrung seiner globalen Position und zur Verteidigung seiner eigenen Sicherheitsinteressen wird Amerika weiterhin eine pragmatische Politik betreiben. Ihre Vorgehensweise kann unilateral aber durchaus auch in multilateralen Strukturen erfolgen. Dazu gehört der Einsatz militärischer Mittel zu amerikanischen Bedingungen wie sich wiederholt (siehe Afghanistan) gezeigt hat. Amerika wird auch weiterhin sehr zögerlich sein, international verbindlichen Abkommen beizutreten. Im Gegensatz zu dem Verständnis in vielen europäischen Staaten haben für die USA ihre Gesetze Vorrang über internationale Gesetze.

Für die USA wie auch für China und Indien werden internationale Gesetze und Vereinbarungen als eine Begrenzung ihrer eigenen Souveränität angesehen und nicht als eine für alle nützliche Maßnahme. Diese Politik, die bisher schon das Verhalten der USA bei internationalen Abkommen, wie zum Klimaschutz bestimmt hat dürfte es in Zukunft noch schwieriger machen, wirksame internationale Abkommen durchzusetzen. Möglicherweise wird erst das Aufkommen anderer globaler Mächte Amerika dazu bewegen, die Institutionalisierung von internationalen Beziehungen neu zu überdenken.

Die Europäische Union, die für ein halbes Jahrhundert im Wesentlichen mit sich selber und der damit verbundenen wirtschaftlichen Integration befasst war, hat die Notwendigkeit einer äußeren Identität erkannt. Mit der Erweiterung von 15 auf 27 Mitgliedsstaaten kamen Länder hinzu, die gar keine oder nur eine begrenzte Erfahrung mit Außenpolitik auf der internationalen Bühne haben. Bislang gibt es keine klare Meinung unter den 27 Mitgliedsstaaten welche Rolle die Union zukünftig in der Welt spielen soll bzw. welche Politik sie gemeinsam verfolgen wollen. Diese unklare und zögerliche Haltung machen es für Europa fast unmöglich mit großen Staaten wie Indien, Russland, China oder den USA politisch überhaupt etwas zu auszurichten oder bestimmte politische Ziele wie etwa beim Klimagipfel in Kopenhagen zielgerichtet zu erreichen.

In Bezug auf die USA wird dieses Unvermögen, gemeinsame Interessen zu benennen und zu verfolgen, noch verstärkt durch die Vorstellung einer transatlantischen Beziehung, demzufolge die Sicherheit Europas über die NATO weiterhin ausschließlich vom Schutz der USA abhängt und, dass die USA und Europa grundsätzlich die gleichen Interessen haben. Diese Vorstellung von einer ungetrübten harmonischen Beziehung zu den USA und die Idee der Vorteile einer „besonderen Beziehung" zu den USA macht es vielen Mitgliedsstaaten, wie Polen und Großbritannien bislang unmöglich, sich der eigenen europäischen Interessen deutlicher bewusst zu werden und diese auch nach außen zu vertreten.

Das globale Gewicht der US- Wirtschaft und sein enormer Bedarf an externen Finanzmitteln zeigt die zunehmende Abhängigkeit und Verletzlichkeit anderer Staaten von den Entwicklungen in den USA. In einer global vernetzten Welt müssen die Europäer erkennen wo ihre eigenen langfristigen politischen und wirtschaftlichen Interessen liegen. Dazu gehört eine klare Analyse der transatlantischen Beziehungen und ein Durchsetzungsvermögen (z.B. visafreier Reiseverkehr) wie die Union sie gegenüber den USA in der Wirtschaftpolitik und in Handelsfragen bereites an den Tag gelegt hat.

Zur Sicherung der Wettbewerbsfähigkeit im globalen Markt, insbesondere gegenüber den zukünftigen Großmächten Indien und China, muss die Union mit den USA global Standards durchsetzen und die gemeinsamen Anstrengungen für Forschung, Entwicklung und Ausbildung verstärken. Zudem sollte ein Partnerschaftsabkommens zwischen der EU und den USA abgeschlossen werden und ein gemeinsamer Transatlantischen Markt realisiert werden.

Wenn es um wirtschaftliche Belange geht wie Handel oder Wettbewerb haben die Mitgliedsstaaten überhaupt kein Problem gemeinsam aufzutreten, sozusagen als wirtschaftlicher Riese. In diesen Bereichen sind die transatlantischen Beziehungen sehr stark und zuweilen von Auseinandersetzungen gekennzeichnet aber im Allgemeinen zum gegenseitigen Nutzen. Dabei bestätigt sich, dass gemeinsame Politik der Union zum Nutzen aller Beteiligten ist. Die USA honorieren ein solches Verhalten, da sie selber gern klare Position beziehen. Geht es aber um Außen- und Sicherheitspolitik hat nationale Souveränität die Oberhand und jedes Mitgliedsland tritt als einzelner Staat in der NATO auf.

Wenn die Mitgliedsstaaten in Washington jedoch wirklich was gelten wollen müssen sie zu allererst gemeinsam auftreten und mit einer Stimme sprechen; nur so können sie ihr gemeinsames Gewicht zum Tragen bringen. In der sich abzeichnenden komplexen, mehrpoligen Welt von Morgen ist neben guten bilateralen Verbindungen, eine starke und effektive Partnerschaft zwischen der Europäischen Union und den USA für beide Seiten wichtiger denn je. Die Union und die USA sind als starke Demokratien mit den gleichen Werten die natürlichen Partner in einer bewährten Allianz.

Ein starkes, selbstbewusstes Amerika ist auch im Interesse Europas mit den dazu gehörigen intensiven Auseinandersetzungen und Positionsbestimmungen. Die Europäer müssen erkennen, dass die USA in vielen Fragen der Außen und Verteidigungspolitik andere Interessen als Europa verfolgen. Den Mitgliedstaaten der Union muss das klar werden und sie müssen mit der Union ihre Interessen und Vorstellungen mit den befreundeten USA in harten Verhandlungen einbringen, z.B. in Klimafragen, dem Schutz der Regenwälder, bei der Energiesicherheit.

3.4.5 Brasilien

Brasilien und Mexiko sind die zwei bevölkerungsreichsten Staaten Lateinamerikas. Es wird geschätzt, dass Brasiliens Einwohnerzahl von derzeit 190 Millionen bis 2025 auf 230 Millionen und die Bevölkerung Mexikos von 107 Millionen auf 130 Millionen ansteigen wird. Während Mexiko sich an den USA orientiert, dürfte Brasilien sich zum politischen und wirtschaftlichen Zentrum Südamerikas entwickeln. Brasilien gilt seit langem als „Land der Zukunft“, so der Titel eines von Stefan Zweig 1941 über sein Exilland veröffentlichten Romans, wegen des weitgehend friedlichen Zusammenlebens von Einwanderern aus sehr verschiedenen Ländern und von ehemaligen afrikanischen Sklaven.

Brasiliens Politik ist geprägt von seiner Größe und Reichtum, dass nicht nur eine Grundlage für die eigene Entwicklung, sondern auch für seinen internationalen Einfluss bietet. Es ist geprägt von einer multiethnischen tropischen Kultur, die in der Lage ist, die Gegensätze zwischen schwarz und weiß, arm und reich, zwischen entwickelten und unterentwickelten Regionen zu überwinden. Brasilien wird geleitet von dem Konzept einer marktwirtschaftlichen Entwicklung, dessen Früchte auch zu Fortschritten bei den aber nach wie vor brennenden sozialen und infrastrukturellen Problemen geführt haben. Die Entwicklung Brasiliens in den letzten 10 Jahren ist ein Beispiel dafür wie kluge Politik gestiegene Exporterlöse in Wachstum und mehr sozialen Ausgleich einsetzen kann.

Brasilien gehört heute zu den führenden zehn Volkswirtschaften der Erde. Der wirtschaftliche Erfolg beruht auf Exporten von mineralischen Rohstoffen wie Eisenerz, von Öl und landwirtschaftlichen Produkten. Es ist weltweit der größte Produzent von Zuckerohr, Kaffe, tropischen Früchten und Orangensaft und gehört zu den bedeutendsten Produzenten von Sojabohnen, Mais, Baumwolle, Tabak und Holz. Brasiliens führende Rolle in Südamerika wird durch seine Ölvorkommen noch weiter gestärkt. Die weltwirtschaftlichen Veränderungen haben Brasiliens Handelsbeziehungen auf der Süd-Süd-Schiene mit Asien aber auch innerhalb Lateinamerikas, zu Lasten des Handels mit den USA deutlich anwachsen lassen. Dazu beigetragen hat auch der Agrarprotektionismus der USA, der auf Biotreibstoffe wie Ethanol ausgeweitet wurde und damit einige der wettbewerbsfähigsten brasilianischen Produkte von dem US-Markt ausschließt.

Der wirtschaftliche Erfolg Brasiliens ist jedoch sehr unterschiedlich verteilt in Bezug auf Einkommen und Regionen und er geht einher mit erheblichen Umweltbelastungen und Umweltzerstörungen. Das Land gehört zu den vier größten Emittenten von Treibhausgasemissionen. Etwa 55 Prozent der brasilianischen Treibhausgasemissionen sind verursacht durch die Abholzung des Amazonaswaldes zur Ausdehnung des Anbaus von Biotreibstoffen, der Viehwirtschaft und weitere 15% durch Methangase von eben diesem hohen Viehbestand. Die Absatzmärkte für das Fleisch sind die amerikanischen Ketten der Systemgastronomie. Seit einigen Jahren versucht die Regierung mit einem nationalen Plan zum Klimawandel diesem entgegenzusteuern; durch Reduzierung der Abholzung, höhere Energieeffizienz, Steigerung der erneuerbaren Energien in der Stromversorgung und des Verbrauchs von Agrartreibstoffen, vor allem Ethanol und Biodiesel. Die angestrebten Maßnahmen sind zwar beachtlich, lassen aber wesentliche Bereiche, wie Reduzierung des Energieverbrauchs durch Gebäudestandards oder kollektive Transportsysteme gänzlich unbeachtete.

Brasilien wird mit seiner Umweltpolitik auch nicht seiner globalen Verantwortung, dem Schutz der Amazonaswälder gerecht. Angesichts der zentralen Bedeutung des Amazonaswaldes für das globale Klima ist die bisher verfolgte Politik völlig unzureichend. Das Land muss das Vermeidungspotential von Treibhausgasen durch den Schutz des Regenwaldes so umfangreich wie möglich ausbauen. Der jährliche Finanzbedarf, der dem Wert des Einschlags von Tropenholz entspricht, wird auf $ 40 Mrd. geschätzt. Brasilien muss in seinen Schutzmaßnahmen durch internationale Hilfe und Abkommen unterstützt werden. Es ist dazu gut aufgestellt, da es in seiner Politik gegenüber den Nachbarstaaten und sonstigen außenpolitischen Partnern vor allem auf Konsens setzt und sich bei verschiedenen internationalen Konflikten auch als Vermittler bewährt hat.

Brasilien hat in verschiedenen multilateralen Initiativen nicht nur die breite Diversifizierung seiner Außen- und Wirtschaftsbeziehungen verfolgt, sondern auch seinen Anspruch als Führungsmacht des Südens unterstrichen, wie die Zusammenarbeit in Südamerika und die periodische Ausrichtung von Präsidententreffen mit den arabischen und afrikanischen Staaten zeigen. Mit der Etablierung seiner internationalen Netzwerke ist auch der Einfluss Brasiliens gestiegen, zumal seine Fähigkeit auch über ideologische und wirtschaftliche Interessenunterschiede hinweg, Brücken schlagen zu können, immer mehr gefragt ist und teilweise schon als eine spezifische „soft power“ des Landes angesehen wird.

Seine Rolle als Führungsmacht im Geflecht „neuer Mächte“ hat das Profil Brasiliens in seinen starken traditionellen bilateralen Beziehungen mit den USA und der EU erheblich verändert. Es ist eine gewichtige Stimme in der G20 und bei internationalen Handelsfragen. Brasiliens ist bestrebt als wichtigstes Land des Südens in der westlichen Hemisphäre voll anerkannt zu werden, was sich auch in unterschiedlichen Positionen zur US Politik wie bei Kuba oder dem Iran äußert. Darin zeigt sich das gestiegene Selbstbewusstsein Brasiliens aber auch die Schwierigkeit der USA, mit der „neuen Macht in seinem Hinterhof“ angemessen umzugehen. Brasilien erwartet angesichts der bestehenden instabilen Situation in Lateinamerika und seines Gewichts in den Süd-Süd-Beziehungen von den USA partnerschaftliche Konsultationen und multilaterale Verhaltensweisen anstelle außenpolitischer Verhaltenslektionen.

Die Beziehungen zwischen Brasilien und der Europäischen Union werden zunehmend seiner politischen Bedeutung, seinem wirtschaftlichen Aufstieg und seiner Vernetzung innerhalb des Kreises regionaler Führungsmächte gerecht. Die „strategischen Partnerschaft“, in der zahlreiche globalen Themen gemeinsamen behandelt werden und die zum Teil sehr engen und weitgefächerten bilateralen Beziehungen mit einzelnen Mitgliedstaaten wie zu Portugal, Deutschland, Spanien und Frankreich, auch im sicherheitspolitischen Bereich, machen das Land für die Union zu einem bedeutenden Partner. Seine zentrale Rolle zur Eindämmung des Klimawandels und seine multilaterale Vorgehensweise dürften Brasilien in den nächsten Jahren zu einem noch gewichtigeren Partner unter den aufsteigenden (BRIC)- Ländern werden lassen. Auch für den Ausbau der Beziehungen der Union zu ganz Südamerika ist eine enge Zusammenarbeit mit Brasilien eine bemerkenswerte Voraussetzung.

Die Union kann mit ihren Erfahrungen als globaler Partner durchaus verstehen, dass Brasilien mit seinem Anspruch als Führungsmacht des Südens, nicht immer die Weltsicht der EU teilt und deshalb auch nicht allein nach „westlichen“ Maßstäben beurteilt werden kann. Brasilien möchte von den USA, EU, Russland, China und Indien als gleichberechtigter Partner in einer multipolaren Weltordnung anerkannt werden. Es liegt daher ganz auf dieser Linie wenn es einen ständigen Sitz im UN-Sicherheitsrat anstrebt. Die internationale Anerkennung Brasiliens als Führungsmacht dürfte allerdings nicht so sehr von der eigenen Wirtschaftskraft oder gar der Kapazität zur Durchsetzung der eigenen Interessen bestimmt werden, sondern vielmehr von seiner Fähigkeit, sich international im Krisenmanagement zu engagieren und von anderen Führungsmächten als solche akzeptiert zu werden. Die Union sollte dazu, auch im eigenen Interesse, einen wesentlichen Beitrag leisten und sich nicht von einem alles überragendem China zu sehr vereinnahmen lassen.

Brasiliens Fortschritte in der Festigung der Demokratie, der Verbreiterung seiner Wirtschaftsbasis und seine Attraktivität für ausländische Investoren sind beispielhaft für die ganze Region. Es hat eine solide Basis für weiteres Wirtschaftswachstum durch stabile politische Verhältnisse und einen stetigen, wenn auch langsamen Reformprozess geschaffen. Die Sicherung einer generellen Stabilität und weitere Fortschritten im sozialen Bereich, wie Verringerung der grassierenden Kriminalität, der Armut und dem Abbau der ausgeprägten Einkommensunterschiede sind entscheidende Voraussetzung für den weiteren Aufstieg Brasiliens und werden seinen zukünftigen Status entscheidend bestimmen.

3.4.6 Russland

Russland hat wegen seiner riesigen Ausdehnungen und als ein wesentlicher Teil Europas schon immer ein besonderes Interesse im übrigen Europa hervorgerufen. Es besteht aus zahllosen unterschiedlichen Völkern - aber es war schon immer unterbevölkert, bedroht durch seine eigene Geographie, abnehmende Bevölkerung und unzureichende wirtschaftliche Stärke. Russlands multinationale Bevölkerungsstruktur geht zunehmend einher mit religiösen Bewegungen islamistischer Art, die sich in einigen Regionen, vor allem im Kaukasus bis hin zu separatistischen Vorstellungen entwickelt haben. Grenzen sind für Russland weiterhin lebenswichtig und von großer Bedeutung, wie es sich bei anhaltenden

Schwierigkeiten im Nordkaukasus zeigt, wohingegen im übrigen Europa Grenzen zunehmend an Bedeutung verlieren.

Russland mit einer Mischung aus Stärke und Schwäche ist ein komplexer europäischer Nachbar. Es hat die Geburtenrate von Europa aber eine afrikanische Lebenserwartung; es hat das weltweit zweitgrößte Arsenal an Atomwaffen aber produziert sehr wenige internationalen Hi-Tech Produkte. Es hat das größte Netz an Gas- und Ölleitungen ist aber in seiner Einheit durch ethnischen und religiösen Separatismus bedroht. Russland ist laut Verfassung ein föderaler Staat, ein zentralistischer Staat in den Ambitionen seiner Führer aber in der Realität ein zersplittertes feudalistisches Land, dominiert von wenigen Oligarchen.

Russlands Bevölkerung wird nach UN Angaben von derzeit etwa 145 Millionen auf weniger als 130 Millionen im Jahr 2025 zurückgehen. Der Bevölkerungsrückgang wirkt sich auf die Zahl der arbeitenden Bevölkerung aus. Das Land wird ähnlich wie die Europäische Union längerfristig nicht ohne Einwanderer auskommen. Hinzukommt, dass Russland eine der weltweit höchsten HIV-Infektionsraten hat, die insbesondere die jüngere Generation betrifft und damit Auswirkungen auf die tatsächlich verfügbaren Arbeitskräfte und deren Produktivität haben dürfte. Die demographische Entwicklung wird auch seine Sicherheit direkt betreffen. Die zukünftige Bevölkerungszahl wird nicht ausreichen, um die aktuelle Stärke der Armee aufrecht zu erhalten.

Eine mögliche Bedrohung der Sicherheit Russlands kommt nicht mehr von außen sondern von internen Problemen und Ängsten: Demographie, Energieabhängigkeit, Korruption, latente Unabhängigkeitsbestrebungen und illegale chinesische Einwanderer an seinen weiten Grenzen. Die Kombination von Armut, verbreiteter Korruption und unzulänglicher öffentlicher Verwaltung haben vor allem im Kaukasus zur Bildung organisierter Kriminalität in den Bereichen Menschenschmuggel, Waffen und Drogen beigetragen. Russland versucht weiterhin in dem ehemaligen Gebiet der Sowjetunion seinen wirtschaftlichen Einfluss zu erhalten, um der ansonsten kaum wettbewerbsfähigen russischen Industrie die traditionellen Absatzmärkte zu sichern. Russland befürchtet, dass ernsthafte Krisen wie die eben überstandene Wirtschaftskrise zu erheblichen globalen Verwerfungen führen können mit dem Ergebnis einer stärkeren Regionalisierung. Es will seinen kulturellen Einfluss bewahren und die russische Sprache als „lingua franca" in den ehemaligen Sowjetrepubliken erhalten.

Russland hatte vor der Krise ein beachtliches Wirtschaftswachstum aufzuweisen, wie andere große aufsteigende Staaten aus der BRIC Gruppe. Aber die Krise hat das Land hart getroffen. Etwa 80% seiner Exporterlöse und ein Drittel der Staatseinnahmen kommen aus dem Verkauf von Rohstoffen wie Gas, Erdöl und Metalle. Die erzielten Einnahmen sind abhängig von Schwankungen der internationalen Rohstoffpreise und damit von den Schwankungen der Weltkonjunktur. Hinzu kommt eine geringe Wertschöpfung der wenig entwickelten Wirtschaft. Die niedrige interne Wirtschaftsleistung und die begrenzte industrielle Kapazität sowie das unzureichende Angebot an Arbeitsplätzen macht einen großen Teil der Bevölkerung abhängig von staatlichen Transferleistungen, finanziert aus Einnahmen von Rohstoffexporten.

Russland hat keine andere Wahl als seine Wirtschaft zu modernisieren und die dazu erforderliche Infrastruktur massiv auszubauen. Aber es möchte auch wie China sein: Investitionen und Wissen aus Europa ohne Einmischung in die inneren Angelegenheiten zu erlauben. Die sich abzeichnende globale Abhängigkeit und gegenseitiger Beeinflussung auch über das Internet wird in Russland wie in China als echte Bedrohung der inneren Sicherheit angesehen.

Mit der Erweiterung der Union im Jahr 2004 ist die Europäische Union mit ihren demokratischen Vorstellungen und wirtschaftlichen Möglichkeiten ein Stück näher an Russland herangerückt. Weißrussland, die Ukraine und Moldawien sind zu einer neuen gemeinsamen Nachbarschaft von Russland und der Union geworden. Die Erweiterung zwingt beide Seiten zur Zusammenarbeit. Die Beziehungen der jeweiligen Seite zu diesen Ländern und deren Entwicklung wird mit großer Aufmerksamkeit verfolgt. Die gemeinsame Nachbarschaft kann zu einer gegenseitig nützlichen Kooperation führen, sie birgt aber auch das Potential von Interessenkonflikten.

Russland betrachtet seine Nachbarn, die auch die Nachbarn der EU sind, nicht nur als sein Einflussgebiet sondern auch als eine Zone zur Verteidigung seiner elementaren nationalen Interessen, wie die Stabilisierung seiner Grenzen. Es versucht den gegenwärtigen Zustand zu verfestigen und diese Staaten unter seinem Einfluss zu halten. Russland wird daher unter den derzeitigen Umständen niemals einen Beitritt der Ukraine oder Georgiens zur Nato zustimmen, oder einen Beitritt der Ukraine in die Union. Dementsprechend betrachtet das Land die Kontrolle seine Öl- und Gasleitungen über sein eigenes Territorium hinaus als ein wichtiges Element zur Sicherung seiner globalen Machtposition.

Russland hatte über mehrere Jahre versucht, in der Union Unruhe zu stiften und den Einfluss in seiner unmittelbaren Nachbarschaft zu erhöhen, als eine Art Gegenmodell zur EU. Das friedensstiftende Modell der Europäischen Union dürfte aber auch in Russland seinen Einfluss nicht verloren haben. Die sich jetzt entwickelnde Westpolitik Russlands scheint die Realität der Union zu akzeptieren und zielt insbesondere auf die Entwicklung wirtschaftlicher Beziehungen wie mit Deutschland, Italien und Frankreich. Damit bestätigt es auch seine europäische Identität zu einem Zeitpunkt da Europa weltweit eher in die Defensive zu geraten scheint.

Ein gewisser Wettbewerb zwischen der Union und Russland dürfte in der Zone gemeinsamer Nachbarschaft auf absehbare Zeit bestehen bleiben. Aber gleichzeitig gibt es ein gegenseitiges Interesse für Sicherheit in Europa. Dazu gehört aus russischer Sicht, die Einbeziehung Zentralasiens in einen Raum der europäischen Sicherheit, um den steigenden Einfluss Chinas in dem Teil der Welt zu begegnen. Darüber hinaus zeichnet sich ab, dass sich das Verhältnis Russlands zur NATO stabilisiert bis hin zu der Möglichkeit einer engen Sicherheitskooperation.

Russland hat die USA als eine europäische Macht akzeptiert und die NATO als einen festen Bestandteil europäischer Sicherheit. Seine strategische Partnerschaft mit seinem südlichen Nachbarn, die Türkei, zielt auf eine stabile Beziehung ohne größere Konflikte. Die Türkei hat Russland bereits einen visafreien Reiseverkehr, auch wegen der enormen Touristenströme eingeräumt.

Russland hat ein großes Potential, um Wohlstand für alle zu erreichen. Dazu muss es allerdings in sein Bildungswesen investieren, seine Wirtschaft diversifizieren und sich in die globalen Märket integrieren. Seine Hauptprobleme sind zu geringe Investitionen in den Energiesektor, ein unzureichender Finanzsektor, mangelnde berufliche Qualifikationen, hohe Kriminalität und eine ausufernde Korruption. Trotz dieser zahlreichen Probleme wird für das Land ein anhaltendes Wirtschaftswachstum erwartet, unterstützt von anlaufenden Wirtschafts-und Steuerreformen. Der wesentliche Anschub dürfte weiterhin aus dem Export von Rohstoffen kommen und von den dort erwarteten höheren Preisen. Allerdings macht diese einseitige Abhängigkeit von externen Marktfaktoren das Land anfällig für Schwankungen auf den Weltmärkten. Zudem ist die direkte Kontrolle und Verwaltung des Rohstoffsektors durch den Staat keinen Anreiz für effizientes Management. Der Privatsektor ist ebenfalls stark von öffentlichen Interessen abhängig und wird von einigen wenigen kontrolliert. Das spricht nicht für ein günstiges Investitionsklima, da rechtliche und administrative Probleme nur allzu bekannt sind. Diesen lokale Schwierigkeiten stehen der hohe Investitionsbedarf in den kommenden Jahren im Energie-und Verkehrssektor und damit verbundene Gewinnaussichten gegenüber.

Russland wird mit zunehmender wirtschaftlicher Macht versuchen, seinen Einflussbereich auszuweiten und Kontrolle über den Raum der ehemaligen Sowjetunion auszuüben, ohne jedoch territoriale Ansprüche zu erheben. Dazu dürfte auch der Einsatz von politischen wie wirtschaftlichen Zwangsmitteln gehören, wie Zugang zu Ressourcen z.B. Öl oder Gas. Russland versucht auch seinen militärischen Einfluss zu festigen und zwar durch langfristige Verträge. So hat es mit der Ukraine Pachtverträge auf der Krim bis 2024 abgeschlossen; die Sicherheitsvereinbarungen mit Armenien laufen sogar bis 2044.

In Russland zeigt sich das Dilemma zwischen einer, in dem riesigen Land zunehmenden Tendenz zu einem alles beherrschenden Zentralismus und einer durch die Globalisierung erzwungenen Offenheit. Spannungen auf der politischen Ebene bestehen zwischen Moskau und der Vielzahl von Regionen und autonomen Republiken. Auf der wirtschaftlichen Ebene werden die Differenzen zwischen dem staatlich kontrollierten Energiesektor und dem dynamischen privaten Bereich zunehmen. Diese zahlreichen Herausforderungen verlangen beachtliches politisches Geschick. Es steht allerdings zu befürchten, dass das zukünftige Modell eher asiatische denn westeuropäische Strukturen haben dürfte. Das heißt eine gewisse Offenheit solange das Grundinteresse Russlands, definiert durch die Zentrale im Moskau, nicht in Frage gestellt wird.

So ist kaum anzunehmen, dass Moskau ein Modell einer liberalen Gesellschaft nach westlichem Muster anstrebt. Vielmehr dürfte es ähnlich wie China und auch Indien den sogenannten „Staatskapitalismus“ favorisieren, mit dem Staat als bestimmenden Faktor. Russlands Führung versucht einen Staat zu schaffen, der in die globale Wirtschaft eingebunden ist, aber gleichzeitig das interne Geschehen gegenüber Einflüssen von außen abzuschirmen. Andere aufsteigende Staaten wie Südkorea, Taiwan und Singapur haben nach diesem Modell ihre Wirtschaft erfolgreich entwickelt, jedoch zunehmend mit demokratischen Instrumenten. Ob China oder Russland diesen Weg gehen werden ist angesichts ihrer Größe und ihren bisherigen Haltungen gegenüber demokratischen Ansätzen kaum wahrscheinlich.

Trotz aller Probleme und Schwierigkeiten ist Russland die bestimmende Macht in Eurasien. Wenn es seine wesentlichen Probleme nicht umfassend angeht und dabei nicht zeitgemäß im Sinne von Rechtsstaatlichkeit und Beachtung von Menschenrechten vorgeht, kann dies neben fortgesetzten Schwierigkeiten in Russland selbst auch erhebliche Auswirkungen auf seine Umgebung haben, die über die Zone gemeinsamer Nachbarschaft mit der Europäischen Union hinausgehen dürfte.

Die Europäische Union hat die elementare Bedeutung einer Kooperation mit Russland erkannt. Die Mitgliedsstaaten haben kein Interesse eine eigene Politik zu verfolgen, die gegen die Interessen Moskaus gerichtet ist; entsprechende Versuche haben nur zu einer Verschlechterung der Beziehungen geführt mit Nachteilen für beide Seite. Inzwischen ist das von allen Beteiligten anerkannte Ziel, eine vertiefte und alle Bereiche umfassende Zusammenarbeit mit Russland einzugehen.

3.5 Eine veränderte Welt - Ein gemeinsames Europa

Die Welt verändert sich; die gegenseitigen Abhängigkeiten nehmen zu, nicht nur in der Wirtschaft wie die Finanzkrise in den USA gezeigt hat, die sich zu einer globalen Wirtschaftskrise ausgeweitet hat, sondern auch in anderen Bereichen wie bei der Begrenzung des Klimawandels. Die globale Vernetzung ist nicht auf den wirtschaftlichen Sektor begrenzt sondern sie ist von grundsätzlicher Bedeutung: wir alle hängen von dem Schicksal unseres Planeten Erde ab. Das heißt alle müssen mit den begrenzten Ressourcen der Erde auskommen, ohne die unsere verschiedenen Gesellschaften nicht mehr funktionieren würden. Im Gegensatz zu vergangenen Erfahrungen ist der Planet Erde heute durch zwei von Menschen geschaffenen Faktoren ernsthaft bedroht, denen alle Erdbewohner gleichermaßen ausgesetzt sind: dem globalen Klimawandel und der Weiterverbreitung von nuklearem Wissen und Material.

Diese neuen Herausforderungen können nicht mit den Mitteln der Vergangenheit bewältigen werden. Ob relativer Rückgang der Bevölkerung und der Wirtschaftsleistung, Klimawandel, Energieversorgung oder Kontrolle von nuklearem Material – die Herausforderungen können nur im regionalen und globalen Kontext richtig verstanden und bewältigt werden. Hier kann die EU als Einheit, die mehr ist als nur die Summe ihrer Mitgliedstaaten, einen großen Beitrag leisten. Sie hat vielfältige Möglichkeiten der Einflussnahme – von der globalen bis zur lokalen Ebene – und sie ist besser in der Lage als jeder Mitgliedstaat für sich allein, die schwierigen Aufgaben des 21. Jahrhunderts zu bewältigen. Dies wird jedoch nicht von selber geschehen. Auch wenn die EU über die erforderlichen Strukturen und Instrumente verfügt, so müssen sie doch von den Mitgliedstaaten konsequent und für den richtigen Zweck genutzt werden.

Bezogen auf seine südlichen Nachbarn sollte Europa seine Politik der friedlichen Entwicklung Afrikas verstärken. Das bisherige Engagement und deren Aktivitäten reichen nicht aus. Politische Instabilität ist sehr gefährlich, wie sich in Somalia zeigt. Ein Land beherrscht von wenigen Sippschaften und Personen steht völlig außerhalb der internationalen Gemeinschaft stehen, bedroht diese und profitiert auch noch von ihr durch Piraterie. Den einmal entstandenen Schaden zu beseitigen, ist wesentlich kostspieliger als sich zu engagieren und die Entwicklungen in die richtigen Bahnen zu lenken.

Europa muss seine Politik der Partnerschaft mit Afrika ausbauen. Dazu gehören wirkliche faire Wirtschafts-und Handelsbeziehungen. Es kann nicht sein, dass immer noch mehr Geld aus Afrika nach Europa oder Asien fließt als in die Gegenrichtung. Den Weltmarktpreisen für wertvolle afrikanische Rohstoffe stehen überhöhte Importpreise z.B. für Maschinen und Ausrüstungsgegenständen gegenüber. Der lokale Markt wird zudem mit Billigprodukten (aus China und Indien) überschwemmt und mit Fleisch aus europäischen Massentierhaltungen versorgt gegen die der einheimische Hersteller und Kleinbauer keine Chance hat.

Die Europäische Union muss ihre Investitionen in Afrika massiv verstärken; sie kann das Terrain nicht China überlassen. Die Mitgliedsstaaten der Union sollten ihre unterausgelasteten Kapazitäten für den Aufbau von Afrika einsetzen, z.B. durch die langfristige Finanzierung im Energiesektor, für den Straßenbau, die Wasserversorgung oder für die industrielle Infrastruktur. Der Aufbau Afrikas ist im Interesse Europas; Wirtschafswachstum in afrikanischen Ländern reduziert die Zahl möglicher Immigranten, stabilisiert den Kontinent, erschließt neue Märkte, öffnet den Zugang zu Ressourcen zum Vorteil für alle, statt illegaler Abbau und Handel mit Rohstoffen zum Vorteil weniger. Für den nordafrikanischen Raum ist für die Europäische Union die partnerschaftliche Zusammenarbeit zur gemeinsamen Nutzung der Solarenergie ohne Alternative.

Die EU muss sich den Umbrüchen in der Welt stellen. Waren die letzten zwanzig Jahre schon beunruhigend, so dürften die nächsten zwanzig Jahre noch mehr Verunsicherung bringen. Gegenwärtig entsteht eine neue multipolare Welt mit diffuseren Machtverhältnissen und einer komplexeren internationalen Dynamik. Der relative Anteil der EU am globalen Wohlstand schrumpft unweigerlich, da ihr Wachstum geringer ist als das ihrer wichtigsten Wettbewerber.

Da die aufstrebenden Volkswirtschaften ihren Lebensstandard verbessern und den fortgeschrittenen Industrieländern nacheifern, steigt der weltweite Energieverbrauch. Bis zum Jahr 2030 wird der globale Energiebedarf wahrscheinlich um 50 % zunehmen, wobei 80 % der Versorgung auf fossile Brennstoffe entfallen dürften. Die Abhängigkeit von

Energieimporten wird voraussichtlich zunehmen, wobei die Union bis zu zwei Drittel ihres Bedarfs durch Einfuhren decken muss.

Überdies wird der Klimawandel zu einer Verknappung von Energie und anderen lebenswichtigen Ressourcen führen. Die Preisschwankungen und Versorgungsunsicherheiten werden durch politische Instabilität in energiereichen Ländern noch verschärft. Die erneuerbaren Energien werden zwar ein stärkeres Wachstum als die herkömmlichen Energiequellen verzeichnen, doch auch 2030 nur einen kleinen Teil der weltweiten Energieversorgung ausmachen. Dieser Trend wird noch verstärkt durch das Unvermögen der Menschheit, den Verlust der biologischen Artenvielfalt aufzuhalten, mit schwerwiegenden Folgen für die Nachhaltigkeit nicht nur im Wirtschaftsbereich.

Dies alles findet vor dem Hintergrund weitreichender gesellschaftlicher Veränderungen statt. Der Rückgang der arbeitsfähigen Bevölkerung mit dem Zwang das Gesundheits-und Rentensystem zu überdenken, ist ein ernsthaftes Problem für das europäische Wohlfahrtssystem, die eine der Grundlagen für den europäischen Zusammenhalt seit dem II. Weltkrieg ist. Die Notwendigkeit von gesteuerter Immigration wird zu einer der zentralen Aufgaben europäischer Innenpolitik. Sie muss sich den Befürchtungen der Menschen stellen, die - angesichts von einer steigenden Zahl von Einwanderern auch aus islamischen Ländern- sich mehr denn je mit den einseitigen Betrachtung von lokalen nationalistischen Parolen konfrontiert sehen.

Europas Ziel muss es sein mit einer kohärenten Politik, den Status eines geachteten Partners in globalen Fragen zu erhalten. Ein Partner, der in der Lage ist, ein weites Spektrum an wirtschaftlichen, politischen und militärischen Mittel einzusetzen in seinem eigenen Interesse und dem seiner Verbündeten, auch zur Bewahrung ihrer westlichen und universellen Werte. Die Union muss sich den Herausforderungen einer zurückgehenden und überalterten Bevölkerungszahl durch notwendige wenn auch schmerzhafte Reformen stellen und sie darf sich nicht in einen Wettbewerb nationaler Interessen einlassen. Dazu bedarf es einer tieferen wirtschaftlichen, politischen und sozialen Integration Europas. Dies dürfte nicht ohne härter werdenden Verteilungskämpfen innerhalb und zwischen den Mitgliedsstaaten abgehen und möglicherweise auch Wohlstandsverluste bedeuten. Einer nur koordinierten zwischenstaatlichen Politik fehlt die Verpflichtung, gemeinsame Ziele durchzusetzen und sich durch Solidarität gegenseitig zu stärken und voran zubringen.

Lange Zeit konnte sich die Wirtschaft der Europäischen Union auf ihr Humankapital mit seinen wegweisenden Innovationen und seiner Kreativität stützen. Doch nun gewinnen andere Regionen Vorsprung, die mehr in Forschung, technologische Entwicklung und Innovation investieren. Im Jahr 2030 wird Asien voraussichtlich an der Spitze der wissenschaftlichen und technologischen Entwicklungen stehen und hochwertige Waren herstellen, die die Produktion und ganz allgemein die Lebensqualität verändern können.

Noch beschleunigt wurden viele dieser Entwicklungen durch die gegenwärtige Finanz- und Wirtschaftskrise – die schwerste Krise ihrer Art seit der Großen Depression, für deren vollständige Überwindung die EU einige Jahre benötigen dürfte. Die Krise hat die strukturellen Schwächen offenbart, unter denen weite Teile der europäischen Wirtschaft leiden, nämlich nachlassende Produktivität, strukturelle Arbeitslosigkeit, unzureichende Arbeitsmarktflexibilität, veraltete Qualifikationen und schwaches Wachstum. Gleichzeitig hat die Tatsache, dass die Krise Länder wie China und Indien weniger hart getroffen hat und sich diese Länder viel schneller wieder erholen, dazu geführt, dass viele Menschen dem raschen Wandel der Weltwirtschaft kritischer gegenüberstehen.

Gegenwärtig besteht die Sorge, dass die aufstrebenden Volkswirtschaften die strukturellen Schwächen Europas ausnutzen könnten, wenn sie ihr Wirtschaftspotenzial voll ausschöpfen. Die Verlagerung der Wirtschaftsleistung könnte insofern für alle Beteiligten von Vorteil sein, als mit ihr das Investitions- und Handelsaufkommen und die Nachfrage auf beiden Seiten zunehmen, was ja nach der Finanzkrise auch tatsächlich geschehen ist. Die EU kann jedoch nicht einfach davon ausgehen, dass der Aufstieg der asiatischen Staaten auf Dauer für alle gewinnbringend sein wird. Gelingt es den EU-Ländern nicht, sich den Erfordernissen der Weltwirtschaft anzupassen, besteht die reale Gefahr, dass die Union nicht nur relativ, sondern auch absolut ins Hintertreffen gerät.

Nach 50 Jahren der Konsolidierung, die im Wege der Vertiefung wie auch der Erweiterung erfolgte, steht die EU nunmehr vor einer grundsätzlichen Entscheidung. Sie kann in eine neue Phase eintreten und sich in den nächsten 50 Jahren als globaler Akteur behaupten, oder aber sie und ihre Mitgliedstaaten können in eine Nebenrolle abgleiten und zu einem bedeutungslosen westlichen Anhängsel des asiatischen Kontinents werden. Bei allen globalen Ambitionen sollte die Union allerdings nicht ihre inneren Reformen vernachlässigen, ganz im Gegenteil: Einfluss nach außen lässt sich nur über ein solides Wachstum und den inneren Zusammenhalt der gesamten Europäischen Union erreichen. Wir leben aber nun einmal in einem globalen Zeitalter, in einer Zeit des Wandels, die neue

Gewinner und Verlierer hervorbringt. Wenn wir nicht zu den Verlierern gehören wollen, müssen wir jetzt beherzt handeln.

Die globalen Entwicklungen werden zu erheblichen Veränderungen in der Verteilung von Ressourcen und Einflussnahme führen. Nach über drei Jahrhunderten westlicher Hegemonie wird die Macht sich von Europa verlagern hin zu neuen einflussreichen Mächten und regionalen Zusammenschlüssen von Staaten. Dieser Vorgang einer gewissen Normalisierung ist nicht notwendiger Weise eine für den Westen und Europa gefährliche Bedrohung aber es ist eine Herausforderung, den weltweiten Wandel in einer ausgewogenen und friedlichen Weise mitzugestalten.

Obwohl unter wirtschaftlichen und demographischen Aspekten die Europäische Union in der Welt von Morgen relativ kleiner und weniger bedeutend sein wird, dürfte sie trotz ihrer ausgeprägten Abhängigkeit von Energieimporten keineswegs schlechter dastehen als jetzt. Sie wird nach wie vor eine starke globale Wirtschaftsmacht sein mit einem für die meisten Länder weiterhin kaum erreichbaren Wohlstand, mal abgesehen von Japan und den USA.

Die EU dürfte ihre relative Stärke allerdings nur dann behaupten können wenn sie sich den globalen Veränderungen stellt, wenn sie diese mit beeinflusst und sie aktiv steuert. Dabei kann die Union auf ihre eigenen jahrzehntelangen Erfahrungen mit der Transformation und Integration in Europa zurückgreifen, bestärkt durch die verschiedenen Ansätze, das Konzept Europa auch in anderen Teilen der Welt zu verwenden. Die Union ist aufgrund ihres nachgewiesenen Erfolges einer integrativen Politik von über einem halben Jahrhundert ein Pol der Stabilität und der Sicherheit im euroasiatischen Raum. Diese Position der nichtmilitärischen Stärke wird ihre Anziehungskraft auch in Zukunft auf die Nachbarn ausüben und in diesen Ländern die politischen Absichten einer engen Partnerschaft mit der Union oder wenn möglich die einer vollen Mitgliedschaft bestärken.

Diese beachtliche Bilanz regt zum Nacheifern an. So ist die Afrikanische Union nach dem Beispiel der EU strukturiert allerdings ohne Beachtung ihrer Werte und Normen. In Asien wird dem Konzept der EU große Beachtung geschenkt. Der Verband Südostasiatischer Nationen, ASEAN (Association of Southeast Asian Nations) will einen gemeinsamen Wirtschaftsraum nach europäischem Vorbild schaffen, auch als eine Art Sicherheitsbündnis gegenüber China. Der Euro als gemeinsame Währung findet Nachahmung in den Golfstaaten. Zahlreiche regionale Kooperationen in allen Kontinenten sind durch den Anstoß und mit Unterstützung der Union zu Stande gekommen.

In Anbetracht der sich abzeichnenden Entwicklungen und globalen Herausforderungen wie im Bereich der Energie, der Wirtschaft, der Demographie, der Umwelt ist es ganz offensichtlich, dass die Europäische Union und ihre Mitgliedsstaaten ohne eine gemeinsame Vorgehensweise international an Einfluss und Ansehen verlieren würden. So würde die Union gewissermaßen ihre erreichte eigene europäische Souveränität verlieren, nämlich die Fähigkeit durch Integration und Kooperation seiner Mitgliedsstaaten, Ergebnisse zu erzielen wie einen dauerhaften Frieden und Sicherheit.

Die zukünftigen Mächte wie Russland, China, Indien, die USA, Brasilien und andere werden genauso wie bisher versuchen, internationale Institutionen wie das UN-System, getroffene Vereinbarungen und akzeptierte Normen als ein Mittel für ihre eigenen Interessen und Zwecke einzusetzen. Wegen der globalen Probleme und ihre Auswirkungen werden multilaterale Vorgehensweisen und Übereinkommen langfristig der effektivste Weg sein, um die gemeinsamen Interessen aller Beteiligten zu berücksichtigen. Dadurch können die Gefahren von konkurrierenden Machtinteressen und möglichen Auseinandersetzungen kontrolliert und begrenzt werden.

Multilaterale Vorgehensweisen dürften angesichts der zunehmenden Unterschiede aber gleichzeitig wachsender gegenseitiger Abhängigkeit der geeignete Ansatz sein, um globale Lösungen zu finden. Dabei bedeutet Multilateralismus einen dynamischen Prozess bei dem die Beteiligten einer Vielzahl von Organisationen angehören können, die sich überschneiden und dadurch weitere, neue Zusammenarbeit entstehen lassen. Die meisten Staaten treffen sich fast ständig in verschiedenen Konferenzen mit einem dichten Netz von Kontakten, wie im Rahmen der UN, der OSZE oder der G-20.

Fragen der globalen Erwärmung, des Zugangs zu Ressourcen, der weltweiten Wirtschafts- und Währungsstabilität oder der internationale Migration können nur durch gemeinsame, d.h. multilaterale Politikansätze beantwortet werden. Dabei dürfte jedoch der Staat oder die Region entsprechend ihrer Stärke Lösungen und Mechanismen vorgeben und durchsetzen. Die Europäische Union hat umfangreiche Erfahrung in der Ausarbeitung von erfolgreichen Lösungen für schwierige Probleme durch multilaterale Vorgehensweise. Sie kann mit Recht international als Vorreiter angesehen werden für die Erarbeitung von Prinzipien für einen multilateralen Prozess, der auf Institutionen und Normen beruht.

Die Europäische Union sollte sich allerdings, um diese eigenen Erfahrungen auch auf die internationale Ebene „zu exportieren“, sich an das neu entstehende globale Umfeld mit einer vernetzten, komplexen und instabilen Welt anpassen. Dazu müssen alle Mitgliedstaaten erkennen, dass sie nur dann weltweit Einfluss haben können, wenn sie sich für Kooperation und Integration entscheiden. Sie müssen bereit sein, mit einer Stimme zu sprechen und international dieselbe Politik zu verfolgen.

Es wird auch weiterhin viel Kraft, intellektuelle Energie und politische Substanz brauchen, um eine weiter wachsende Europäische Union zu führen, um die Probleme aus der Welt von gestern und heute zu meistern. Dazu gehören Fragen der Erweiterung, der Wirtschafts-und Währungsunion, Fragen der Absicherung des europäischen Binnenmarktes, der sozialen Gerechtigkeit, der Ausbildung, Fragen von Innovation und Forschung. Eine diese Bereiche abdeckende politische Vorgehensweise ist eine europäische Antwort auf jene fatalen Fehlentwicklungen, die das seit den 1980er Jahren von den USA und von Großbritannien geprägte liberale Wirtschaftsmodell hervorgebracht hat.

Aber dies allein dürfte nicht ausreichen; die Union muss sich frei machen von den institutionellen Fragen und die Diskussion über das angebliche Demokratiedefizit hinter sich lassen. Die Verantwortung dafür tragen vor allem die großen Mitgliedsstaaten, insbesondere Deutschland und Frankreich, die als Tandem es bisher verstanden haben, Europa nach vorn zu bringen. Gerade sie müssen von einer Politik Abstand nehmen, die nationale Interessen mit kurzfristigen politischen Absichten in den Vordergrund stellt. Vielmehr müssen Deutschland und Frankreich die anhaltende Diskussion über die erforderlichen Reformen der europäischen Politik und europäischer Institutionen nicht an den Problemen von heute und gestern ausrichten, sondern dafür Sorge tragen, dass diese notwendigen Reformen dem „Europa in der Welt von Morgen" gerecht werden.

Wenn Europa in diesen globalen Fragen mitsprechen will und nicht nur Mitspieler oder gar geduldeter Zuschauer sein möchte, muss von der Politik eine klare Botschaft ausgehen: wir alle brauchen Europa.

In einer globalisierten Welt ist nicht mehr um das „Woher" von Bedeutung sondern es geht um das gemeinsame „Wohin". Denn die eigentlichen Herausforderungen für Europas zukünftige Sicherheit, Stabilität und Wohlstand liegen außerhalb seiner eigenen Grenzen, angefangen bei den geo-politischen Vorstellungen seiner Nachbarn und den Spannungen zwischen ihnen bis hin zu dem Einfluss der neuen globalen Mächte und ihre Auswirkungen auf die internationale Politik und die Weltwirtschaft.

Die Mitgliedsstaaten der Union müssen bei den Auseinandersetzungen über notwendige Reformen, den Blick nach außen richten; darauf was die Interessen und Ziele der Union in internationalen Angelegenheiten sind.

Die Union, seine Bürger und Politiker, müssen das „Europa in der Welt von Morgen“ als Strategie vor Augen haben, um besser vorbereitet zu sein für interne Reformen und um mit dabei zu sein wenn es darum geht, eine bessere und sichere Welt zu gestalten. Wenn die Union ihre Zukunft sichern will, dann muss sie ihre Ziele und ihre Politik dieser sich rasch ändernden Welt anpassen. Und sie darf darauf nicht zögerlich reagieren: die globale Welt verändert sich in sehr kurzer Zeit die in Jahren gemessen wird und nicht mehr in Jahrzehnten.

Europa muss sich mit der Erkenntnis auseinandersetzen, dass es Gefahr läuft an den Rand des Weltgeschehens geschoben zu werden. Zum ersten Mal seit 500 Jahren steht Europas Sicherheit nicht mehr im Mittelpunkt des Weltinteresses. Seine Sicherheit ist eher von regionaler denn von globaler Bedeutung. Während Russland und andere Nachbarn sich um ihren Status und ihre Grenzen Sorgen machen, geht es in Europa in erster Linie darum, den erreichten Wohlstand und Lebensstil zu bewahren, zumal die Gefahr von Instabilität und Chaos innerhalb der Union als Folge kriegerische Auseinandersetzungen zwischen seinen Mitgliedern ausgeschlossen werden kann.

Die größten Bedrohungen werden in den Auswirkungen der Finanz- und Wirtschaftskrise gesehen, Unsicherheit der Energieversorgung, die Klimakrise, Immigration und organisierte Kriminalität. Organisierte Kriminalität ist eine ernsthafte Bedrohung für weite Teile Europas auch aus eurasischen Organisationen, die über Machenschaften im Rohstoffsektor mächtiger und einflussreicher geworden sind, bis hin zu der Gefahr einer erheblichen Einflussnahme auf Regierungen in Teilen Europas.

Sicherheitsfragen werden in Europa eher als wirtschaftliche und soziale Probleme angesehen, denen durch Verordnungen und Vorschriften oder durch technologische Verfahren besser beizukommen ist als mit den klassischen Mitteln von Außen-und Sicherheitspolitik. Das strategische Interesse Europas wird mit den unterschiedlichen Gefahrenanalysen der Mitgliedsländer auf seine eigenen Interessen begrenzt bleiben und sich vor allem auf den Bereich des Krisenmanagements ausrichten. Daraus ergibt sich die Tendenz Militärausgaben zu reduzieren, da eine direkte unmittelbare Bedrohung nicht gegeben ist und auch nicht gesehen wird.

Aber die multipolare Welt von Morgen mit einem gesteigerten Wettbewerbsverhalten und unbekannten Risiken erfordert von Europa, sich diesen Herausforderungen zu stellen. Die Union wird ihre Stabilität und Sicherheit auf Dauer nicht ohne eine stärkere eigene militärische Verteidigungskapazität aufrecht erhalten können. Eine bessere Koordinierung der europäischen Verteidigung über gemeinsame Ausrüstung und Beschaffung bis hin zu gemeinsamer militärischer Führung im Rahmen der NATO wird unumgänglich sein. Hier sind vor allem die größeren EU Länder gefordert ihre nationalen Interessen in einen europäischen Rahmen einzuordnen und damit die Position der Union zu stärken. Erste Ansätze sind in verschiedenen Vorhaben zu erkennen, wie die deutsch-französische Brigade, die anglo-französische Vereinbarung über eine partielle militärische nicht-nukleare Zusammenarbeit oder die angestrebte deutsch-schwedische Militärkooperation.

Europa muss sich um seine eigene Sicherheit verstärkt selber kümmern, da es in den Sicherheitsüberlegungen der USA nicht mehr die zentrale Rolle einnimmt. Die Europäische Union wird sich mit den anderen, an Bedeutung zunehmenden Kräften in ihrem Umfeld auseinandersetzen müssen, vor allem mit Russland aber auch mit der Türkei. Eine strategische europäische Außenpolitik der Union wäre wünschenswert, aber solange die Mitgliedsstaaten dazu nicht in der Lage sind, dürften die Erwartungen auf eine solche Strategie in komplexen und sensitiven Fragen auf europäischer Ebene zu hoch sein.

Dennoch muss die Union, um auch im 21. Jahrhundert von internationaler Bedeutung zu sein, ihre Kapazitäten bündeln. Nur so hat sie die Chance, die globale Agenda mitzugestalten und in den Bereichen führend zu sein, die für die Union von ganz besonderer Bedeutung sind. Dazu gehört die weitere Stärkung von multilateraler Zusammenarbeit. Die Europäische Union wird sicherlich nicht allein das 21. Jahrhundert bestimmen können aber sie kann nicht zulassen, dass andere über sie bestimmen mit den möglichen negativen Folgen für ihre Freiheit und Zukunft.

II. Welches Europa

1. Die Europäische Union - ein gemeinsamer Raum für Freiheit und Demokratie

Die Europäische Union ist eine bisher nicht bekannte oder erprobte Form einer transnationalen Rechtsgemeinschaft verschiedener Staaten, die einen durch Gewalt und Kriege zerrissenen Kontinent anhaltende Freiheit, Wohlstand und Zusammenhalt gebracht hat. Die europäische Vorstellung für Frieden und Sicherheit basiert auf gemeinsamen Werten und Institutionen. Diese nicht-militärische Macht, die „smart power", des europäischen Modells ist die eigentliche Stärke der Union. Sie beeinflusst und formt ihr externes Umfeld zum Vorteil ihrer Mitgliedstaaten durch multilaterale Diplomatie, regionale Beziehungen und verschiedene Netzwerke von strategischen Partnerschaften, durch Handelsabkommen und Kooperationsvereinbarungen.

Die Union ist ein Raum von Freiheit und Demokratie gekennzeichnet durch Parteienvielfalt und politischen Pluralismus in allen Mitgliedstaaten, durch unabhängige Medien auch wenn es immer wieder Versuche gibt, diese zu beschränken. Sie zeichnet sich aus durch ein unabhängiges Rechtswesen, auch auf europäischer Ebene, durch Rechenschaftspflichten und der Bereitschaft zu Kompromissen als Ausdruck seiner demokratischen Grundeinstellung.

Europa ist ein durch Einigung gestärkter Kontinent, aber dieser Prozess ist noch nicht zu Ende. In den letzten zwei Jahrzehnten sind in Europa und der angrenzenden Kaukasusregion mehr Staaten entstanden als sonst irgendwo. Sogar mehr als in Afrika nach dem Ende der Kolonialzeit in den 1960er Jahren. Aus der zerfallenden Sowjetunion sind allein 15 Staaten hervorgegangen, sieben aus dem ehemaligen Jugoslawien und zwei aus der ehemaligen Tschechoslowakei und daneben noch vier Gebiete ohne eigene Staatsform. Die Erfahrung der Kriege auf dem Balkan in den 90er Jahren zeigen, dass auch auf dem europäischen Kontinent Frieden und Verständigung nicht automatisch garantiert sind. Die Bereitschaft zu Gewalt auf dem Balkan wie in den 1990er Jahre ist überwunden und alle Staaten und Gebiete der Region streben nach einer Mitgliedschaft in der EU. Dieses Ziel ist der alle vereinigende Faktor für zunehmende Normalität und Stabilität.

Aber viele der neuen Staaten aus der ehemaligen Sowjetunion sind weiterhin anfällig für Krisen und Instabilität auch wenn sie schon innerhalb der Union sind. Der schwache Zustand einiger Staaten macht sie zu Zielen für das organisierte Verbrechen, für Korruption und anfällig für ethnische Spannungen und separatistische Bewegungen. Andere postsowjetische Länder, die keine Perspektive auf einen EU Beitritt haben unternehmen wenig, um ihr politisches und wirtschaftliches System an Europa anzunähern. Sie haben dem Druck der globalen Welt und deren Krisen sowie externen Interventionen wenig entgegen zusetzen.

Die als „Europa in der Welt von gestern" beschriebene Situation ist noch nicht vollständig überwunden und erfordert eine Fortsetzung der europäischen Politik der „demokratischen Erweiterung". Sie hat bisher erfolgreich die Transformation früherer kommunistischer Nachbarstaaten in Mitglieder der Union unternommen und entscheidenden Einfluss auf die Entwicklung ihre Nachbarn, von der Ukraine bis zur Türkei. Mit der Erweiterung der Union wurde der geographische Raum von Frieden, Sicherheit und Wohlstand in Europa ausgeweitet und abgerundet und das Europa von heute geschaffen. Diese Politik der erfolgreichen Erweiterung und Integration muss offen bleiben für geeignete neue Mitglieder aus Europa. Die zugrunde liegende Strategie der Nicht-Ausgrenzung und der Übernahme von Verpflichtungen wurde mit großem Erfolg in den verschiedenen Erweiterungsrunden der EU angewendet.

Die Mitgliedstaaten der Union müssen vor jeder Entscheidung über einen Beitritt sehr genau prüfen, ob die Kriterien für eine Mitgliedschaft tatsächlich in allen Aspekten erfüllt sind. Diese politischen und normativen Anforderungen stellen die „wahren Grenzen Europas" dar. Die bestehende Politik der Union, potenziellen künftigen Kandidaten vor der Aufnahme von Beitrittsverhandlungen, weitreichende Abkommen anzubieten, um sie in ihrem Transformationsprozess zu unterstützen sollte in Bereichen wie Energie, Klimafragen und Ressourcen ausgebaut werden.

Die Stabilisierung der unmittelbaren Nachbarschaft ist für die Union von elementarer Bedeutung. Das Kernstück ihrer Nachbarschaftspolitik muss sein, in den betreffenden Regionen einen Raum der Demokratie, der Menschenrechte, der wirtschaftlichen und sozialen Entwicklung und der Handelsfreiheit zu schaffen. Dazu gehört auch ein fairer Zugang zum Markt der EU einschließlich Freizügigkeit.

Die Union ist aber für die Zukunft des Kontinents nicht alleine bestimmend; sie ist nicht die einzige Macht in Europa. Die Union ist näher an Russland herangerückt, mit gemeinsamen Grenzen und gemeinsamer Nachbarschaft. Eine Zeitlang herrschte die Vorstellung, dass Russland sich der neuen Europäischen Ordnung, gekennzeichnet von Offenheit und wechselseitiger Abhängigkeit anschließen würde. Aber Russland verfolgt eine Politik ausschließlich nach seinen eigenen Interessen mit der Vorstellung einer Großmacht, die über riesige Rohstoffreserven verfügt. Ein andere wichtiger Akteur in Europa ist die Türkei. Mit dem nachlassenden Schwung auf beiden Seiten für eine Mitgliedschaft in der Union und gestützt auf seinen wirtschaftlichen Aufstieg verfolgt Ankara eine eigene Politik mit dem Ziel, sich einen regionalen Einflussbereich zu sichern.

Der Zusammenschluss in Gruppierungen nicht nur regionaler Art, wird mit fortschreitender Vernetzung und gleichzeitiger Fragmentierung in einer globalen Welt an Bedeutung gewinnen. Der einzelne Staat wird versuchen durch Zusammenarbeit mit anderen Ländern, diesen Herausforderungen besser begegnen zu können; allein ist er weitgehend ohne Einfluss. Der Rahmen für Kooperation wird größer. Kooperation ist nicht regional begrenzt, wie auf unmittelbare Nachbarschaft zur Union oder auf grenzüberschreitende Zusammenarbeit sondern sie kann weltweit sein. Sie orientiert sich an Zielen und Interessen, wie Sicherheit, Energiezugang, Migration oder die Bewältigung der Klimakrise und kann durchaus lose organisiert sein in Gruppierungen wie die der BRIC –Staaten (Brasilien, Russland, Indien, China).

Die Zusammenarbeit mit anderen Partnern wird an Bedeutung gewinnen für östliche Staaten, für den Kaukasus und die Türkei. Im Verhältnis zu Russland wie auch zu der Europäischen Union dürfte der jeweilige komparative Vorteil von Bedeutung sein. Einen Beitritt zur Union, mit der Übertragung von Souveränitätsrechten dürfte für neue Kandidaten solange interessant sein, wie die Union mit dauerhafter Sicherheit, Stabilität und Wohlstand einen Mehrwert gegenüber anderen Formen regionaler Zusammenarbeit oder gegenüber anderen alternativen Politikmodellen bietet kann. Diese Überlegungen zeigen sich deutlich in dem Verhalten einiger Nachbarstaaten wie der Ukraine und Weißrussland.

Russland verfügt mit seinen Rohstoffen über erhebliche Druckmittel kann aber keine Zukunftsperspektive für eine moderne Gesellschaft bieten. Eine tiefsitzende alles umfassende Korruption, mangelnde Rechtssicherheit, die willkürliche Begrenzung von Freiheit und Demokratie, eine völlig unzureichende Pressefreiheit dürften kaum Anreize sein, sich Russland freiwillig in einer engeren Kooperation anzuschließen.

Die Union muss Sorge tragen, dass ihr europäisches Modell weiterentwickelt wird und den neuen Herausforderungen in der Welt standhalten kann. Dabei geht es nicht darum bis ins kleinste Detail zu definieren, was die „Vereinigten Staaten von Europa“, oder der „Bundesstaat Europa“, oder das „Föderale Europa“ oder das „Vereinigte Europa“ sind. Es geht vielmehr um die Notwendigkeit einer weitergehenden Integration. Europa darf nicht zulassen, dass der erreichte gemeinsame Besitzstand von einigen in Frage gestellt werden könnte, sondern muss in aller Deutlichkeit zeigen, dass Europa nur durch Zusammenschluss von Souveränität weiter vorankommen wird. Der Vertrag von Lissabon kann nur eine Zwischenstufe sein zu einem Europa der Werte gekennzeichnet von Demokratie, Freiheit, Solidarität, Sicherheit, Wohlfahrt, Vielfalt und Nachhaltigkeit.

2. Die Europäische Union - der Motor für Wohlstand und Stabilität auf dem Kontinent

Europa ist dabei seine wirtschaftliche Vormachtstellung, die es über 200 Jahre lang gegenüber dem Rest der Welt hatte, vor allem an Asien zu verlieren. Die Schwellenländer angeführt vom Wirtschaftswachstum Chinas sind zu Konkurrenten um Märkte und Rohstoffe geworden, in Bereichen, die lange die Domäne des Westens waren. Und mit ihrem gerechtfertigten Aufstieg und der weiter steigenden Bevölkerungszahl werden die Grenzen des globalen Wachstums sichtbar in den abnehmenden Ressourcen und der globalen Erwärmung. Faktoren, die bei der frühen Industrialisierung Europas oder Amerikas ohne Bedeutung waren.

Der Kampf um Märkte und Ressourcen ist auch ein Versuch der Schwellenländer, gegenüber den fortgeschrittenen Industrieländern aufzuholen. Das Ende des Zeitalters westlicher Wirtschaftsdominanz zwingt Europa zu wirtschaftlichen Anpassungen und zu Änderungen im Lebensstil. Veränderungen, die zu einer drohenden Belastung für die wirtschaftliche und soziale Kohäsion in Europa werden könnten. Unter dem Druck von Finanzmärkten und den Wählern werden nationale Töne wieder lauter. Partikularinteressen und Bedenken einzelner Staaten werden als besonders wichtig empfunden. Aber unkoordinierte und undisziplinierte nationale Wirtschaftspolitiken in Europa können die Erfolge des gemeinsamen europäischen Binnenmarktes in Frage stellen, angefangen mit Integrität der Eurozone, dessen strukturellen und institutionellen Schwachstellen die globale Finanzkrise deutlich gemacht hat.

Diese Probleme sind umso schwieriger, da die Union angesichts gesättigter Märkte seit drei Jahrzehnten eine rückläufige Entwicklung des

Wirtschaftswachstums aufweist. Die durchschnittlichen Wachstumsraten der europäischen Wirtschaft von 3% pro Jahr in den ersten 25 Jahren nach Kriegsende (weit unter den von Indien und China erreichten Werten) reduzierten sich dann auf 2% und dürften sich im Schnitt der nächsten Jahre um etwa 1,0 -1,5% bewegen, weit weniger als bei anderen wichtigen Handelspartnern. Neben der begrenzten Aufnahmekapazität reifer Volkswirtschaften sind andere dafür bestimmenden Faktoren die Produktivität der Ressourcen, die Relation von arbeitender zu nichtaktiver Bevölkerung, steigende Rohstoff- und Energiepreise, das vergleichsweise niedrige Niveau von Ausgaben für Forschung und Entwicklung und das europaweit unzureichende Bildungs- und Ausbildungsniveau. Es sind diese strukturellen Schwächen, die das Leistungsvermögen in der Union begrenzen, Wachstum und Arbeitsplätze zu schaffen und somit den Lebensstandard ihrer Bürger zu verbessern. Zwar ist es einigen Mitgliedstaaten gelungen dabei einige Fortschritte zu machen, doch sind diese bei weitem nicht ausreichend.

Das Kernstück der Europäischen Union ist ihr Wirtschafts- und Sozialmodell, das im Vertrag von Lissabon als eine „in hohem Maße wettbewerbsfähige soziale Marktwirtschaft" bezeichnet wird. Ihr Grundgedanke beruht darauf, den Ertrag wirtschaftlichen Wachstums für das Erreichen sozialer Ziele einzusetzen. Die faire Aufteilung des Erfolgs der wirtschaftlichen Entwicklung zwischen Arbeit und Kapital innerhalb der europäischen Länder ist ein wichtiger Faktor für den sozialen Frieden. Dieses Modell wird durch den Druck der Märkte und der globalen Wirtschafts-und Finanzkrise in Frage gestellt.

Einen wesentlichen Beitrag dazu hat die Krise des liberalen Marktkapitalismus geliefert, die von den USA ausgegangen ist. Die EU wurde schnell mit hineingezogen, teils mangels eigener gemeinsamer Wirtschaftspolitik und unabhängiger wirtschaftspolitischer Denkweise (die EU Lissabon -Strategie für den Zeitraum 2000-2010 orientierte sich stark an den USA) und teils mangels eigener politischer Stärke. Seit den 1980er Jahren, der Präsidentschaft von Ronald Reagan, haben in den USA die neoliberalen Kräfte die Vorteile einer völlig offenen Marktwirtschaft mit einer minimalen Präsenz des Staates propagiert.

Der Neoliberalismus wurde in Europa von Margret Thatcher unterstützt mit ihren Vorbehalten gegen den Sozialstaat und mit dem Ruf nach politischer und wirtschaftlicher Freiheit. Eine so nach dem Primat des Stärkeren auf maximalen Ertrag ausgerichtete Wirtschaft hat in den USA zu erheblichen sozialen Ungleichgewichten geführt. In Europa ist das Modell einer sozialen Marktwirtschaft als eine Folge von Fehlern der Politik und unkontrollierten Marktentwicklungen erheblich in Bedrängnis geraten. Die riesigen Einkommensunterschiede in den USA in Verbindung mit einer hemmungslosen Konsumgesellschaft bei sehr niedrigen Sparraten haben zu der amerikanischen Kultur des Schuldenmachens geführt. Die enorme Überschuldung der armen Haushalte durch günstige Baudarlehen, eine Art Transferzahlung von reich an arm, unterstützt durch eine Zentralbankpolitik des billigen Geldes war der entscheidende Auslöser, der das Kartenhaus der internationalen Finanzwelt hat zusammenbrechen lassen.

Dieser Mechanismus von amerikanischer Überschuldung und Herstellung eines neuen „Gleichgewichts“ durch eine Dollarschwemme mit einer nachfolgenden Abwertung des Dollars hat sich zum ersten Mal am Ende des sogenannten Systems von „Bretton- Woods” in den 1970er Jahren gezeigt, als der Goldstandard durch den Dollar ersetzt wurde. Die Dollarschwemme wurde erzwungen durch den massiven Finanzierungsbedarf des Vietnamkriegs. Die Situationen von damals nach dem Vietnamkrieg und von heute mit den Folgen des Irakkrieges und den Lasten des Afghanistaneinsatzes weisen viele Ähnlichkeiten auf. Die USA können einen unglaublich hohen Berg von Auslandsschulden in ihrer eigenen Währung auftürmen solange der US Dollar gleichzeitig die Weltreservewährung ist und die USA damit die Zinsenrate für ihre Schuldner vorgeben können. Aber sie allein können den Wechselkurs nicht festlegen, der ergibt sich aus der Nachfrage nach amerikanischen Schuldpapieren.

Das Abwertungsrisiko des Dollars wird weitgehend auf die ausländischen Gläubiger verschoben. China, das mit seinen sehr hohen Sparraten und dem massiven Kauf von US Schatzanleihen diese Politik des leichten Dollars bisher mit unterstützt hat, hat sich in der Bindung der eigenen Währung an den Dollar gegen eine zunehmende Dollarschwäche abgesichert, die früher oder später auf Grund der amerikanischen Wirtschaftspolitik unvermeidlich folgen muss.

Die anhaltende Krise der US Wirtschaft ist geradezu typisch für einen ungehemmten Kapitalismus mit exzessiven Profiten, unzureichenden Löhnen und mit massiven Einkommens- und Vermögensunterschieden. Die durch den billigen Dollar ermöglichte Expansion des Finanzsektors hat eine Scheinwirtschaft entstehen lassen, ohne entsprechende wirtschaftliche Substanz in der realen Wirtschaft. Die sich daraus ergebende Instabilität des Finanzsystems hat wesentlich zum Absturz von Banken und Börsen beigetragen.

In der Europäischen Union hat sich die Wirtschaftsstruktur in einigen Staaten sehr schnell geändert, weg von Arbeit hin zum Kapital oder wie allgemein gesagt wird, dass der Dienstleistungssektor und dabei insbesondere der Finanzsektor zugenommen haben. Dieses wurde erleichtert durch sehr hohe Verschuldungsraten und mangelnde Kontrollen der Kapital-und Finanzmärkte. Defizite, die jetzt langsam aufgearbeitet werden müssen, auch gegen den hinhaltenden Widerstand von den Hauptverursachern wie die Londoner City oder einflussreichen Bankleuten in anderen Ländern.

Globalisierung ist einer der Hauptantriebskräfte für ein beachtliches Wachstum in den aufsteigenden Ländern. Die so entstandenen hohen Einkommens- und Vermögenszuwächsen werden aber nicht immer in einer gerechten Weise zwischen Arbeit und Kapital aufgeteilt. Die ungehemmte Globalisierung ist zunehmender Kritik ausgesetzt mit Forderungen nach Anpassung und Steuerung. Wenn es der Union nicht gelingen sollte, für die strukturellen und sozialen Probleme rechtzeitig die richtigen Lösungen zu finden könnte die Öffnung der EU Märkte für den Rest der Welt durch protektionistische Bestrebungen unterlaufen werden.

2.1 Strategie Europa 2020

Eine starke und international wettbewerbsfähige Wirtschaft mit hoher Produktivität und hoher Beschäftigungsrate ist Voraussetzung für eine Verbesserung des Lebensstandards und für den sozialen Zusammenhalt in Europa. Mit der Strategie Europa 2020 will die Europäische Union diese Zielvorgaben in den nächsten zehn Jahren erreichen und ihre Volkswirtschaften in intelligente, nachhaltige und integrative Wirtschaften umbauen. Die Strategie Europa 2020 ist die Antwort der Union auf die Wirtschafts-und Finanzkrise und auf den Klimawandel. Die Strategie Europa 2020 skizziert eine Vision der europäischen sozialen Marktwirtschaft des 21. Jahrhunderts ausgehend von der Überzeugung, dass Europa Erfolg haben kann, wenn es gemeinsam handelt, als eine Union.

In der Strategie Europa 2020 sind drei sich gegenseitig verstärkende Prioritäten vorgesehen, die miteinander verknüpft, zu einem Gesamterfolg führen sollen:

- Intelligentes Wachstum: Entwicklung einer auf Wissen und Innovation gestützten Wirtschaft
- Nachhaltiges Wachstum: Förderung einer ressourcenschonenden, ökologischeren und wettbewerbsfähigeren Wirtschaft

- Integratives Wachstum: Förderung einer Wirtschaft mit hoher Beschäftigung und ausgeprägtem sozialen und territorialen Zusammenhalt.

Neben dem allgemeinen qualitativen Fortschritt sollen diese Prioritäten sich quantitativ niederschlagen, so dass:

- 75 % der Bevölkerung im Alter von 20 bis 64 Jahren Arbeit haben.
- 3 % der volkswirtschaftlichen Leistung für Forschung und Entwicklung eingesetzt werden.
- die „20-20-20"-Klimaschutz- bzw. Energieziele erreicht werden.
- der Anteil der Schulabgänger ohne Schulabschluss unter 10 % liegt.
- mindestens 40 % der jüngeren Generation einen Hochschulabschluss haben.
- die Zahl der armutsgefährdeten Personen um 20 Millionen zurückgeht.

Die Strategie Europa 2020 soll im Einzelnen von jedem Mitgliedsstaat seiner spezifischen Situation entsprechend in den Bereichen Beschäftigung, Forschung und Innovation, Energie und Klimaschutz, Bildung und Armutsbekämpfung durch überprüfbare nationale Ziele umgesetzt werden. Diese sollen durch die Ergebnisse und nicht nach der Höhe der eingesetzten Mittel und Ressourcen bewertet werden.

Der technologische Wandel, die Globalisierung und die Bevölkerungsalterung erfordern strukturelle Reformen zur Verbesserung von Flexibilität, Dynamik und Wettbewerbsfähigkeit. Die Kombination von einer alternden Bevölkerung mit einer abnehmenden Zahl einheimischer Arbeitskräfte wird für Europa drastische Folgen haben. Eine Reform des Arbeitsmarktes ist von entscheidender Bedeutung für die Erhöhung der Erwerbsquote und die Schaffung von mehr und besseren Arbeitsplätzen.

Der Erhalt der Produktivität hängt ganz davon ab, ob die Arbeitnehmer in der Lage sind, sich an ständige Produktionsveränderungen anzupassen. Der Flexibilität der Arbeitnehmer muss eine entsprechende Arbeitsplatzsicherheit gegenüberstehen. In einer Welt des raschen Wandels muss nicht der Arbeitsplatz, sondern vielmehr der Mensch, der seinen Arbeitsplatz verliert, geschützt werden, indem seine Beschäftigungsfähigkeit verbessert wird. Die EU muss eine neue „Politik des beruflichen Wechsels" entwickeln, um Arbeitsplatzwechsel zu unterstützen und zu erleichtern und dadurch die soziale Dimension der Union zu stärken.

Der europäische Binnenmarkt als gemeinsamer Rahmen für die anstehenden sozialen und wirtschaftlichen Maßnahmen muss gestärkt werden.

Die gegenwärtige Wirtschaftskrise hat deutlich gemacht, wie wichtig der große europaweite Markt ist. Er funktioniert allerdings nur wenn seine Regeln eingehalten werden. Das ist jedoch nicht durchgängig der Fall: Mitgliedstaaten versuchen immer wieder, in einem Anflug von wirtschaftlichem Nationalismus, sich über vereinbarte Vorschriften hinwegzusetzen, z.B. den Wettbewerb durch unerlaubte staatliche Beihilfen zu unterlaufen.

Eine Stärkung des Binnenmarktes durch bessere Koordinierung und Steuerung der wirtschaftspolitischen Maßnahmen zeichnet sich ab, auch wenn viele Länder nur sehr zögerlich sich dazu bereit erklären. Aber unausgesprochen ist allen deutlich, dass einzelstaatliche Politikansätze keine große Wirkung zeigen und es eigentlich nur noch schwerer machen, Krisen zu überwinden und die Wirtschaft wettbewerbsfähig zu halten. Die Union muss durch Koordinierung im Bereich der Sozial- und Steuerpolitik sicherstellen, dass die Mitgliedstaaten die sozialen Ziele, entsprechend ihren nationalen Präferenzen verfolgen können, ohne Wettbewerbsverzerrungen zu verursachen oder den Binnenmarkt zu beeinträchtigen. Dazu gehört z.B. die Angleichung der Körperschaftssteuer über einen europaweiten Mindestsatz.

Die EU muss ein kühnes neues Reformprogramm in Angriff nehmen, um ihre wirtschaftliche Effizienz zu erhöhen. Gleichzeitig hängt der Konsens über dieses Modell davon ab, dass das Gleichgewicht zwischen seiner sozialen und seiner marktwirtschaftlichen Dimension gewahrt bleibt. Dieses Gleichgewicht droht im Laufe der Zeit mit der Zunahme von sozialen Ungleichheiten abhanden zu kommen.

Nach wie vor gibt es in der EU zahlreiche Bürger, die unter sozialer Ausgrenzung und schlechten Arbeitsbedingungen leiden. Die Lösung dieses Problems kann indessen nicht darin bestehen, keine Wirtschaftsreformen durchzuführen. Vielmehr gilt: wenn der Schwerpunkt wieder stärker auf die Erhöhung der wirtschaftlichen Effizienz gelegt wird, dann muss dies mit einer neuen Sozialpolitik einhergehen. Mit anderen Worten, die Zukunftsfähigkeit des europäischen Wirtschafts- und Sozialmodells hängt davon ab, ob es gelingt, ein dynamisches Gleichgewicht zwischen der wirtschaftlichen, der sozialen und der ökologische Dimension der Entwicklung zu finden.

Hinzukommt, dass die weiter auseinanderdriftenden wirtschaftlichen Entwicklungen der einzelnen Mitgliedstaaten besonders in der Eurozone, nach einer verbesserten Wirtschaftsunion verlangt. Dazu gehören u.a. der Ausbau der Verfahren, wie das bereits beschlossene „europäische Semester“, um Transparenz sowie Solidität der öffentlichen Finanzen zu gewährleisten; eine verbesserte Funktionsweise und Aufsicht der Finanzinstitute, um einer exzessiven Aufnahme Fremdkapitalaufnahme und Risikoübernahme im europäischen Finanzraum entgegenzuwirken; die Anpassung des europäischen Regelungsrahmens, um längerfristig orientierte Investoren zu gewinnen und ein umsichtiges Bankwesen zu fördern, das auf die Bedürfnisse der Realwirtschaft und nicht auf Finanzspekulation ausgerichtet ist.

Die Währungsunion ist ein Lernprozess und der Euro macht ihn unumgänglich. Um zu sehen was der Euro gebeutelten Euroländern in der Krise bringt, lohnt es sich nach den baltischen EU-Mitgliedern zu schauen, die bei wegbrechenden Wechselkursen ihre Schulden in fremden Währungen bedienen müssten. Wäre Deutschland nicht Teil der Eurozone und immer noch DM-Land stünde es wegen seiner wirtschaftlichen Leistungen unter wesentlich stärkerem Aufwertungsdruck als dies im Rahmen der Eurozone mit ihren schwächeren Partnern der Fall ist. Die Bundesrepublik profitiert nicht nur außerhalb sondern auch innerhalb der Eurozone von der Gemeinschaftswährung, nämlich dadurch, dass den anderen Mitgliedern trotz eventueller Wettbewerbsschwäche anders als früher die Abwertung als vorübergehender Ausweg zur Abwehr der Konkurrenz verschlossen bleibt.

Die großen Vorteile, die Deutschland aus dem Euro zieht verpflichten es auch in besonderer Weise gegenüber der Gemeinschaftswährung und stellen es in die Verantwortung gegenüber der internationalen Wirtschaftsordnung. Man kann nicht die Vorteile einstreichen und sich dann über den Kostenanteil beklagen. Deutschland muss auch im eigenen Interesse eine Politik verfolgen, die Europa endlich jene Kultur von Stabilität, Transparenz und Glaubwürdigkeit bringt, die seine Regierungen den Bürgern zwar versprochen, aber nie eingehalten haben. Es gibt in der Euro-Zone eine gemeinsame Geldpolitik, doch es fehlt an gemeinsamer Finanz- und Wirtschaftspolitik. Die Finanzkrise und die Eurokrise zeigen einmal mehr die Notwendigkeit, dass der Binnenmarkt und die Währungsunion mit einem harmonisierten europäischen Wirtschafts- und Sozialmodell ergänzt werden müssen, als einen weiteren Schritt hin zu einer politischen Union.

Die intensiven Diskussionen um die langfristige Stabilität der Eurozone zeigen einmal mehr die unterschiedlichen Vorstellungen von Europa. Das Gespann Deutschland und Frankreich, bislang als die Lokomotive des europäischen Projektes angesehen, wird seiner Rolle nicht mehr voll gerecht. Bei dem Tandem sind die engen institutionellen Verflechtungen zwischen Deutschland und Frankreich sehr wichtig. So treffen sich zum

Beispiel seit 2001 alle sechs bis acht Wochen Bundeskanzler(in) und Staatspräsident zu Gesprächen und alle halbe Jahre sitzen die kompletten Kabinette aus beiden Ländern an einem Tisch. Die engen Kontakte könnten helfen, den Forderungen der von der Krise am stärksten betroffenen kleineren Länder, nach einem stärkeren Europa zu entsprechen. „Die gemeinsame Währung, der Euro ist nicht das Problem sondern die Lösung für die Krise", so der frühere Finanzminister Peer Steinbrück.

Deutschland als das wirtschaftlich wichtigste Land in der Union muss seiner Verantwortung gerecht werden. Deutschland hat mehr als anderen Staaten von Europa zu gewinnen- wirtschaftlich und politisch. Es hat aber auch am meisten zu verlieren - nämlich die endgültige Überwindung einer in der Vergangenheit wiederholt an falschen Machtvorstellungen gescheiterten Politik. Von der Notwendigkeit einer Politischen Union als „unerlässliches Gegenstück zur Wirtschafts-und Währungsunion" war der damalige Bundeskanzler Helmut Kohl überzeugt als er am 6. November 1991 in seiner Regierungserklärung vor dem Deutschen Bundestag sagte: „Die jüngere Geschichte, und zwar nicht nur die Deutschlands, lehrt uns, dass die Vorstellung, man könne eine Wirtschafts-und Währungsunion ohne Politische Union auf Dauer erhalten, abwegig ist".

2.2 Wissen und Innovation - eine europäische Wissensgesellschaft

Der Aufstieg Asiens und die Verlagerung von Einkommen und Arbeitsplätzen führen zu einem verschärften Verteilungskampf zwischen Arbeit und Kapital und zu einer Anpassung von Arbeit und Löhnen. Die verstärkte Konkurrenz aus Niedriglohnländern führt zu Arbeitsplatzverlusten und zu einem Abwärtsdruck auf Löhne und Arbeitsbedingungen. Bei der hochgradigen globalen Arbeitsteilung ist das Kapital als mobiler Produktionsfaktor gegenüber der Arbeit im Vorteil. Arbeit ist nicht oder nur sehr begrenzt mobil. Die Zeit, in der der Wettbewerbsvorteil der EU in Lohnkosten gemessen werden konnte, ist vorbei. Arbeit muss sich im internationalen Wettbewerb durch qualitative Faktoren und gesteigerte Effizienz behaupten.

Die Märkte verändern sich und verlangen nicht nur nach hochwertigen Produkten, sondern auch nach hochwertigen beruflichen Qualifikationen. Der alte Gegensatz zwischen Kapital und Arbeit löst sich auf. Das neue Kapital ist nicht nur Geld sondern besteht aus Wissen, Innovation und

Beteiligung. Es gilt Innovation bei Produkten, Dienstleistungen sowie neuen Abläufen und Modellen für Unternehmen und Gesellschaft voranzutreiben. Deshalb wurde Innovation in den Mittelpunkt der Strategie Europa 2020 gestellt. Innovation ist auch das beste Mittel, um große gesellschaftliche Herausforderungen wie den Klimawandel, die Energie- und Ressourcenknappheit sowie Fragen der Gesundheit und des Alterns zu bewältigen.

Diese Entwicklung findet bereits statt. In den letzten beiden Jahrzehnten haben wissensbasierte und kreativwirtschaftliche Industriezweige und Dienstleistungen beträchtlich an Umfang gewonnen. Sie sind zu Fundamenten für Beschäftigung und Wirtschaftsdynamik in Europa geworden. Wissen, Innovation und Kreativität sind heute die Maßstäbe. Sie sollen Europas Wohlstand auch in Zukunft sichern. Und dennoch fällt Europa im Wettbewerb der Qualifikationen zurück. Asien dürfte im Jahr 2025 im Bereich der Wissenschaften und der technologischen Entwicklungen führend sein, weit vor der EU und den Vereinigten Staaten. Schätzungen zufolge werden bis dahin fast eine Million Chinesen und Inder im Ausland studieren und bei ihrer Rückkehr ihre asiatischen Heimatländer durch ihr Talent und ihre Erfahrungen bereichern.

Die Zahl europäischer Studenten, die außerhalb Europas studieren, ist demgegenüber derzeit vergleichsweise gering. Auch im Hochschulbereich hinkt die EU hinterher: von den weltbesten 100 Universitäten befinden sich nur 27 in der Union. Europa fehlt es nicht an Potenzial. Europa hat Forscher, Unternehmer und Unternehmen der Weltklasse und einzigartige Stärken, die auf seinen Werten, Traditionen, Kreativität und Vielfalt beruhen. Viele weltbewegende Erfindungen kommen aus Europa. Um diese Position zu halten und international konkurrenzfähig zu sein, muss die Wissensbasis besser finanziert und die Rahmenbedingungen für Zugang und Sicherung von Wissen verbessert werden.

Es ist eine Verschwendung von Geld, dass in einer rückwärtsgewandten Politik der größte Posten des Haushalts der EU von 40% immer noch für die Landwirtschaft vorgesehen ist, anstatt es in die Zukunft zu investieren. Die Aufwendungen in den Mitgliedsstaaten für Forschung und Entwicklung liegen bei mageren 1,8 % des Bruttoinlandsproduktes (BIP). Die Zielvorgabe der Strategie Europa 2020 von 3% erfordert zwar eine gemeinsame europaweite Anstrengung, sollte aber von allen als die absolute Untergrenze angesehen werden.

Die Union und alle Mitgliedsstaaten müssen sich diesen Herausforderungen stellen und das Talent eines jeden einzelnen soweit und so gut wie möglich fördern. Eine breit aufgestellte wissensbasierte Gesellschaft ist der Rahmen für den Aufstieg des Einzelnen und für den Fortschritt der europäischen Gesellschaft. Alle Mitgliedstaaten müssen Bildung, die Förderung von Forschung, Kreativität und Innovation als politische Verpflichtung für die Zukunft prioritär angehen. Dazu gehört die Schaffung von sozialen, von wirtschaftlichen und rechtlichen Bedingungen auf allen Bildungsebenen, um weltweit relevant zu bleiben. In Europa müssen die begrenzten Ressourcen effizienter eingesetzt werden und eine kritische Masse erreichen.

In Europa muss es für alle selbstverständlich sein, einen Teil der Ausbildung und des Berufslebens in einem anderen EU-Staat verbringen zu können und dabei sozial abgesichert zu sein. Auf der Ebene der Union muss das Förderprogamm die Unterstützung zur Errichtung von erstklassigen Bildungs-und Forschungseinrichtungen erheblich ausgedehnt werden. Dazu gehört auch die Erweiterung des 1987 gegründeten Erasmus-Programms für die Zusammenarbeit von Hochschulen innerhalb der EU und mit anderen europäischen Ländern. Das Programm unterstützt die Zusammenarbeit zwischen Hochschulen in ganz Europa, fördert Studierende, Hochschuldozenten und in der freien Wirtschaft tätige Personen, die im Ausland lehren möchten.

Benannt nach Erasmus von Rotterdam, einem universal europäisch gebildeten Humanisten, ermöglicht das Programm jährlich über 200 000 Studierenden im Ausland zu lernen und zu arbeiten. Seit seiner Einführung haben sich bereits mehr als 2,2 Millionen Studierende und 250 000 Hochschullehrer daran beteiligt und die Zahlen weisen weiter nach oben. Die überwiegende Mehrheit europäischer Hochschulen nimmt an Erasmus teil. Aus Partnerschaften haben sich multinationale Studiengänge entwickelt, wie das Beispiel der Universität Mainz zeigt. Sie bietet zusammen mit den Universitäten Dijon und Bologna einen tri-nationalen Studiengang an. Das Erasmus- Programm steht symbolisch für ein geeintes Europa mit einer neuen Generation. Für sie ist eine Selbstverständlichkeit in Europa frei zu studieren, europäische Freunde zu haben und in Europa zu arbeiten geleitet von Ideen, die nicht durch Grenzen oder Denken in nationalen Kategorien eingeengt sind.

3. Die Europäische Union - der Weg für eine nachhaltige Entwicklung

3.1 Nachhaltigkeit - Zukunft ist schon heute

Die Finanz- und Wirtschaftskrise und die Vorgehensweise zur Lösung der Krise hat einmal mehr deutlich gemacht wie stark politisches Denken und Handeln von wirtschaftliche Vorstellungen und Erwartungen dominiert ist. Das gilt nicht nur für Politiker sondern bestimmt auch das Verhalten der Medien und der breiten Öffentlichkeit. Bis heute gehört Wirtschaftswachstum zu den zentralen Glaubenssätzen moderner Marktwirtschaften und somit auch zum Leitbild der Wirtschaftspolitik. Wirtschaftliches Wachstum wird weiterhin als das Allerheilmittel angesehen, um der Krise zu entkommen.

Jahrzehntelang haben wirtschaftliches Wachstum und moderne Technologien das Leben immer komfortabler gemacht. Diese Entwicklung hat zu einer immer größeren Nachfrage nach Produkten und Dienstleistungen geführt, die wiederum die Nachfrage nach Energie und Ressourcen angekurbelt haben. Die Art und Weise, in der wir in Europa produzieren und konsumieren, trägt zu vielen der heutigen Umweltprobleme bei, zum Beispiel der globalen Erwärmung, der Umweltverschmutzung, der Ausbeutung natürlicher Ressourcen und dem Verlust der Artenvielfalt. Der ökologische Fußabdruck Europas ist einer der größten der Erde. Die von der Politik gewollte Konsumgesellschaft übt enormen Druck auf unseren Planeten aus. Würde der Rest der Erde so leben wie die Europäer, bräuchte es die Ressourcen von mehr als zwei Erden, um die Bedürfnisse aller Bewohner zu erfüllen.

Diese sich seit Jahrzehnten abzeichnende Entwicklung hat wiederholt heftige Kritik an einem auf stetige Konsum- und Wachstumssteigerung ausgerichteten Gesellschaftsmodell ausgelöst und zu Diskussionen über eine Neuausrichtung gesellschaftlichen und politischen Handelns geführt. Zentral bei diesen Überlegungen ist das Konzept der Nachhaltigkeit; ein Konzept das ursprünglich aus der Forstwirtschaft kommt. Danach soll sichergestellt werden, dass zur Erhaltung eines bestimmten Waldbestands nicht mehr Bäume gefällt werden, als auch wieder nachwachsen können. Daraus hat sich das Prinzip entwickelt „von den Zinsen zu leben und nicht vom Kapital“, das auch die Grundlage der Finanzierung vieler privater Stiftungen ist.

Bei einer prozessbezogenen Betrachtung ergibt sich der Begriff der nachhaltigen Entwicklung, bei der Umweltaspekte gleichberechtigt mit sozialen und wirtschaftlichen Überlegungen berücksichtigt werden. Zur nachhaltigen Lebensweise gehört es, die natürlichen Ressourcen der Erde schonend zu nutzen, so dass sie sich immer wieder regenerieren können. Nachhaltige Entwicklung bedeutet eben, dass die Bedürfnisse der gegenwärtigen Generation erfüllt werden, ohne dafür zukünftigen Generationen in ihren Möglichkeiten zu beschneiden, ihren eigenen Bedürfnissen gerecht zu werden. Anders gesagt, nachhaltige Entwicklung ist einfach das Streben nach einer langfristig gesicherten Lebensqualität; deswegen bedeutet Nachhaltigkeit – „die Zukunft ist schon heute".

Global gesehen soll durch nachhaltige Entwicklung erreicht werden, dass die Menschheit auf die Bedürfnisse und Interessen aller Menschen achtet, wobei die Zugehörigkeit zu verschiedenen Nationen und Generationen unbedeutend bleibt. Danach sollte sich die Menschheit stets so verhalten, dass allen eine gleiche und gerechte Behandlung zuteilwird.

Nachhaltige Entwicklung wird zwar allmählich als ein politisches Konzept akzeptiert, jedoch noch immer nicht wirksam in die Praxis umgesetzt. Politik und Gesellschaft belassen es weitgehend bei einem Lippenbekenntnis hinter dem aber kein wirkliches Engagement steht. Eine robuste Gesellschaft bemüht sich um ein Verhalten, das die lebenssichernden Funktionen des Planeten erhält und ausbaut. Sie wird die Grenzen der Belastbarkeit der Natur erkennen und sich über diese nicht hinwegsetzen. Eine nachhaltig lebende Gesellschaft wird zu einem Wirtschaftsmodell finden, das all diejenigen Lebensformen fördert, die einerseits zum Wohlstand, andererseits aber auch zum grundlegenden Erlangen eines persönlichen und kollektiven Wohlbefindens verhelfen. Entscheiden ist dabei die Entkopplung von Wirtschaftswachstum und Ressourcenverbrauch. Nachhaltige Entwicklung erfordert Transformation und Innovation in der öffentlichen Verwaltung und in der Privatwirtschaft, Kreativität in der Gesellschaft, die Fähigkeit, zukünftige Folgen vorauszusehen und verantwortungsvolle Entscheidungen zu treffen, die sich auf die Lebensqualität der Zukunft auswirken.

3.2 Die EU - Strategie für nachhaltige Entwicklung

Die Europäische Union verfolgt mit der 2001 von allen Mitgliedsstaaten getragenen Strategie für nachhaltige Entwicklung, eine kontinuierliche Verbesserung der Lebensqualität der heute lebenden und künftigen Generationen. Hierin besteht eines der großen Anliegen der Europäischen Union, das im Vertrag von Lissabon zum Ausdruck kommt und maßgeblich für sämtliche Politiken und Aktivitäten der Union ist. In den vergangenen Jahren hat die EU den Nachhaltigkeitsaspekt in viele ihrer politischen Strategien integriert. Die Klimawandel- und Energiepolitik der EU zeugt von dem großen Einfluss, den die Strategie für nachhaltige Entwicklung auf die politische Tagesordnung hat.

Auf EU-Ebene wird die Nachhaltigkeit vor allem über die verschiedenen politischen Strategien der Union und die EU-Strategie für nachhaltige Entwicklung selbst gefördert und überwacht. Sie ist der Auslöser dafür, dass auf nationaler und auf regionaler Ebene Strategien für eine nachhaltige Entwicklung verfolgt werden. So verfügen heute nahezu alle Mitgliedstaaten über eine eigene nationale Strategie für nachhaltige Entwicklung. Die bereichsübergreifenden EU-Strategie für nachhaltige Entwicklung ist eine auf lange Sicht angelegte Strategie, die einen guten Rahmen für die Ausrichtung und Offenlegung allgemeiner langfristiger Entwicklungen und für Maßnahmen zur Förderung von Überlegungen über künftige Nachhaltigkeitsmaßnahmen bildet, gleichzeitig aber auch kurzfristige politische Maßnahmen erfordert.

Durch den Dialog und die Zusammenarbeit mit den Partnern der Europäischen Nachbarschaftspolitik werden Ziele einer nachhaltigen Entwicklung gefördert. Zu diesem Zweck wurde die regionale Zusammenarbeit durch die Union für den Mittelmeerraum, die Schwarzmeersynergie und die Östliche Partnerschaft verstärkt. Auf dem Gebiet der Entwicklungszusammenarbeit wurden mehrere Initiativen zur Verwirklichung der Ziele einer nachhaltigen Entwicklung ergriffen

In den vergangenen Jahren hat die EU eine führende Rolle bei der Bekämpfung des Klimawandels gespielt. Die Union hat sich in Klima- und Energiefragen ehrgeizige Ziele gesetzt. So sollen gegenüber dem Stand von 1990 die Emissionen von Treibhausgasen in der EU bis zum Jahr 2020 um 20 % verringert und bis dahin der Anteil der erneuerbaren Energien am Energieverbrauch auf 20 % gesteigert werden. Als Eckstein der EU-Klimaschutzstrategie belohnt das Handelssystem mit Emissionsrechten die Unternehmen, die ihre Emissionen an Kohlendioxid (C02) senken, und bestraft diejenigen, die die Grenzwerte überschreiten. Das 2005 eingeführte System gilt für rund 12 000 Fabriken und Anlagen, die die Hälfte aller Emissionen in der EU von C02 ausmachen, dem wichtigsten, für die Erderwärmung verantwortlichen Gas.

In dem System des Emissionshandels legen die EU-Staaten Obergrenzen für die Menge an Kohlendioxid fest, die energieintensive Industriezweige wie Stromerzeugung, Stahl- und Zementhersteller ausstoßen dürfen. Wenn derartige Unternehmen mehr C02 ausstoßen wollen als ihnen zugestanden ist, müssen sie Zertifikate von effizienteren Unternehmen kaufen. Künftig wird das Quotensystem auf weitere Industriezweige ausgedehnt, darunter Luftverkehrsgesellschaften und petrochemische Betriebe. Außerdem können die EU-Länder Emissionen ausgleichen, indem sie Zertifikate von Projekten zur Verringerung des CO2-Ausstoßes in Ländern außerhalb der EU kaufen. Dies wird durch die Instrumente des Kyoto- Protokolls geregelt. Die Nachfrage nach diesen Gutschriften stimuliert Investitionen in Ideen, die zur Emissionsreduzierung in anderen Ländern führen können.

Im Rahmen der EU gibt es eine große Vielzahl von Aktivitäten für nachhaltige Entwicklung, u. a. ist es eines der Hauptziele des siebten europäischen Rahmenprogramms für Forschung und technologische Entwicklung (2007-2013); es gibt gezielte Maßnahmen zum Schutz der biologischen Vielfalt insbesondere zum Vogelschutz; bis 2020 sollen 50 % der Haushaltsabfälle und 70 % der Bau- und Abbruchabfälle wieder verwendet werden. Bis 2015 soll ein guter ökologischer Zustand aller Gewässer erreicht werden. Die integrierte Meerespolitik der Union ist ein gemeinsamer Rahmen für sämtliche Fragen der EU-Meerespolitik und für eine wirklich nachhaltige Nutzung der Meeresumwelt (Ozeane, Meere und Küsten).

Die öffentlichen Einrichtungen Europas sind einflussreiche Verbraucher. Jedes Jahr geben sie 16 % des BIP der EU (oder rund € 2 000 Mrd.) für Waren und Dienstleistungen aus. Durch die Einbeziehung von Umweltüberlegungen in ihre Ausschreibungsverfahren und in den Richtlinien zur Beschaffung können öffentliche Einrichtungen Energie, Wasser und Ressourcen sparen, Abfall und Umweltverschmutzung reduzieren und gleichzeitig ein optimales Preis-Leistungs- Verhältnis erreichen. Dieses umweltorientierte öffentliche Beschaffungswesen kann eine wichtige Rolle bei der Entwicklung von neuen Produkten, umweltfreundlicher Technologie und der Förderung von Innovationen spielen.

Zu den wichtigsten politischen Entwicklungen auf EU-Ebene zählt die umweltgerechten Gestaltung des Verkehrs durch Vorgaben für den CO2-Ausstoß neuer Fahrzeuge, die Förderung sauberer und energieeffizienter

Straßenfahrzeuge, den Ausbau intelligenter Verkehrssysteme und die Aufnahme der Luftfahrt in das Emissionshandelssystem der EU ab 2012.

3.3 Umweltgerechtes Verhalten

Das angestrebte Ziel der ökologischen Nachhaltigkeit zwingt die EU nicht nur dazu, neu über ihre Raumplanung, Städte und Verkehr, Bildung und Konsumgewohnheiten nachzudenken, sondern auch ihr Wachstumsmodell zu überdenken. Es bedarf einer „Neuen Industriestrategie", die für umweltfreundliche Technologien und nachhaltige Fertigungsverfahren eintritt. Zur Unterstützung dieser Strategie ist ein europäisches Innovationsgesetz erforderlich, das die Finanzierungsmöglichkeiten vereinfacht und europaweit gemeinsame innovative Programme ermöglicht, wie erneuerbare Energie, Energieeffizienz, Informations-und Kommunikationstechnologie, nachhaltige Entwicklung und Verkehrsnetze, Biotechnologie und Nanotechnologien.

Die Energieeffizienz von Gebäuden und Produkten soll verbessert und somit zu weiteren Energieeinsparungen führen. Produkte (z. B. Warmwasserbereiter, Computer, Durchlauferhitzer oder Fernsehgeräte) sollen umweltgerecht gestaltet (Ökodesign) werden. Neben Energieeinsparung sollen Umweltüberlegungen wie Rohstoff- und Wasserverbrauch, Emissionen, Abfallentsorgung und Wiederverwendbarkeit bei der Gestaltung und Herstellung einbezogen werden. Produkte, die diese Anforderungen nicht erfüllen, dürfen nicht auf den europäischen Markt gebracht werden. Kennzeichnungen informieren über den Energieverbrauch von Haushaltsgeräten wie Waschmaschinen oder Geschirrspülern und anderen energieverbrauchsrelevante Produkte beispielsweise die Wärmedämmung von Fenstern.

Ein weiterer leichter Weg zur Auswahl der umweltfreundlichsten Produkte auf dem Markt für öffentliche und private Verbraucher ist die Orientierung am EU-Umweltzeichen, das leicht am Blumenlogo zu erkennen ist. Bei der Erteilung des EU-Umweltzeichens werden die wichtigsten Auswirkungen eines Produkts auf die Umwelt sowie die Umweltleistung des Produkts beurteilt. Nur Produkte, die möglichst geringe Auswirkungen auf die Umwelt haben – das sind ungefähr 10 bis 20 % – erhalten das EU-Umweltzeichen. Das Umweltzeichen tragen derzeit Reinigungsmittel, technische Geräte, Papiererzeugnisse Kleidung, Heim- und Gartenprodukte, Schmierstoffe sowie Dienstleistungen zum Beispiel Hotels.

In der Landwirtschaft bedeutet nachhaltiges Wirtschaften Steigerung der Ressourceneffizienz, Entwicklung von umweltfreundlichen Technologien, Bekämpfung des Verlustes an Artenvielfalt, Förderung erneuerbarer Energien, Förderung der Tier- und Pflanzengesundheit. Besondere Bedeutung hat der Ausbau der lokalen Märkte und der lokalen Beschaffung für Kleinlandwirte. Die Vielfalt der Betriebsstrukturen und Produktionssysteme in Europa ist Bestandteil der Attraktivität und Identität der ländlichen Regionen. Die von der Europäischen Kommission vorgeschlagene Reform der Gemeinsamen Agrarpolitik will z.B. durch Direktzahlungen für umwelt-und klimapolitische Ziele und durch Begrenzung der Subventionen für Großbetrieben erreichen, dass die Landwirtschaft insgesamt „grüner" wird.

Das Umweltbewusstsein nimmt zwar zu, die meisten Menschen haben jedoch Schwierigkeiten, einen Zusammenhang zwischen ihren persönlichen Verbrauchsgewohnheiten und übergreifenden Problemen wie dem Klimawandel zu erkennen. Ein Grund ist, dass sich die Gesamtkosten der Produktion und des Verbrauchs von Waren und Dienstleistungen nicht in den Marktpreisen für die Produkte widerspiegeln. Das heißt, dass die von Verbrauch und Produktion verursachten Umweltprobleme wie der Klimawandel durch Treibhausgasemissionen, der Verlust der Artenvielfalt aufgrund übermäßiger Ausbeutung natürlicher Ressourcen, wie Überfischung der Meere und gesundheitliche Probleme der Menschen durch die Umweltverschmutzung nicht in die Preisbildung einfließen.

Verbraucher sind überwiegend preisorientiert und entscheiden sich daher kaum für Produkte, die im Hinblick auf den Lebenszyklus leistungsstärker sind, da diese oft teurer sind. Zudem fehlen den Verbrauchern oft Kenntnisse über die künftigen Auswirkungen und Vorteile der Produkte. Eine geringe Nachfrage motiviert die Unternehmen nicht, ihre Produkte so zu gestalten, dass die negativen Auswirkungen der Produktion, Nutzung und Entsorgung dieser Produkte auf die Umwelt verringert werden. Technologisch herrscht Stillstand und häufig gibt es – aus Umweltsicht – keine höherwertigen Produkte auf dem Markt.

Es wichtig, den privaten Konsum von Gütern durch öffentliche Güter zu ersetzen oder aber Konsum zu minimieren bzw. ganz einzustellen. Mit dem Ausbau von öffentlichen Transport- und dezentrale Energiesysteme kann z.B. vieles vom heutigen nicht nachhaltigen Konsum durch nachhaltige Alternativen ersetzt werden – angefangen damit, dass man mit dem Bus statt mit dem Auto fährt. Die Reorganisation der Infrastruktur mit dem Ziel, bewohn- und begehbare Nachbarschaften zu schaffen und den öffentlichen Personenverkehr zu stärken, kann zu einer Abnahme des individuellen Straßenverkehrs führen. Die zentrale Stellung des Autos als Ausdruck eines individuellen Verhaltens ist keine natürliche Gegebenheit, sondern eine kulturelle Norm – über Jahrzehnte von der Autoindustrie propagiert und dann gehegt und gepflegt.

Insgesamt geht es darum, die Gesamtumweltleistung von Produkten während ihres Lebenszyklus zu verbessern, die Nachfrage nach höherwertigen Produkten und Produktionstechnologien zu fördern und die Verbraucher durch verständlichere und einfachere Kennzeichnungen bei ihren Entscheidungen für solche Produkte zu unterstützen. Es muss zu einem Umdenken angeregt werden, weg von dem Zwang des kurzfristigen Konsums hin zu der Notwendigkeit langfristig zu investieren. Die verfügbaren Ressourcen müssen verwendet werden für nachhaltige Vorhaben, wie der Ausbau einer kohlenstoffarmen Wirtschaft, von sauberen Transportsystemen, die Erzeugung erneuerbarer Energien oder für den Erhalt natürlicher CO2 Speicher wie den der tropischen Regenwälder, und der sibirischen und kanadischen Waldflächen.

Knappheit und das Gebot der Nachhaltigkeit müssen zu einer gemeinesamen Anstrengung von allen Staaten führen, um den Ausstoß von CO2 zu senken und gleichberechtigten Zugang zu Rohstoffen zu sichern. Um dieses Ziel zu erreichen, gibt es das klassische Mittel über politischen Einfluss unterstützt von Militärmacht, Druck auf rohstoffproduzierend Länder und mögliche Konkurrenten auszuüben. Es gibt die andere Möglichkeit des freien Marktes, der zu Gunsten der reichen Länder arbeitet. Es gibt aber auch die post-moderne Möglichkeit der Zusammenarbeit zwischen Industrie-, Schwellen- und Entwicklungsländern, um sich über einen gerechten Zugang zu den Ressourcen zu verständigen und eine effiziente Nutzung knapper Ressourcen in einem globalen Ordnungsrahmen zu vereinbaren.

Auf der Ebene der Union muss das Ziel, eine emissionsarmen Wirtschaft bis zum Jahr 2030 zu erreichen, in einer Strategie für den Übergang zu einer CO2-armen Wirtschaft festgelegt werden. Ein erster Schritt ist der Beschluss des Europäischen Rats vom 4.2.2011 eine Strategie für eine CO2-arme Wirtschaft auszuarbeiten. Darin soll aufgezeigt werden, wie das im Oktober 2009 vereinbarte Ziel einer Verringerung der Treibhausgasemissionen bis 2050 um 80 bis 95 % gegenüber 1990 verwirklichen kann. Der Rat stellt fest, dass dazu „eine Revolution der Energiesysteme erforderlich, die jetzt beginnen muss". Allerdings muss die Union sich dazu auf tatsächliche Maßnahmen für alle Siebenundzwanzig und für die einzelnen Mitgliedstaaten verständigen, um diese Vision Realität werden zu lassen. Der Schwerpunkt muss auf der Schaffung von Wachstum und Arbeitsplätzen liegen. Dabei geht es nicht um irgendwelche Arbeitsplätze, sondern um solche, die einer Wissensgesellschaft entsprechen; ebenso geht es nicht um irgendein Wachstum, sondern um nachhaltiges Wachstum. Hier liegt Europas Zukunft.

4. Die Europäische Union – ein globaler Machtfaktor in einer multipolaren Welt

4.1 Global denken - europäisch handeln

Die EU kann mit Recht als globaler Akteur bezeichnet werden: Europäische Unternehmen sind weltweit vertreten, Europäische Produkte sind weltweit bekannt, Europäische Musik findet weltweit Anhänger, europäische zivile und militärische Dienste sind in zahlreichen internationalen Missionen in der Welt tätig. Die Union ist in der ganzen Welt mit über 140 Botschaften und Büros vertreten. Europäische Literatur wird in zahlreiche Sprachen übersetzt und gelesen. Europäische Fußballmannschaften sind weltweit bekannt und haben weltweit Fanclubs. Aber es ist ein Unterschied globaler Akteur zu sein oder globale Macht zu haben. Das eine verlangt globale Präsenz und das andere erfordert wirklichen globalen Einfluss.

Es ist nichts Neues, das die Welt sich seit dem Entstehen von Multilateralismus und seinen Institutionen erheblich verändert hat. Als die UN 1948 gegründet wurde gab es zwei Drittel seiner gegenwärtigen Mitglieder gar nicht, da sie noch unter Kolonialherrschaft waren. Zu der Zeit gab es 48 Staaten auf der Welt, heute sind es fast 200 Staaten; die meisten sind klein, etwa die Hälfte hat weniger als 5 Millionen Einwohner. Aber umso anspruchsvoller wird es, ein solches multilaterales Geflecht zu handhaben.

Das internationale System der UN ist unter Druck seit dem Ende des Kalten Kriegs. Der Grund liegt darin, dass in einer Welt mit globalen Problemen der einzelne Staat wenig ausrichten kann. Die traditionelle multilaterale Zusammenarbeit bei den Vereinten Nationen gestaltet sich zunehmend schwieriger, wie es sich bei verschiedenen internationalen Verhandlungen gezeigt hat. Neben den vielen Problemen, die in der Komplexität der UN und den unterschiedlichen Interessenslagen begründet sind, steht die UN einem echten Dilemma gegenüber. Sie wurde zur

Unterstützung und zum Schutz souveräner Staaten gegründet, muss sich aber zunehmend mit Problemen befassen, die von globaler Art sind und nicht auf einen einzelnen Verursacher oder einen einzelnen Staat zurückzuführen sind.

Da der einzelne Staat nur ein bedingtes Interesse an der Lösung globaler Probleme hat, nämlich eher dann wenn seine unmittelbaren Sicherheits- oder Wirtschaftsinteressen betroffen sind, ist das derzeitige UN System kaum geeignet oder in der Lage für globale Probleme, die richtigen globale Antworten zu finden. Aber Veränderungen machen sich bemerkbar. Bei UN Konferenzen zu globalen Fragen sind nicht mehr nur die einzelnen souveränen Staaten vertreten sondern auch Nicht-Regierungsorganisationen, internationale und regionale Organisationen. Die Unterscheidung der Interessen zwischen Staaten und regionalen Organisationen ist nicht mehr eindeutig, da die Länder auch in solchen vertreten sind. Zudem gibt es neue Formen der internationalen Zusammenarbeit in Organisationen außerhalb der UN wie die G- 20, die beim Krisenmanagement 2008 an Bedeutung gewonnen hat.

Es gibt kein einziges Zentrum in der Welt, an dem alles zusammenläuft und entschieden wird sondern es gibt mehrere Zentren multilateraler Zusammenarbeit. Am besten dürfte die Zusammenarbeit dort funktionieren wo grenzüberschreitend gemeinsame Werte, Identität und Führung existieren. Und Stabilität und Sicherheit ist dort am stärksten wo Integration über Grenzen hinweg besteht.

Die Europäische Union ist dafür das beste Beispiel mit der längsten Erfahrung in der Überführung nationaler Hoheitsrechte zu gemeinsamen Vorteilen für ihre Mitglieder; ein Gewinn für alle. Mit dieser Erfahrung ist die Union gut positioniert, um im globalen Machtgefüge eine zentrale Rolle zu spielen. Die großen Mächte dürften dieses nicht gerne sehen aber sicherlich die Vielzahl der kleineren Staaten, umso mehr als solche auch in der Union in der Mehrzahl sind. Aber die Union ist noch weit davon entfernt, diese Rolle wirklich voll auszufüllen. In Handelsfragen verhandelt die Europäische Kommission im Auftrag aller Mitgliedsstaaten, aber bei der Weltbank oder dem Internationalen Währungsfond (IWF) tritt die Union nicht mit einer Stimme auf.

Die Gruppe der G-20 befasst sich mit den Folgen der globalen Wirtschaftskrise aber ihre Erfahrung und Struktur könnte auch für andere Politikbereiche zur Anwendung kommen, wie bei Sicherheitsfragen, Strategien gegen den Klimawandel oder Zugang zu knappen Ressourcen wie Wasser und Energie. Bei dem Treffen der G- 20 sind 19 Teilnehmer Staaten. Die Kommission vertritt die Union mit allen Mitgliedsstaaten, von denen einige nochmals selber anwesend sind. Die Union sollte dort alle vertreten, in einer zukunftsweisenden Struktur. Das gilt übrigens auch für den UN- Sicherheitsrat. Mit einer solchen Vorgehensweise kann Europa seine einzigartige Erfahrung in der Transformation von Staaten und Regionen in das Management von neuen globalen Problemen einbringen.

Die Mitgliedsstaaten der Europäisch Union haben zusammengenommen das Potential zu einer globalen Macht, in einer Welt in der es wirtschaftlich und politisch auf Größe ankommt und Kleinsein zu nichts führt. Die EU-Länder haben mehr Soldaten als die USA aber wegen ihrer nationalen Aufsplitterung mit geringerer Schlagkraft, zwei Länder haben Atomwaffen. Europa stellt die meisten Truppen für friedenssichernde Missionen wie in Afghanistan, dem Kongo, Libanon, Kosovo. Europa hat viel erreicht in seinem über 50-jährigen Integrationsprozess. Aber mehr muss getan werden. Es gibt eine gemeinsame Währung aber Wirtschaftspolitik ist immer noch weitgehend nationale Politik. Das gleiche gilt für Außen-, Sicherheits- und Verteidigungspolitik. Es gibt zwar gemeinsame Strategien und Dokumente aber die EU-Staaten betreiben weiterhin ihre eigene nationale Politik auch wenn Außenpolitik (und in Deutschland auch Entwicklungspolitik) überwiegend nur noch zur Verfolgung nationaler Handels- und Lieferinteressen dient.

Zur Überwindung dieser Hindernisse und zur Umsetzung des großen ungenutzten Potentials ist eine weitergehende Integration notwendig. Die von den meisten Mitgliedstaaten in diesen Bereichen bevorzugte intergouvernementale Zusammenarbeit geht zwar in die richtige Richtung, ihr fehlt aber die Verpflichtung zu langfristigen Strategien, zu voller Solidarität und damit die grundsätzliche Voraussetzung, dass die nationalen Interessen aller Mitgliedsstaaten Teil einer übergeordneten europäischen Politik werden. Die wirtschaftliche Wettbewerbsfähigkeit Europas steigern, den Wettlauf in der Wissensökonomie anführen und die Freiheit und Sicherheit ihrer Bürger gewährleisten – das alles sind Herausforderungen globaler Natur, die nur mit gemeinsamen Strategien angegangen werden können.

Die Sicherung ihrer wirtschaftlichen Stärke und ihres inneren Zusammenhalts ist für die Europäische Union eine unerlässliche Voraussetzung, um im globalen Machtgefüge anerkannt zu werden. Wenn die EU ihrer ehrgeizigen Agenda gerecht werden will, dann muss sie auf der internationalen Bühne sehr viel mehr Durchsetzungskraft zeigen. Bei der Festlegung der außenpolitischen Position der EU darf aber der Prozess der Politikformulierung nicht nur von zufälligen Ereignissen gesteuert werden. Es bedarf dringend eines gemeinsamen europäischen strategischen Konzepts. Die EU kann sich ein planloses Vorgehen nicht länger leisten. Sie muss zum Impulsgeber werden, wenn es darum geht, den neuen Regeln der Weltordnungspolitik Gestalt zu verleihen, anderenfalls droht sie ins Hintertreffen zu geraten. Um zielstrebig voranzukommen, wird die EU sich auch für ein internationales Umfeld einsetzen müssen, in dem sie ihre Vorstellungen, nämlich die Verteidigung der europäischen Interessen in einer sich ändernden Weltordnung zur Geltung bringen kann

In diesem Konzept sollte die Politik der Union auf dem Gebiet der Diplomatie, des Militärs, des Handels und der Entwicklung mit den externen Dimensionen ihrer gemeinsamen Wirtschaftspolitik wie die Währungsunion, Energie- und Verkehrsfragen zusammengeführt werden. Nur wenn sie alle ihr zur Verfügung stehenden Instrumente miteinander verzahnt, wird die Union als transformative Macht auftreten und dazu beitragen können, die Regeln des Weltregierens neuzugestalten. Aber selbst ein durch fortgeschrittene Integration gestärktes Europa dürfte kaum stark genug sein, um seine Werte zu verteidigen und seine globalen Ambitionen durchzusetzen. In dem sich abzeichnenden multipolarem System bedarf es dazu Partner wie es die USA sind, andere müssen hinzu gewonnen werden. Die Union muss sich der Tendenz zu einer Welt von wenigen oder sogar von nur zwei Großmächten entgegenstellen und stattdessen darauf hinarbeiten, China, die USA und andere neue Mächte in den Rahmen der Vereinten Nationen oder in anderen Gruppe, wie der G- 20 fest einzubinden.

Das chinesische Erfolgsmodell als eine Kombination von Einheitspartei und Marktkapitalismus könnte die langgehegte These in Frage stellen, dass Markt und Demokratie zusammengehören. Dabei sollten aber zwei wesentliche Elemente und Erfolge der europäischen Demokratie nicht übersehen werden, nämlich die Beachtung von Recht und Gesetz im Innern und Frieden und Sicherheit mit seinen Nachbarn. Allerdings macht das Nebeneinander von verschiedenen Modellen einer erfolgreichen wirtschaftlichen und staatlichen Entwicklung in der Welt die Sache nicht einfacher. Sie erschwert die weltweite Kooperation zur Suche nach Lösung globaler Fragen. Die Änderung der Rahmenbedingungen erfordert eine Mitsprache Europas neben den USA und China.

Der Aufstieg Chinas und anderer neuen globalen Mächte lässt Europa keine andere Wahl als selbst zu einer der globalen Mächte zu werden. Dadurch könnte die Union einen wesentlichen Beitrag leisten, um die neue multipolare Weltordnung in ein multilaterales Netz von Regeln und Normen einzubinden anstatt sie einer Politik zu überlassen, die von zufälligen Gleichgewichtsinteressen geleitet wird. Die Union muss sich international behaupten durch Zuverlässigkeit und langfristige Politikansätze. Dazu muss sie in allen multilateralen Wirtschaftsgremien mit einer einzigen Stimme sprechen, ihre Außenpolitik muss im Ministerrat mit qualifizierter Mehrheit beschlossen werden und innerhalb der NATO muss sie die politische Kontrolle über ihre eigene Verteidigungsstruktur haben.

4.2 Sicherheit und Verteidigung - das europäische Sicherheitsmodell

In den letzten zwanzig Jahren haben wir die Abkehr von einer bipolaren Weltordnung, gefolgt von einen kurzen „unipolaren Moment", in dem die Vereinigten Staaten die beherrschende Macht waren, und die allmähliche Entfaltung eines multipolaren Systems erlebt. In dieser neuen Weltordnung bestehen verschiedene Machtzentren nebeneinander in einem instabileren Umfeld. Alte Bedrohungen, wie der Einsatz von Kernwaffen oder anderer Arten von nuklearem Material, bestehen in neuer Form der Proliferation weiter. Neue Bedrohungen sind hinzugekommen.

Diese neuen Gesichter der Unsicherheit, zu denen, neben anderen, finanzielle Instabilität, Schädigung der Umwelt, Energieabhängigkeit, organisierte Kriminalität und Terrorismus zählen, sind vielfältiger, weniger augenfällig und weniger vorhersehbar als je zuvor. Die Globalisierung hat auch das Gefühl der Anfälligkeit gegenüber Konflikten verstärkt, indem sie die Grenzen zwischen der internen und der externen Sicherheit aufgehoben hat. Bewaffnete Konflikte auf einem entfernten Kontinent können Europas innere Sicherheit dadurch bedrohen, dass sie große Flüchtlingsströme auslösen. Die Flüchtlingswellen aus Tunesien nach dem Sturz des Diktators sind dafür ein erster Hinweis. Ebenso kann eine unzureichende Zusammenarbeit bei der Strafverfolgung in den europäischen Ländern die Terrorabwehr in anderen Ländern gefährden. Alle Sicherheitsrisiken wiederum sind miteinander verflochten, wobei Armut und Instabilität in scheiternden Staaten den Terrorismus und andere Formen der Kriminalität begünstigen können. Auf die Herausforderungen des 21. Jahrhunderts müssen daher globale und vorbeugende Antworten gegeben werden.

Die Terroranschläge vom September 2001 in den USA, vom März 2004 in Madrid und Juli 2005 in London, haben deutlich gemacht, dass wirksamere und stärker koordinierte Maßnahmen erforderlich sind, um gegen den Terrorismus und andere grenzüberschreitende Sicherheitsprobleme vorzugehen. Dazu zählen Menschenhandel, Schleuseraktivitäten, Schmuggel illegaler Substanzen, Geldwäsche, Ausbeutung von Frauen und Kindern, natürliche sowie vom Menschen verursachte Katastrophen, Cyber- Kriminalität, Verletzung von Rechten des geistigen Eigentums und Korruption. Die neuen, globalen Sicherheitsherausforderungen, verlangen nach einem EU-weiten Konzept gestützt auf Kooperation und gemeinsamen Einrichtungen wie Europol.

In einem „Europäischen Sicherheitsmodell" sollen die Rechte und Freiheiten des Einzelnen geschützt und die Zusammenarbeit und die Solidarität zwischen den Mitgliedstaaten verbessert werden. Dazu bedarf es einer europaweiten Zusammenarbeit im Justizwesen, bei der Strafverfolgung, bei den Grenzkontrollen, im Gesundheitswesen, im Sozialwesen, beim Katastrophenschutz, bei der Einführung einer einheitlichen Visumpolitik und bei der Einrichtung eines europäischen konsularischen Dienstes. Innere Sicherheit hängt in hohem Maße von der Sicherung des äußeren Umfelds ab. Grenzüberschreitende Sicherheitsrisiken machen nicht an den Grenzen der EU halt. Sie können nur durch eine grenzüberschreitende Kooperation mit den Nachbarländern und darüber hinaus wirksam bekämpft werden.

In der Europäischen Union stehen 1,8 Millionen Soldaten unter Waffen – eine halbe Million mehr als in den Vereinigten Staaten – und dennoch ist die EU nicht in der Lage, eine 60.000 Mann starke Schnelleingreiftruppe zu entsenden, und sie hat Probleme damit, 5000 Mann für eine Mission im Rahmen der Gemeinsamen Sicherheits- und Verteidigungspolitik bereitzustellen. Die europäischen Nato-Partner haben zu viele Soldaten mit nur begrenzter Verwendungsmöglichkeit. Ähnlich sieht es beim Vergleich von Militärausgaben der EU-Mitgliedstaaten (die zusammen etwa 50 % des US-Verteidigungshaushalts ausmachen) mit den damit erzielten Ergebnissen aus.

Der Nachholbedarf in Europa auf der rein militärischen Seite ergibt sich aus dem weiterhin nach nationalen Gesichtspunkten aufgebauten europäischen Verteidigungssystem. Es besteht in den europäischen Hauptstädten bislang kein Konsens über den allgemeinen Zweck der Verstärkung der Verteidigungsfähigkeiten der EU anders als über die NATO. Die Mitgliedsstaaten müssen eine langfristige Vorstellung über die EU-Verteidigung entwickeln. Dazu gehört eine klare Aufteilung der Zuständigkeiten zwischen der NATO und der EU. Eine solche Strategie würde auch dazu beitragen, die Gemeinsamen Sicherheits- und Verteidigungspolitik zu stärken und deren operativen Fähigkeiten weiter zu verbessern.

Nach dem Vertrag von Lissabon ist die Gemeinsame Sicherheits- und Verteidigungspolitik (GSVP) integraler Bestandteil der gemeinsamen Außen- und Sicherheitspolitik. Danach müssen die Mitgliedstaaten, der Union zivile und militärische Kapazitäten zur ihrer Umsetzung zur Verfügung stellen. Das bedeutet jedoch nicht, dass bestimmte Mitgliedstaaten ihre Neutralität aufgeben oder der NATO Konkurrenz gemacht werden soll. Im Rahmen der GSVP verfügt die Union bereits über ein bedeutendes Instrumentarium. Hierzu gehören der Militärausschuss, der Militärstab mit Aufgaben der Frühwarnung und der strategischen Planung sowie die Europäische Verteidigungsagentur. Die EU kann auf ein breites Spektrum ziviler Kräfte zurückgreifen, die in Hilfsmaßnahmen für die örtliche Bevölkerung in Konfliktgebieten außerhalb der EU geschult sind.

Angesichts knapper Haushalte sollte die Verteidigungsagentur gestärkt und die Hindernisse, die noch immer die nationalen Märkte schützen, abgebaut werden. Die wegen finanzieller Engpässe sich abzeichnende Zusammenarbeit zwischen Briten und Franzosen bei der nuklearen Bewaffnung kann ein erster Anfang sein. Aber als Maßstab sollte der Erfolg des europäischen Binnenmarkts sein. Dessen Grundsätze müssen auch für den Verteidigungsbereich gelten und auf eine gemeinsame Beschaffungspolitik ausgeweitet werden.

Der Vertrag von Lissabon macht es den Mitgliedstaaten leichter, die Verteidigungskapazitäten zu verbessern. Unter dem neuartigen System der Ständigen Strukturierten Zusammenarbeit können Mitgliedstaaten, je nach Bereitschaft und vorhandenen Kapazitäten parallel und mit unterschiedlichen Geschwindigkeiten vorangehen, um spezifische Ziele zu erreichen. Vorreiterstaaten können mehr Fähigkeiten für Missionen im Rahmen der GSVP, der NATO und der Vereinten Nationen und für sonstige Missionen bereitzustellen.

Diese zivilen Fähigkeiten werden immer wichtiger in Anbetracht des mittlerweile allgemein anerkannten Konzepts der „menschlichen Sicherheit“. Es beruht auf der Einsicht, dass nationale und globale Sicherheit nicht vom Wohlergehen des Einzelnen und der Gemeinschaft, in der er lebt, getrennt werden können. Bislang ist die Europäische Union weltweit mit 22 Missionen zur Friedenssicherung und Stabilisierung von Konfliktzonen präsent; diese werden von der Mehrheit der europäischen Bürger unterstützt. Damit zeigt die Union zum Nutzen aller Mitgliedsstaaten einen europäischen Weg zur Beilegung von Konflikten und weltweit ihr Profil und ihre Erfahrung als starke Friedensmacht.

5. Die Europäische Union - eine Zukunft in gemeinsamer Verantwortung

Ein neues Kapitel seiner Erfolgsgeschichte könnte Europa bei der Gestaltung der Zukunft schreiben. Für die Agenda der Zukunft ist der einzelne Staat in Europa (auch Deutschland, Frankreich oder Großbritannien) zu klein. Die Europäische Union aber, in der über 500 Millionen Menschen ihr Zusammenleben wirtschaftlich und politisch organisieren, ist die angemessene Größenordnung. In der Wahrnehmung seiner Bürger hat Europa vor dem Hintergrund globaler Finanz- und Wirtschaftskrisen sehr an Bedeutung gewonnen. Es hat sich bewährt, mit der Union eine Plattform für gemeinsame Politikgestaltung zu haben, mit der die Mitgliedsstaaten langfristige Strukturen und Vorgaben vereinbart haben. Andernfalls besteht die Gefahr, dass die EU Staaten z. B. ihre viel zu hohen Haushaltsdefizite kaum reduzieren würden, weil es den Politikern leichter fällt, Versprechungen zu machen wie Steuersenkungen, die den Wählern unmittelbar nützen, als sich an die schwierigen Aufgaben der Zukunft heranzuwagen.

In der Wirtschafts- und Währungsunion sind es die Maastricht-Kriterien, die sozusagen als Leitplanken, die öffentlichen Haushalte auf der Straße der Stabilität halten sollen. Die Einhaltung der Maastricht-Kriterien muss durchgesetzt werden mit Sparmaßnahmen, um die Finanzierung der langfristigen Investitionen zu ermöglichen. In den verschiedenen Bereichen des Binnenmarktes sind es die zahlreichen Verordnungen und Gesetze mit denen der einheitliche europäische Markt errichtet und funktionsfähig gehalten wird.

Die nationale Politik der Mitgliedsstaaten ist sehr stark geprägt durch die zeitlich-periodischen Erfordernisse der parlamentarischen Demokratie. Irgendwo sind immer Wahlen, Zwischenwahlen oder wöchentliche Umfragen zu den Ergebnissen gegenwärtiger Politik. Zudem sind Wähler eher durch kurzfristige Erfolge als durch langfristige, wenn auch notwendige Strategien, zu überzeugen. Politiker in der heutigen „Mediendemokratie" neigen dazu, sich kurze Zeithorizonte vorzugeben und kurzfristig orientierte Politik, die häufig nur Innenpolitik ist, zu verfolgen. Außerdem kann auf nationaler Ebene alles anders werden wenn die Regierung wechseln sollte. Als Extremfall von kurzfristig angelegter Politik kann der politische Populismus angesehen werden. Er versucht aus Stimmungen, Vorurteilen und Unkenntnis politisches Kapital zu schlagen. Ebenso schnell kann kurzfristig angelegte Politik uninteressant werden, wenn die augenblickliche Situation sich ändert.

Die Handlungsspielräume für nationale Politik werden kleiner durch komplexe Zusammenhänge und globale Vorgaben. Es wird für die Gesellschaft und Politik schwieriger und anspruchsvoller, zufriedenstellende Antworten zu finden. Nationale Politiker - gewählt aufgrund kurzfristiger nationaler Interessenslagen - sind kaum in der Lage, Vorgaben mit langfristiger europaweiter Gültigkeit zu entwickeln. Sie zeigen eher ein weitgehend reaktives Verhalten. Zentralistisch gelenkte Staaten, wie etwa China scheinen es da einfacher zu haben. Chinas undemokratisches, zentral organisiertes Regierungssystem kann leichter langfristige Visionen und Strategien durchsetzen. Diese müssen deswegen aber nicht besser oder effizienter sein und zum langfristigen Wohl des Volkes taugen sie oftmals auch nicht.

Es sind globale Machtstrukturen sowie neue globale Herausforderungen und ungelösten Fragen, denen die Mitgliedsstaaten gemeinsam auf der Ebene der Union entgegentreten. Die Bereiche gemeinsamer Strategien auf der Unionsebene zeichnen sich durch langfristige Ziele und Maßnahmen aus. Die Strategie Europa 2020 will innovatives Wachstum und einen hohen Beschäftigungsgrad in Europa erreichen. Die Durchführung obliegt den einzelnen Staaten. Ähnliches gilt für die anderen Gebiete, wie das Klima- und Energiepaket, den Stabilitäts-und Wachstumspakt, den Binnenmarkt, die Agrarpolitik oder den Handel. Diese Stabilität auf der europäischen Ebene kann das souveräne Verhalten von Ländern stärken, da wichtige Bereiche nationaler Politikanforderungen, wie Handel, Agrarpolitik durch gemeinsame Beschlüsse auf der Ebene der Union abgedeckt sind.

Durch die gemeinsam verabredeten Ziele haben die Mitgliedsstaaten eine langfristige Orientierung für weitgehend kurzfristige Politikvorhaben. Damit verliert auch die Trennung zwischen hier und dort, zwischen dem was lokale Politik und was europäische Politik ist ihre Bedeutung. Die gemeinsamen Beschlüsse der Mitgliedsstaaten setzen häufig den Rahmen für nationale und lokale Politik. Die Umsetzung und Gestaltung bleibt allerdings den jeweiligen nationalen oder lokalen Akteuren überlassen. Die Ausgestaltung dieser engen Verzahnung zwischen nationaler und europäischer Ebene ist der rote Faden im Vertrag von Lissabon.

5.1 Institutionelles Gleichgewicht

Organisatorisch besteht die Europäische Union aus sieben offiziellen Institutionen. Das Europäische Parlament, der Rat (auch Rat der Union oder Ministerrat genannt) und die Kommission sind die drei politischen Organe, die bei der Gründung der Europäischen Gemeinschaft mit den Römischen Verträgen geschaffen wurden. Der Europäische Rat wurde 1974 in der Absicht eingerichtet, ein informelles Gesprächsforum für die Staats- und Regierungschefs zu haben. Er hat sich schnell zu dem Gremium entwickelt, das für alle Tätigkeitsbereiche der Europäischen Union, die Ziele und die Vorgehensweise zu ihrer Erreichung festlegt. Einen förmlichen Status erhielt er 1992 durch den Vertrag von Maastricht. Danach gibt der Europäische Rat der Union die für ihre Entwicklung erforderlichen Impulse und legt die allgemeinen politischen Zielvorstellungen für diese Entwicklung fest. Mit dem Vertrag von Lissabon ist der Europäische Rat zu einem der sieben Organe der Union geworden. Neben den bereits genannten sind die anderen Organe: die Europäische Zentralbank, der Europäische Gerichtshof als unabhängige Gerichtsinstanz und der Europäische Rechnungshof als Kontrollinstanz.

Das Europäische Parlament wird gemeinsam mit dem Ministerrat als Gesetzgeber tätig und übt gemeinsam mit ihm die Haushaltsbefugnisse aus, es erfüllt Aufgaben der politischen Kontrolle und Beratungsfunktionen. Die Zuständigkeit des Europäischen Parlaments wird durch Vertrag von Lissabon ausgeweitet etwa in dem Bereich Innere Sicherheit und Recht, Haushalt, Energie oder für die Ratifizierung internationaler Abkommen, die auf der EU-internen Ebene dem ordentlichen Gesetzgebungsverfahren unterliegen. Die starke Position des Parlaments in Fragen des Gemeinschaftsbudgets gibt ihm die Möglichkeit einer politischen Mitgestaltung in allen Politikfeldern der Union. Das Parlament sollte dabei den Schwerpunkt auf die Finanzierung der für die Zukunft der wichtigen Bereiche setzen, wie Innovation, Ausbildung, Energie und Nachhaltigkeit. Gleichzeitig sollten die großen Posten wie der Agrarhaushalt und regionale Fördermaßnahmen reduziert und den langfristigen Zielen der EU Strategie untergeordnet werden. Auf der Einnahmeseite sollte sich das Parlament für eigene Einnahmen der Union stark machen, z.B. über die Körperschaftssteuer (corporate tax) oder über die Einnahmen aus den Emissionsrechten, etwa des Flugverkehrs.

Seit der Französischen Revolution sind Machtkontrolle und Machtbeschränkung durch das balancierte Zusammenspiel von Exekutive, Legislative und Judikative in nahezu allen politischen Systemen Europas fest verankert worden. Staaten, die dieses Strukturelement einer westlichen Demokratie nicht verwirklicht haben, ist der Zugang zur Mitgliedschaft in der Europäischen Union verwehrt. Im Lissabon-Vertrag ist das Grundprinzip der Gewaltenteilung aufgenommen, indem es Mechanismen zur gegenseitigen Kontrolle der Machtausübung der europäischen Institutionen festlegt.

Der Vertrag von Lissabon stärkt die Rechte der Abgeordnetenkammer, mit denen diese die Exekutive, nämlich die Kommission künftig besser kontrollieren kann. Das Parlament wählt den Präsidenten der Kommission, auf Vorschlag des Europäischen Rates und verleiht ihm dadurch eine große demokratische Legitimation, die dessen Position im institutionellen Gefüge der Union stärkt. Zudem erhält das Europaparlament mehr Kontrollrechte gegenüber der Kommission.

Mit dem Vertrag über die Europäische Union entwickelt sich das parlamentarische System der Union in ein „Zweikammern-Systems", bestehend aus Europäischem Parlament und Ministerrat. Der Vertrag bestätigt, dass die Union in ihrem Kompetenzbereich nach den Grundsätzen eines parlamentarischen Systems arbeitet, was die Legitimation der Union insgesamt erheblich stärkt. Damit wird das politische System der Union noch mehr den demokratischen Verfahren in den Mitgliedsstaaten angeglichen. Dieses macht die Union für die Bürger besser begreifbar und dürfte das Verständnis für europäische Politik weiter fördern.

Das Europäische Parlament wählt auch den Europäische Bürgerbeauftragten (Ombudsmann). Der Bürgerbeauftragte ist vollkommen unabhängig und unparteiisch. Er untersucht Beschwerden über Missstände in der Verwaltungstätigkeit der Organe und Institutionen der Europäischen Union, z.B. wenn eine Einrichtung nicht gesetzmäßig handelt, die Prinzipien guter Verwaltungspraxis nicht einhält oder Menschenrechte verletzt. Der Ombudsmann ist Teil des 1996 eingerichteten Europäischen Verbindungsnetzes der Bürgerbeauftragten, mit über 90 Einrichtungen in 32 europäischen Ländern.

Der zentrale Bezugspunkt für das Zusammenwirken der Organe der Union ist die „Gemeinschaftsmethode". Wegen der eigenen Rechtspersönlichkeit der Union und gestärkter Entscheidungsverfahren wird diese jetzt als „Unionsmethode", bezeichnet, bei der:

- der Europäische Rat die Leitlinien und die allgemeinen politischen Prioritäten festlegt (Rolle als Impulsgeber);
- die Kommission das allgemeine Interesse der Union fördert und geeignete Initiativen zu diesem Zweck ergreift (Initiativrecht);

- das Europäische Parlament und der Ministerrat gemeinsam die Aufgaben in den Bereichen Rechtsetzung und Haushalt wahrnehmen (parlamentarisches Zweikammersystem). Das „ordentliche Gesetzgebungsverfahren“ ist das Mitentscheidungsverfahren des Europäischen Parlaments und des Ministerrats auf Vorschlag der Kommission.

Die „Unionsmethode“ kann mit Zustimmung des Europäischen Rats und des Europäischen Parlaments auf weitere Bereiche und Verfahren ausgeweitet werden.

Der Vertrag von Lissabon bestärkt die Rolle der Europäischen Kommission als Hüterin der Verträge und Motor der Europäischen Union. Die Kommission wird durch den Lissabon-Vertrag zur parlamentarisch legitimierten Exekutive der Union. Sie ist vertragsrechtlich auf das allgemeine EU-Interesse verpflichtet und soll unabhängig von den nationalen Regierungen handeln. Die Kommission gilt als supranationales Gemeinschaftsorgan par- excellence. Im engeren Sinne meint die Bezeichnung Kommission, das Kollegium der derzeit 27 Kommissare. Ab 2014 wird ihre Zahl auf 18 begrenzt, und nach einem Rotationssystem werden jeweils nur noch zwei Drittel der Mitgliedstaaten einen Kommissar stellen.

Die Kommission hat in ihrer Legislativfunktion weiterhin ein Quasimonopol auf Gesetzesinitiativen für alle Zuständigkeiten der Union .Als Motor der Integration hat die Kommission wiederholt die Initiative für langfristige Zielvorgaben für die Union ergriffen, z.B. beim Binnenmarkt oder bei verschiedenen Strategien wie zur Nachhaltigkeit, zum Energie- und Klimapaket. Als Exekutive ist sie verantwortlich für die Durchführung von Rechtsakten und für die Umsetzung und Verwaltung der Unionspolitiken, einschließlich des Haushalts der Union. Als Hüterin der Verträge hat sie eine Kontrollfunktion für die Beachtung des Unionsrechts. Sie kann Mitgliedstaaten und andere EU-Organe vor dem Gerichtshof der Europäischen Union auf Vertragsverletzung verklagen, z.B. wenn Mitgliedstaaten die auf Unionsebene beschlossenen Richtlinien nicht fristgerecht in ihrem Land umsetzen.

Ein wichtiger Aspekt bei der Verzahnung von nationaler und europäischer Ebene ist das Verhältnis von europäischem zu nationalem Recht. Für das Umsetzen von EU-Politik ist es notwendig, dass das Unionsrecht in den Mitgliedsstaaten einheitlich gilt und angewendet wird. Daraus ergibt sich das Prinzip des Vorrangs des Unionsrechts vor dem nationalen Recht, das durch den Europäischen Gerichtshof bei der Auslegung der Verträge formuliert wurde. Danach dürfen nationale Gerichte und Behörden nationales Recht nicht anwenden, wenn es dem Recht der Union entgegensteht. Der prinzipielle Vorrang des Unionsrechts vor dem nationalen Recht ist sowohl in der Rechtsprechung der Mitgliedstaaten als auch in der Wissenschaft anerkannt. Der Vorrang kann allerdings durch die Vorgaben aus nationalen Verfassungen begrenzt werden, was aber nicht zu einem Rückfall in eine Art „Verfassungsnationalismus“ führen darf. Denn es ist die Politik und es sind nicht Verträge, die Antworten auf heutige und zukünftige Herausforderungen finden müssen.

Der Vertrag von Lissabon hat mit dem „Hohen Vertreter(in) für die Außen- und Sicherheitspolitik der EU“ eine einzige Stelle für gemeinsame Außen- und Sicherheitspolitik der Union geschaffen, der/die als Chef der „Europäischen Diplomatie“ für die Kohärenz des auswärtigen Handelns der Union verantwortlich ist. Der Hohe Vertreter(in) der Union ist neben seiner Ratszugehörigkeit auch Vizepräsident der Kommission. Die Ernennung des Hohen Vertreter(in)s erfolgt durch den Europäischen Rat mit Zustimmung des Präsidenten der Kommission. Er/Sie muss durch das Europäische Parlament bestätigt werden, das damit in der Außenpolitik neben seinen Haushaltsbefugnissen ein wirksames Kontrollinstrument erhält. Unterstützt wird der Hohe Vertreter(in) wird in seinen Aufgaben der Koordinierung und Durchführung der EU-Außenbeziehungen von dem Europäischen Auswärtigen Dienst, den neu geschaffenen diplomatischen Dienst der Europäischen Union.

Mit dem Europäischen Auswärtigen Dienst werden die bisher getrennt und manchmal konkurrierenden außenpolitischen Kapazitäten von Kommission und Ministerrat in einem neuen Dienst zusammengeführt, unter gleichzeitiger direkter Beteiligung von entsprechend qualifiziertem Personal der Mitgliedstaaten. Langfristig soll ein Drittel der europäischen Diplomaten von den Mitgliedsstaaten kommen. Aus der Verbindung von europäischen Aufgaben und nationalen Perspektiven dürfte ein neuer „esprit de corps“ entstehen, unterstützt von gemeinsamen Ausbildungsmaßnahmen für die europäischen Aufgaben. Es gibt von einigen Mitgliedstaaten bereits Anzeichen, darin auch konsularische Befugnisse mit einzuschließen.

Der neue diplomatische Dienst der Union basiert auf dem bisherigen Außendienst der Europäischen Kommission (external service), der bereits auf eine über 50-jährige europäische Erfahrung zurückblicken kann. Die erste Auslandsvertretung der 1952 gegründeten Europäischen Gemeinschaft für Kohle und Stahl (EGKS), die Montanunion, wurde 1954 in Washington eröffnet. Die Europäische Union ist heute in 145 Ländern vertreten, in mehr Ländern als irgendeiner der europäischen Mitgliedstaaten, mit über 5000 Beschäftigten, von denen ein großer Teil lokales Personal ist. Andererseits ist in Brüssel bei der Europäischen Union und bei der NATO weltweit eine der höchsten Anzahl von diplomatischen Vertretungen und internationalen Medien anzutreffen.

Die diplomatischen Vertretungen der Union gibt es nicht nur, um gute Kontakte mit Freunden zu haben. Dafür braucht es nicht unbedingt diplomatische Immunität. Oftmals geht es vor allem um Beziehungen gerade mit solchen Staaten, die andere Interessen oder Strategien verfolgen als die eigenen. So stand die Arbeit, der unter meiner Leitung 1985 eröffneten Delegation der Europäischen Gemeinschaften in Islamabad ganz im Zeichen schwieriger Handelsprobleme mit Pakistan, vor allem im Textilbereich. Die internationalen Aspekte der europäischen Handelspolitik machten eine Präsenz vor Ort erforderlich, zumal die Europäische Gemeinschaft auch aus handelspolitischen Gründen schon seit einigen Jahren in Indien vertreten war.

Neben den protokollarischen und administrativen Dingen, die mit der Einrichtung einer neuen diplomatischen Vertretung einhergehen, musste ich anfangs auch den europäischen und anderen nicht nur westlichen Botschaftern in Islamabad wiederholt erklären, was die Europäische Gemeinschaft eigentlich ist und was sie macht. Während meiner Zeit in Islamabad bis 1988 konnten nicht nur viele der Handelsprobleme zu gegenseitiger Zufriedenheit gelöst werden sondern es wurden auch zahlreiche neue Kontakte bis nach Afghanistan hinein aufgebaut. Zu der Zeit waren einige der heute als Anführer von Taliban-Gruppen gesuchten Afghanen von den westlichen Ländern hofierte Kämpfer, zur Verfolgung kurzfristiger Ziele, gegen den Feind aus Moskau.

5.2 Dezentrale Strukturen - das Subsidiaritätsprinzip

Der Begriff des Subsidiaritätsprinzips reicht in die Zeit unmittelbar nach der Reformation zurück und hat ihren Ursprung in dem calvinistischen Konzept des Gemeinwesens. Danach sollen, in Abgrenzung zur damals geltenden zentralistischen katholischen Kirchenlehre, Entscheidungen jeweils auf der niedrigsten möglichen Ebene getroffen werden. In Aufnahme des biblischen „Bundes-Gedankens“ setzt sich die Gesellschaft aus verschiedenen, miteinander verbundenen Gruppen zusammen, von denen jede ihre eigenen Aufgaben und Ziele zu erfüllen haben, die aber in gewissen Bereichen auf die Unterstützung („subsidium“) der übergeordneten Gruppe angewiesen sind. Die Unterstützung soll aber nur dort einsetzen, wo sich Unzulänglichkeiten offenbaren, keinesfalls aber die Aufgabe der anderen Gruppe völlig übernehmen.

Der Anwendung des Subsidiaritätsprinzips im institutionellen Bereich liegt ein einfacher Gedanke zugrunde: Ein Staat oder ein Staatenbund verfügt nur über die Zuständigkeiten, die Personen, Familien, Unternehmen und lokale oder regionale Gebietskörperschaften nicht allein ausüben können, ohne dem allgemeinen Interesse zu schaden. Dieser Grundsatz soll gewährleisten, dass die Entscheidungen dadurch möglichst bürgernah getroffen werden und, dass die von den höheren politischen Ebenen zu beschließenden Maßnahmen auf das Minimum begrenzt werden. Dieses politische Prinzip setzte sich als rechtliches Prinzip zunächst in den Beziehungen einiger Mitgliedstaaten zu ihren Regionen durch, und zwar in unterschiedlicher Ausprägung je nach Verfassungstradition. In Deutschland ist das Prinzip durch den Föderalismus stark ausgeprägt.

Auf die Europäische Union übertragen bedeutet dieses Prinzip, das von ihr die Aufgaben übernommen werden, die die Staaten auf ihren verschiedenen Entscheidungsebenen allein nicht mehr zufriedenstellend wahrnehmen können. Die Übertragung dieser Zuständigkeiten muss auf jeden Fall unter Wahrung der nationalen Identität und der Kompetenzen der Regionen erfolgen. Die Mitgliedstaaten müssen sich ihrerseits bei ihrem Vorgehen an den Zielen der Gemeinschaft orientieren. Das Subsidiaritätsprinzip wurde schon früh zu einem Grundgedanken der europäischen Integration und ist schließlich im Vertrag von Maastricht ausdrücklich aufgeführt. Subsidiarität soll die Gemeinschaftsaktionen nicht lähmen, sondern sie vielmehr fördern. Umgekehrt soll eine Maßnahme auf europäischer Ebene eingeschränkt oder sogar aufgegeben werden, wenn deren Fortführung auf Gemeinschaftsebene nicht länger gerechtfertigt ist.

Die durch internationale Finanzkrise ausgelösten Verwerfungen in der Eurozone und die verschiedenen Maßnahmen zur ihrer erfolgreichen Überwindung wie monetäre und budgetäre Disziplin, aber auch Koordinierung unter den G-20 oder bei den UN-Organisationen lassen Subsidiarität aber auch in einem anderen Licht erscheinen. Bisher waren Erfolge der Europäischen Union hauptsächlich bei Europa-internen Angelegenheiten zu verzeichnen, wie die Überwindung der Teilung des Kontinents, die Demokratisierung der südlichen und die Transformation der osteuropäischen Mitgliedsstaaten. Angesichts von Globalisierung und von weltweiten Herausforderungen ist es nicht mehr nur eine Frage der Wahl zwischen nationaler und europäischer Ebene, sondern vielmehr zwischen nationalen, europäischen und globalen Maßnahmen. Viele Regierungen haben noch nicht erkannt, dass in der vernetzten und multipolaren Welt ihren langfristigen Interessen am besten gedient ist, wenn diese, ganz im Sinne der Subsidiarität, auf der europäischen statt auf der nationalen Ebene vertreten werden.

Das Subsidiaritätsprinzip entspricht der Notwendigkeit des Gemeinschaftshandelns und der Verhältnismäßigkeit der Mittel gemessen an den Zielen. In der Dezentralisierung zeigt sich die Arbeitsweise der Europäischen Union, die europäische Arbeitsteilung. Die Aufgaben der Kommission in Brüssel beschränkt sich auf die Bereiche Konzipierung und Koordinierung sowie die Übersetzung in die Amtssprachen der Union aber sie ist nicht für die Umsetzung der Maßnahmen verantwortlich.

Es obliegt jedem einzelnen Mitgliedstaat, seine nationalen und regionalen Verwaltungen und sogar private Einrichtungen entsprechend seinen Traditionen und seiner regionalen Struktur damit zu beauftragen. Das „Wie“ der Ausführung und Kontrolle vor Ort wird subsidiär geregelt, in Deutschland oft sogar von den Ländern. Die Ergebnisse sind sehr unterschiedlich, nicht nur je nach Land, sondern auch je nach Politikbereich. Laut Europäischer Kommission werden die europäischen Rechtsvorschriften, die den Privatsektor betreffen zufriedenstellend angewandt. In der Regionalpolitik hingegen, die zum Ziel hat, die Regionen mit Entwicklungsrückstand zu fördern, hängt die Umsetzung sehr stark von den Verwaltungskapazitäten der Begünstigten ab.

Mit dem Vertrag von Lissabon sind die nationalen Parlamente stark in den europäischen Politikprozess mit einbezogen. Damit ist eine Verschränkung der nationalen mit dem europäischen parlamentarischen Mitsprach- und Entscheidungsmechanismus erreicht worden. Die oftmals kritisierte Trennung von nationaler und europäischer Ebene wird weiter abgebaut. Die von vielen Politikern gewollte Unterteilung zwischen und europäischer Politik - nach dem Motto: Erfolge sind das Ergebnis nationaler Politik, Probleme kommen durch Europa - war von Anfang an falsch und unglaubwürdig. Die nationalen Parlamente müssen sich mit grenzüberschreitenden Fragen beschäftigen und diese auch grenzüberschreitend angehen und diskutieren.

Die Umsetzung der durch das Subsidiaritätsprinzip eröffneten Gestaltungsmöglichkeiten auf europäischer Ebene liegt bei den nationalen Parlamenten. Sie müssen ihre Arbeit anpassen, um mit den zusätzlichen Aufgaben auf europäischer Ebene Schritt zu halten. Der Vertrag von Lissabon sichert dafür wichtige Verfahren und Rechte, indem er zum Beispiel umfassende Information garantiert. Parlamente sollten darüber hinaus interessiert sein, bereits im Vorfeld der Gesetzgebung über relevante Entwicklungen informiert zu werden.

Mit der Stärkung des Subsidiaritätsprinzips durch den Vertrag von Lissabon müssen alle Entwürfe von Gesetzgebungsakten explizit mit Hinblick auf die Subsidiarität begründet sein. Außerdem wird zur Überprüfung ein „Frühwarnsystem“ eingeführt, in das die nationalen Parlamente einbezogen werden. Diese können innerhalb einer Frist darlegen, weshalb dieser Entwurf nicht mit dem Subsidiaritätsprinzip vereinbar ist. Geben mindestens ein Drittel der nationalen Parlamente der EU eine solche Stellungnahme ab, muss der Entwurf überprüft werden. Sollten nach weiteren Begründungen durch die Kommission, die Mehrheit nicht überzeugt sein, ist das Vorhaben gescheitert.

Nationale Parlamente und das Europäische Parlament haben in Zukunft gemeinsam Verantwortung für Europa. Nationale Parlamente müssen ihre Vorstellung von Subsidiarität und Gestaltung europäischer Politik in den Entscheidungsprozess einbringen. Dazu ist proaktives Handeln und die Zusammenarbeit mit den anderen nationalen Parlamenten in der Union und dem Europaparlament erforderlich. Ein geeignetes Forum sind unter anderen die gemeinsamen Sitzungen von Ausschüssen des Europäischen Parlaments mit Vertretern der entsprechenden nationalen Ausschüsse. Damit haben nationale Parlamente und natürlich die in ihnen vertretenen politischen Parteien eine besonders große Verantwortung. Sie müssen als Scharnier zwischen Gesellschaft und politischem System dafür Sorge tragen, daß europäische Politik und die dazu gehörigen Entscheidungsprozesse und Ergebnisse zur Geltung kommen.

Die erweiterten Kompetenzen der nationalen Parlamente erfordern von Parlamentariern, sich mit der europäischen Politik auseinanderzusetzen. Sie müssen ein umfangreiches Wissen über Europa und Erfahrung haben, um der Qualität und Quantität des exekutiven europapolitischen Sachverstands standhalten zu können. Dazu gehört nicht nur, Strukturen innerhalb der Parlamente anzupassen oder auszubauen, vor allem geht es um einen Mentalitätswechsel in den Köpfen der Abgeordneten. Politiker, Bürger und Medien müssen sich dieser neuen politischen Realität stellen: sie alle müssen umdenken und lernen, die europäische Dimension und Betrachtungsweise in ihre tägliche Arbeit mit einzubeziehen.

Nationale Parlamentarier müssen ihren Horizont erweitern und europäische Politik stets im Blick haben. Parteien und Parlamente haben eine große Verantwortung, dass europäische Politik in Zukunft transparenter und demokratischer ist und, dass die oft beklagte Legitimationslücke kleiner wird. Das Legitimationsdefizit ergibt sich eben nicht aus einem Mangel an direkter Demokratie auf der europäischen Ebene sondern aus dem Versagen der repräsentativen Demokratie auf nationaler Ebene. Das ist auch einer der zentralen Punkte im Lissabon-Urteil des Bundesverfassungsgerichts.

Mit dem Vertrag von Lissabon müssen sich nationale Parlamente als selbstverständlichen Bestandteil des politischen Systems der Europäischen Union begreifen. Sie müssen für mehr Transparenz, mehr Legitimation und damit mehr Demokratie in der Europäischen Union sorgen. Sie können dazu beitragen, dass das Projekt Europa nicht, wie von vielen als ein Elitenprojekt angesehen wird, sondern ein Europa für Uns ist.

5.3 Politische Mitgestaltung

Mit der Einbindung der nationalen Parlamente in die Politik auf europäischer Ebene und der Notwendigkeit grenzüberschreitend mit anderen Parlamenten zu diskutieren eröffnet sich die Möglichkeit, die Öffentlichkeit in den Mitgliedsländern an europäischen politischen Debatten stärker zu beteiligen und sie über europäische Fragen, besser zu informieren. Die Erfahrungen, mit anderen nationalen Parlamenten und deren politische Parteien zusammenzuarbeiten, könnten sich bei der Wahl zum Europäischen Parlament niederschlagen, z.B. durch Einführung grenzüberschreitender Listen für die zur Wahl stehenden Kandidaten. Mit einer besseren Information über die EU-Politik dürften die Europawahlen auf größeres Interesse stoßen, zumal die, möglicherweise grenzübergreifenden, europäische Programme eben zukünftig stärker nationalen Vorstellungen mit einbinden werden. Das wäre auch ein Reflex darauf, dass es so etwas wie eine europäische Innenpolitik gibt, wie die Diskussionen über Haushaltsdefizite, Renteneintrittsalter usw. zeigen.

Die politische Beteiligung am europäischen Projekt ist keine ausschließliche Angelegenheit von Institutionen, Politikern, Abgeordneten oder damit befasster Personen. Wie sich am Sitz der europäischen Institutionen in Brüssel zeigt erzeugt die Europäische Union ein starkes Interesse von Gruppen, die Einfluss nehmen wollen und manchmal auch können. Derzeit sind etwa 3300 Interessenvertreter bei der Europäischen Kommission angemeldet. Das Register kann von der Öffentlichkeit eingesehen werden. Es gibt zudem eine Vielzahl von Nicht- Regierungsorganisationen bei den europäischen Institutionen, die sich z.B. für ein gerechtes und soziales Europa, für ein mehr grünes Europa oder sich für die Beziehungen zu Entwicklungsländern engagieren.

In diesem dezentralen Geflecht von unterschiedlicher Motivationen, Absichten, Zielen und Vorgehensweisen zeigt sich der hohe Grad der Entwicklung und auch der Anziehungskraft des europäischen Projekts. Es ist ein System von losen, offenen aber auch von vereinbarten, verbindlichen Netzen, die zwischen Gemeinden, Regionen, staatlichen Stellen und EU-Organen, sowie zwischen Gewerkschaften und Wirtschaftsverbänden und anderen Nichtregierungsorganisationen bestehen. Über diese Netze und innerhalb ihrer eigenen Gemeinschaften und Gemeinden können sich die europäischen Bürger Gehör verschaffen. Dazu gehört auch, dass die Zivilgesellschaft wie auch der Wirtschafts- und Sozialausschuss und der Ausschuss der Regionen von der Kommission und vom Rat regelmäßig zu Vorhaben der Gesetzgebung angehört werden.

Politische Teilhabe wird durch den Vertrag von Lissabon nicht nur den nationalen Parlamenten und den entsprechenden politischen Parteien ermöglicht, sondern auch der Bürger selber hat eine wesentliche Bedeutung und zentrale Verantwortung im europäischen Geschehen. Mit dem Konzept der „politischen Unionsbürgerschaft" können Bürgerinitiativen zu Fragen der Gesetzgebung durchgeführt werden. Der Vertrag enthält einen umfassenden Bestand an Rechten und Vorteilen für das alltägliche Leben. Diese umfassen z.B. sich innerhalb des Hoheitsgebiets der Mitgliedstaaten freibewegen, aufhalten und arbeiten zu können, sowie die gegenseitige Anerkennung von Berufsqualifikationen. Allerdings sind nicht überall die den Einzelnen, die Bürger betreffenden Rechtsvorschriften ausreichend bekannt und oft werden sie nicht richtig angewendet.

Im Prinzip trägt jeder europäische Bürger die in seinem Herkunftsland erworbenen Rechte (vor allem die sozialen Rechte) mit sich, und wenn er in einem anderen europäischen Land lebt, hat er die gleichen Rechte wie die Staatsangehörigen des Aufnahmelandes. Das Aufenthalts- und Arbeitsrecht, die Rückerstattung der Kosten einer medizinischen Behandlung, Familienbeihilfen, Fahrzeugzulassung, die Anerkennung von Berufsabschlüssen, die Anrechnung der Rentenbeiträge können zu verwaltungstechnischen Komplikationen und schließlich zu erheblichen Ungleichheiten führen.

Die nationalen Verwaltungen müssen sich auf die europäischen Anforderungen einstellen. Über gelegentliche Begegnungen hinaus müssen sich die nationalen Verwaltungen untereinander kurzschließen, damit sie auf die konkreten Bedürfnisse ihrer Bürger wirklich eingehen können. Die Vorstellungen und das Eigenleben von nationalen Verwaltungen sind zu einem großen Hindernis für das europäische Aufbauwerk geworden. Sie müssen auf die Probleme der Bürger und Unternehmen eingehen und grenzüberschreitend zusammenarbeiten.

Die Rechte und Vorteile für die EU- Bürger müssen von allen Mitgliedstaaten voll eingeräumt und durch verbesserte Informationen bei den Kommunen bekannt gemacht werden. Mit einem allgemein anerkannten Nachweis der Unionsbürgerschaft wäre es einfacher, eine Aufenthaltsgenehmigung und Zugang zu Beschäftigung und zur Sozialversicherung zu erhalten. Die Nutzung dieser praktischen Vorzüge der Unionsbürgerschaft kann dazu beitragen, eine entstehende „europäische Identität" zu stärken, eine der mehrfachen Identität mit lokalen, regionalen und nationalen Elementen eines jeden.

Durch verantwortungsvolles Verhalten gegenüber dem europäischen Projekt aller Einrichtungen und Institutionen auf kommunaler, regionaler, nationaler oder europäischer Ebene kann das entstehen, was als verantwortungsvolles Regieren bezeichnet wird, nämlich Verantwortung gemeinsam wahrnehmen, Maßnahmen erläutern und Ergebnisse vorweisen. Verantwortungsvolles Regieren beruht auf den Grundsätzen von Offenheit, Teilhabe, Machtteilung, Rechenschaftspflicht, Partnerschaft und Effektivität in Übereinstimmung mit dem Subsidiaritätsprinzip, d.h. mit dem Konzept, dass Entscheidungen möglichst auf der Ebene getroffen werden sollten, die hierfür am besten geeignet ist. Mitgliedstaaten müssen lernen, Rechenschaft über ihr Handeln auf europäischer Ebene zu geben und darüber, was sie zur Umsetzung der EU-Beschlüsse tun. Verantwortungsvolles Regieren wird letztlich an den Ergebnissen gemessen.

Die Europäische Union hat nicht nur über Frieden und Wohlstand gesprochen sondern diese auch tatsächlich erreicht; die Union hat ihren Bürgern viele Vorteile gebracht, beispielsweise durch den Euro, den gemeinsamen Binnenmarkt, die Gemeinsame Agrarpolitik oder Schengen. Doch bleibt noch viel zu tun. Umfragen zeigen immer wieder, dass die Öffentlichkeit in Bezug auf sensible Politikbereiche wie Sicherheit, Terrorismus, Energie und Klimawandel sowie Außenpolitik sehr viel von der Europäischen Union erwartet. Die Mitgliedsstaaten müssen sich durch die Europäische Union diesen Herausforderungen stellen, mit klaren Zielen und Ergebnissen. Am Ende ist es nicht China oder irgendeine andere aufstrebende Macht, die Europa in Bedrängnis bringt sondern die eigene Kurzsichtigkeit und die intensive Beschäftigung mit sich selbst ohne strategische Ausrichtung auf die Zukunft und ihre Anforderungen.

Die Mitgliedstaaten müssen zwangsläufig ihre Kapazitäten bündeln und konstruktiv in Solidarität zusammenarbeiten, zu groß sind die gemeinsamen Interessen, zu mächtig die Bedrohungen, die im Falle nationaler Alleingänge drohen, zu wichtig die grundlegende Werte, die es zu achten und zu verteidigen gilt. Zu diesen Werten gehören die Freiheit, die Rechtsstaatlichkeit, die Gleichheit, die Demokratie, die Menschenwürde und die Verteidigung der Menschenrechte. Um diese zu bewahren muss in Europa nicht nur Frieden zwischen den einzelnen Staaten sondern auch sozialer Frieden und Solidarität herrschen. Genau dieser soziale Frieden wird aber massiv gefährdet, wenn die Europäer keine energischen Antworten auf die aktuellen Krisen geben.

Die Modernisierung der Europäischen Union muss vorangebracht werden; die Mitgliedsstaaten müssen die Uneinigkeiten und Differenzen überwinden und die Herausforderungen der Zukunft gemeinsam bewältigen, auch um eine weltpolitische Rolle einzunehmen. Die Mitgliedstaaten gewinnen durch die Europäische Union Gestaltungsmöglichkeiten, die ein einzelner Staat so nicht hat. Gemeinsam können sie Aufgaben des Friedens, des Binnenmarkts, der Begründung einer europäischen Wertegemeinschaft in Grundrechten und sozialer Verantwortlichkeit erfüllen oder sich den Anforderungen des Klimawandels, der Vernetzung der Welt und dem Austausch von Wissen und Wissenschaft stellen.

Ob China und Indien ohne die Europäische Union die wichtigen Entscheidungen des 21. Jahrhunderts treffen können, ist sehr fraglich. Ohne Deutschland, Frankreich, Portugal, Luxemburg oder irgendein anderes Land der Siebenundzwanzig können sie es allemal. Zusammengenommen hat Europa das Potential zur Weltmacht. Es steht an der Spitze im Welthandel, bei der industriellen Produktion, in Forschung und Bildung. Dieses Potential muss gemeinsam erschlossen werden und in nachweisbare Ergebnisse umgesetzt werden. Dazu gehört, wegen der politischen und ökonomischen Bedeutung für alle, auch der Erfolg der Währungsunion. Europas wirtschaftliche Stärke bleibt die Basis für das europäische Projekt. Deutschland in der Mitte Europas, einer der historischen Gründe für die europäische Integration, trägt dafür große Verantwortung. Gerade Deutschland hat aber neben den direkten wirtschaftlichen Nutzen auch politische Vorteile, die sich in allen Aspekten kaum abschätzen lassen.

Es sind die richtigen Ideen, der richtige geistige Entwurf, die politische Beteiligung von allen am Projekt Europa, mit dem wir gemeinsam unsere Zukunft gestalten. Dazu bedarf es des politischen Willens aller Mitgliedstaaten, in Europa tatsächlich anzukommen. Ein Rückfall in nationale Egoismen würde unweigerlich zum internationalen Bedeutungsverlust Europas führen. Eine auf kurzfristige Effekte angelegte Politik im Sinne einer traditionellen Nationalstaatlichkeit kann den langfristigen Erwartungen an die Europäische Union nicht gerecht werden.

„Wir“ müssen Fragmentierung und Partikularinteressen entgegenwirken. Europa muss die krisenhaften Veränderungen, die weltweiten Umbrüche und neuen Herausforderungen als Auslöser und Chance für eine Entwicklung der Europäischen Union zu einer wirklichen wirtschaftlichen und politischen Union begreifen und nutzen

Literaturverzeichnis

Algieri, Franco, Die Gemeinsame Außen- und Sicherheitspolitik der EU, Wien 2010.

Algieri, Franco; Kammel, Arnold H. (Hg.), Strukturen globaler Akteure, Baden- Baden 2010.

Ash, Timothy Garton, Ein Jahrhundert wird abgewählt. Aus den Zentren Europas 1980-1990, München /Wien 1990.

Ash, Timothy Garton, Facts are subversive. Political writing from a decade without a name, London 2009.

Attac (Hg.), Das kritische EU-Buch. Warum wir ein anderes Europa brauchen, Wien 2006.

Baasner, Frank(Hg.), Von welchem Europa reden wir? Reichweiten nationaler Europadiskurse, (Asko Europa Stiftung, Hg.), Baden-Baden 2008.

Balibar, Etienne, Sind wir Bürger Europas?, Bonn 2005.

Bardan, Pranab, Awakening Giants. Feet of clay. Assessing the Economic Raise of China and India, Princeton und Oxford 2010.

Beck, Ulrich, Macht und Gegenmacht im globalen Zeitalter. Neue weltpolitische Ökonomie, Frankfurt/Main 2002.

Beck, Ulrich; Edgar Grande, Das kosmopolitische Europa, Frankfurt/Main 2004.

Beck, Ulrich, Was ist Globalisierung? Frankfurt/Main 2007.

Beck, Ulrich, Weltrisikogesellschaft, Frankfurt/Main 2008.

Bendieck, Annegret; Kramer, Heinz (Hg.), Globale Außenpolitik der Europäischen Union. Interregionale Beziehungen und »strategische Partnerschaften«, Baden-Baden 2009.

Bieling, Hans-Jürgen, Die Globalisierungs-und Weltordnungspolitik der Europäischen Union, Wiesbaden 2010.

Bittner, Jochen, So Nicht Europa. Die drei großen Fehler der EU, München 2010.

Bracher, Karl-Dietrich, Wendezeiten der Geschichte, Stuttgart 1992.

Bundeszentrale für politische Bildung/bpb, Vertrag von Lissabon, Bonn 2010

Busch, Alexander, Wirtschaftsmacht Brasilien. Der grüne Riese erwacht, Bonn 2010.

Cooper, Robert, The breaking of nations, London 2004.

Davies, Norman, Europe. A History, London 1997.

Debiel, Tobias; Messner, Dirk; Nuscheler, Franz; Roth, Michele; Ulbert Cornelia (Hg.), Globale Trends 2010. Frieden- Entwicklung- Umwelt, Stiftung Entwicklung und Frieden, Bonn 2010.

Dietrich, Sascha, Europäische Sicherheits-und Verteidigungspolitik (ESVP), Baden-Baden 2006.

Eisenstadt, S.N., Die Vielfalt der Moderne, Weilerswist 2000.

European Commission, Taking Europe to the world, 50 years of the European Commission's External Service. Luxembourg 2004.

European Commission, European Neighbourhood Policy Strategy Paper, Brussels 2004.

European Commission, Stratégie de l'Union européenne pour l'Afrique, Luxembourg 2006.

European Commission, The World in 2025, Brussels, 2009.

Europäische Kommission, Gemeinsam Gestalten/ Die Europäische Nachbarschaftspolitik, Luxemburg 2006.

Europäische Kommission, EUROPA 2020. Eine Strategie für intelligentes, nachhaltiges und integratives Wachstum, Brüssel 2010.

Europäischer Rat, Ein sicheres Europa in einer besseren Welt; Europäische Sicherheitsstrategie, Brüssel 2003.

Europäische Union, Projekt Europa 2030 Herausforderungen und Chancen. Bericht der Reflexionsgruppe an den Europäischen Rat über die Zukunft der Europäischen Union 2030, Brüssel 2010.

Falkowski, Christian D., Multilaterale Politik in einer sich verändernden Welt. Eine Analyse der Außenbeziehungen der Europäischen Union, in: Benjamin Drechsel; Friedrich Jaeger; Helmut König; Anne-Katrin Lang; Claus Leggewie (Hg.), Bilder von Europa . Bielefeld 2010, S. 99-116.

Falkowski, Christian D., Kooperation und Sicherheit: Die Europäische Nachbarschaftspolitik, in Jahresheft Geopolitik 2008, Schriftenreihe Geoinformationsdienst der Bundeswehr, Euskirchen 2009.

Fäßler, Peter E., Globalisierung, Köln 2007.

Fröhlich, Stefan, Die Europäische Union als globaler Akteur, Wiesbaden 2008.

Gaedtke, Jens-Christian, Europäische Außenpolitik, Paderborn 2009.

Galina, Michaleva (Hg.), Europa und Russland: Annäherung und Differenzen, Hamburg 2007.

Gasteyger, Curt, Europa zwischen Spaltung und Einigung, Bonn 2005.

Geden, Oliver; Fischer, Severin, Die Energie-und Klimapolitik der Europäischen Union, (Asko Europa Stiftung, Hg.), Baden-Baden 2008.

Graham, K., Towards effective multilateralism, European Policy, Brussels 2004.

Groß, Bernd; Wille, Christian; u.a., SaarLorLux von A-Z, Handbuch für die grenzüberschreitende Zusammenarbeit in der Großregion, (Asko Europa Stiftung, Hg.), Baden-Baden 2006.

Große Hüttmann, Martin; Wehling, Hans-Georg, Das Europalexikon, Bonn 2009.

Hänsch, Klaus, Kontinent der Hoffnungen. Mein Europäisches Leben, Bonn 2010

Heinsohn, Gunnar, Söhne und Weltmacht. Terror im Aufstieg und Fall der Nationen, Zürich 2006.

Heberer, Thomas; Rudolph, Jörg-M., China-Politik, Wirtschaft und Gesellschaft. Zwei alternative Sichten, Wiesbaden 2010.

Herz, Dietmar; Jetzlsperger, Christian, Die Europäischen Union, München 2008.

Hill, Steven, Europe's Promise. Why the European Way is the best hope in an insecure age, Berkeley 2010.

Höffe, Otfried; Ist die Demokratie zukunftsfähig? München 2009.

Hutton, Will, The writing on the wall. China and the west in the 21st Century, London 2006.

Institute d'Etudes de Sécurité de l'Union Européenne, The European Union and the United Nations. Partners in effective multilateralism, Chaillot Paper no78, Paris 2005.

Institute d'Etudes de Sécurité de l'Union Européenne, What Russia sees, Chaillot Paper no74, Paris 2005.

Institut d'Etudes de Sécurité de l'Union Européenne, Building the future. The EU's contribution to global governance. Chaillot Paper no 100, Paris 2007.

Institut d'Etudes de Sécurité de l'Union Européenne, Union pour la Méditerranée, Le potentiel de l'acquis de Barcelone, Paris 2008.

Jaeckle, Erwin, Die Idee Europa, Frankfurt/Main 1988.

Jäger, Friedrich; Joas, Hans (Hg.), Europa im Spiegel der Kulturwissenschaften, (Asko Europa Stiftung, Hg.), Baden-Baden 2008.

Joas, Hans; Klaus Wiegandt (Hg.), Die kulturellen Werte Europas, Frankfurt/Main 2005.

Jopp, Mathias; Schlotter, Peter (Hg.), Kollektive Außenpolitik- Die Europäischen Union als internationaler Akteur, Baden- Baden 2008.

Khanna, Parag, The Second World, Empires and Influence in the New Global Order, London 2008.

Koopmann, Martin; Lequesne, Christian (Hg.), Partner oder Beitrittskandidaten ? Die Nachbarschaftspolitik der Europäischen Union auf dem Prüfstand, (Asko Europa Stiftung, Hg.), Baden-Baden 2006.

Koopmann, Martin; Martens, Stephan, Das kommende Europa. Deutsche und französische Betrachtungen zur Zukunft der Europäischen Union, Baden-Baden 2008.

Latif, Mojib; Klaus Wiegandt (Hg.), Bringen wir das Klima aus dem Takt? Hintergründe und Prognosen, Frankfurt/Main 2007.

Laqueur, Walter, Die letzten Tage von Europa. Ein Kontinent verändert sein Gesicht, Berlin 2006.

Lauk, Kurt J., Europa von innen gesehen: Europa jenseits der Bürger? Die EU nach dem Vertrag von Lissabon, Stuttgart 2009.

Landes, David, The Wealth and Poverty of Nations, London 1998.

Leggewie, Claus; Welzer, Harald, Das Ende der Welt, wie wir sie kannten. Klima, Zukunft und die Chancen der Demokratie, Frankfurt/Main 2009.

Leonhard, Mark, Why Europe will run the 21st century, London 2005.

Link, Werner, Auf dem Weg zu einem neuen Europa: Herausforderungen und Antworten, (Asko Europa Stiftung, Hg.), Baden-Baden 2006.

Mazower, Mark, Der dunkle Kontinent. Europa im 20. Jahrhundert, Frankfurt/Main 2002.

Meyer, Bernd; Klaus Wiegandt (Hg.) Wie muss die Wirtschaft umgebaut werden. Perspektiven einer nachhaltigeren Entwicklung, Frankfurt/Main 2008.

Meyer, Thomas, Die Identität Europas, Frankfurt/Main 2004.

Micossi, Stefano; Tosato, Gian Luigi, The European Union in the 21st century. Perspectives from the Lisbon Treaty, Centre for European Political Studies, Brussels 2009.

Minc, Alain, Die Wiedergeburt des Nationalismus in Europa, Hamburg 1992.

Minc, Alain, Le Nouveau Moyen Âge, Paris 1993.

Mitterauer, Michael, Warum Europa? Mittelalterliche Grundlagen eines Sonderweges, München 2003.

Morisse-Schilbach, Melanie, Diplomatie und Europäische Außenpolitik. Baden-Baden, 2006.

Müller, Harald, Weltmacht Indien. Wie uns der rasante Aufstieg herausfordert, Frankfurt/Main 2006.

Müller, Harald; Klaus Wiegandt (Hg.) Wie kann eine neue Weltordnung aussehen? Wege in eine nachhaltige Politik, Frankfurt/Main 2008.

Münkler, Herfried, Die neuen Kriege, Hamburg 2003.

Nolte, Hans-Heinrich, Weltgeschichte des 20. Jahrhunderts, Bonn 2009.

Nooteboom, Cees, Wie wird man Europäer? Frankfurt/Main 1993.

Rhein, Eberhard; Die Europäische Union und der Mittelmeerraum, in Werner Weidenfeld (Hg.), Die Europäische Union, Politisches System und Politikbereiche, Bonn 2008; S. 626-641.

Rinke,Bernhard; Woyke,Wichard (Hg.), Frieden und Sicherheit im 21. Jahrhundert, Opladen 2004.

Rifkin, Jeremy, Der Europäische Traum. Die Vision einer leisen Supermacht, Frankfurt/Main 2004.

Rifkin, Jeremy, The Empathic Civilization. The Race to Global Consciousness in a World in Crisis, London 2009.

Rothacher, Albrecht, Die Rückkehr der Samurai. Japans Wirtschaft nach der Krise, Berlin/Heidelberg 2007.

Roy, Olivier, Der falsche Krieg. Islamisten, Terroristen und die Irrtümer des Westens, München 2007.

Rudolf, Peter, Das »neue« Amerika. Außenpolitik unter Barack Obama, Berlin 2010.

Saul, John Ralston, The Collaps of Globalism, London 2005.

Seeler, Hans-Joachim, Geschichte und Politik der Europäischen Integration, Baden-Baden 2008.

Scheffer, Paul, Die Eingewanderten. Toleranz in einer grenzenlosen Welt, München 2008.

Schell, Jonathan , Die Politik des Friedens, Wien 2004.

Schlotter, Peter, Die KSZE im Ost-West-Konflikt. Wirkung einer internationalen Institution, Frankfurt/Main 1999.

Sheehan, James, The monopoly of violence. Why Europeans hate going to war, London 2007.

Shiva, Vandana, Earth Democracy. Justice, Sustainability and Peace, London 2005.

Steinbrück, Peer, Unterm Strich, Hamburg 2010.

Thimeyer, Guido, Europäische Integration, Köln 2010.

US National Intelligence Council, Global Trends 2025: A Transformed World, Washington 2008.

Wagner, Hermann-Josef; Klaus Wiegandt (Hg.), Was sind die Energien des 21. Jahrhunderts? Der Wettlauf um die Lagerstätten, Frankfurt/Main 2007.

Weidenfeld, Werner; Wessel, Wolfgang (Hg.), Europa von A bis Z Taschenbuch der Europäischen Integration, Institut für Europäische Politik, Berlin 10. Auflage 2007.

Weidenfeld, Werner (Hg.), Europa-Handbuch Bd. I u. II, Gütersloh 2004.

Weidenfeld, Werner, Die Europäischen Union, Paderborn 2010.

Weidenfeld, Werner(Hg.), Lissabon in der Analyse, Der Reformvertrag der Europäischen Union, Baden-Baden 2008.

Weidenfeld, Werner (Hg.), Die Europäische Union. Politische Systeme und Politikbereiche, Bonn 2008.

Weidenfeld, Werner (Hg.), Die Staatenwelt Europas, Bonn 2008.

Weizsäcker von, Ernst Ulrich, Faktor Fünf. Die Formel für nachhaltiges Wachstum, München 2010.

Welzer, Harald, Klimakriege. Wofür im 12. Jahrhundert getötet wird, Frankfurt/Main 2008.

Worldwatch Institute (Hg.), Zur Lage der Welt 2010. Einfach besser Leben. Nachhaltigkeit als Lebensstil, München 2010.

Über den Autor

Christian (Dietrich) Falkowski hat über 35 Jahre internationale berufliche Erfahrungen. In seiner langjährigen Laufbahn bei der Europäischen Kommission im Bereich Außenbeziehungen hat er vielseitige Aufgaben in verantwortlichen Positionen wahrgenommen. Er eröffnete die erste diplomatische Vertretung der Kommission in Pakistan (1984); als Leiter der Delegation der Europäischen Kommission war er als Botschafter in Jordanien und Jemen (1988 bis 1992), später in Ägypten (1997 bis 2000) und bei den Internationalen Organisationen in Wien (2005 bis 2007) einschließlich OSZE, der Internationalen Atomenergie Organisation und der OPEC akkreditiert.

Die verschiedenen geografisch orientierten Aufgaben bei der Kommission in Brüssel umfassten die Aktivitäten der EU im südlichen Mittelmeer (1993 bis 1997) und als Direktor die regionale Zuständigkeit für Afrika (insbesondere südliches Afrika) und den Pazifik. Im südlichen Mittelmeer war Christian Falkowski u.a. konzeptionell beteiligt an den Wiederaufprogrammen für den Libanon und an den Maßnahmen zur Privatisierung der ägyptischen und syrischen Staatsbetriebe.

Schwerpunkt der horizontalen Aufgaben waren ab dem Jahr 2000 seine Verantwortung als Direktor für die Sektor-Strategien der Entwicklungszusammenarbeit und später als Direktor des diplomatischen Außendienstes (external service) der Kommission für die weltweit über 140 Vertretungen und rund 4500 Beschäftigten. Der Außendienst der Kommission ist mit dem Vertrag von Lissabon ab 2011 in den Europäischen Außendienst aufgegangen.

Christian Falkowski hat die Europäische Kommission auf zahlreichen internationalen Konferenzen und Veranstaltungen vertreten wie dem Pacific Forum, der Indian Ocean Commission; der UN Conference on Desertification; der OSCE Konferenz über Nord-Ost Asien. Er war maßgeblich an bedeutenden Verhandlungen beteiligt (u.a. Abkommen über Wein und Spirituosen mit Südafrika, Assoziierungsabkommen mit Ägypten). Im Rahmen des Oslo Friedensprozesses hat er wesentlich zu verschiedenen Initiativen im Nahen Osten beigetragen, wie die Regional- und Umwelt-Kooperation zwischen Israel, Ägypten den Palästinensern und Jordanien.

Während des 1. Irakkriegs hat Christian Falkowski eine der größten humanitärer Operationen der Kommission für die Evakuation von Flüchtlingen aus dem Irak und Jordanien zusammen mit der UN und der jordanischen Seite geleitet.

Christian Falkowski wurde vom Bundesminister für Wirtschaftliche Zusammenarbeit in das Kuratorium des Deutschen Instituts für Entwicklungspolitik in Bonn berufen. Er hat zahlreichen Anerkennungen und Ehrungen erhalten. König Hussein von Jordanien hat ihn mit dem jordanischen Unabhängigkeitsorden 1. Klasse ausgezeichnet.

In der Zeit von 1972 bis 1980 war Christian Falkowski bei der Kreditanstalt für Wiederaufbau, Frankfurt am Main, als Handlungsbevollmächtigter für den Transportsektor in Drittländern verantwortlich und bei einem Beratenden Ingenieur für Fragen der Verkehrsökonomie in Indonesien und dem Irak tätig.

In seinem dritten Lebensabschnitt widmet sich Christian Falkowski der Aufgabe, die Bedeutung Europas in einer sich wandelnden Welt der breiten Öffentlichkeit zu vermitteln.

Christian D. Falkowski hat, nach Ableistung seiner Bundeswehrzeit, an der Technischen Universität Darmstadt von 1968 bis 1972 politische Ökonomie, Betriebswirtschaft Mathematik und Maschinenbau studiert (Diplom - Wirtschaftsingenieur).

Christian D. Falkowski lebt mit seiner Frau an der Bergstraße.

Zu den Herausgebern

Die ASKO EUROPA-STIFTUNG wurde 1990 gegründet und ist eine gemeinnützige, operativ tätige Stiftung bürgerlichen Rechts. Ihr Hauptengagement dient der Förderung eines weltweiten Verständnisses für den europäischen Einigungsprozess als Modell des friedlichen Zusammenlebens aller Bevölkerungsgruppen sowie der Förderung eines Bewusstseins für die Notwendigkeit nachhaltiger Entwicklung und der Verantwortung der Zivilgesellschaft für das Leben auf unserer Erde. Dies wird durch die Konzeption und Durchführung von Seminaren, Kolloquien, Fachtagungen und Bildungsprogrammen verwirklicht.

Die Europäische Akademie Otzenhausen ist ein staatlich anerkannter freier Träger der außerschulischen Jugend- und Erwachsenenbildung. 1954 gegründet als eingetragener Verein, ist sie heute eine gemeinnützige Gesellschaft mit beschränkter Haftung. Sie arbeitet überparteilich und überkonfessionell und wendet sich an Menschen aller gesellschaftlichen Gruppen. Europäische Handlungskompetenz ist das Schlüsselwort ihres Bildungsangebotes: auf einer guten Informationsbasis in Europa, mit Europa und für Europa konstruktiv kritisch zu handeln, das ist die Zielsetzung der angebotenen Seminare, Begegnungen und Konferenzen. "Europa entsteht durch Begegnung" ist deshalb nicht nur das Motto der Akademie, sondern gelebte Realität.

Die Schriftenreihe bietet wissenschaftlich fundierte Analysen zu einem weiten Spektrum europabezogener Themen. Sie wendet sich an eine breite Öffentlichkeit und trägt zur Reflexion politischer und gesellschaftlicher Entwicklungen in Europa bei.
In den Monographien, Sammelbänden, Essays und Handbüchern werden aktuelle Themen diskutiert, wie beispielsweise die Neue Nachbarschaftspolitik der EU, Integration und Identität in Einwanderungsgesellschaften, Zusammenarbeit in europäischen Grenzregionen. Ebenso werden auch grundlegende Fragen zum „Projekt Europa" und seiner Zukunft behandelt.